AF416663

اَلصُّحْبَةُ فِي الْقُرْآنْ!

أَس. نُوْزمَانْ جِي

Contents

ألإهْدَاء

يُهْدَى الفِكْرُ فَقَطْ إلى الْمُفَكِّرِينَ الْقَادِرِينَ عَلَى التَّفْكِيرِ وَالإسْتِبْصَارِ! يُهْدَى إلى الْمُفَكِّرِينَ الَّذِينَ يُبَادِرُونَ وَيُسَارِعُونَ وَيَنْخَرِطُونَ فِي البَحْثِ العِلْمِيّ، وَالتَّجَارِبِ الْمُكَثَّفَةِ، لِيَسْتَخْلِصُوا وَيُوَضِّحُوا الأفْكَارَ الْمُبْتَكَرَةَ، وَيَتَدَبَّرُوا عِلْمَ الْحَقَائِقِ بِالتَّأَمُّلِ وَالتَّجْرِبَةِ وَإعْمَالِ العَقْلِ، ثُمَّ يُبْلُورُونَهَا فِي نُصُوصٍ وَاضِحَةٍ أَوْ فِي خُطَّةٍ مَدْرُوسَةٍ وَمُبْتَكَرَةٍ!

فَالفِكْرُ عِنْدَ دِيكَارْتْ هُوَ الْمَجَسُّ الَّذِي يَشُكُّ، وَيَفْهَمُ، وَيُدْرِكُ، وَيُثْبِتُ، وَيُرِيدُ، أَوْ لَا يُرِيدُ، وَيَتَخَيَّلُ، وَيَحِسُّ... وَلَا يَمْتَلِكُ هَذَا الْمَجَسَّ أَحَدٌ مِنَ الْمَخْلُوقَاتِ، غَيْرَ الإنْسَانِ! وَيُعَرَّفُ الفِكْرُ بِأَنَّهُ إعْمَالُ العَقْلِ لِمَعْرِفَةِ الْمَجْهُولِ. وَالفِكْرَةُ هِيَ الصُّورَةُ الذِّهْنِيَّةُ لِأَمْرٍ مَا، فِي حِينٍ يُعَرَّفُ التَّفْكِيرُ بِأَنَّهُ إعْمَالُ العَقْلِ فِي فَهْمِ الصُّورَةِ الذِّهْنِيَّةِ. وتُعَرَّفُ عَمَلِيَّةُ التَّفْكِيرِ بِأَنَّهَا نَشَاطٌ ذِهْنِيٌّ دَاخِلِيٌّ يَتَرَافَقُ أَوْ يَسْبِقُ التَّخَيُّلَاتِ وَالخَوَاطِرَ وَالمُدْرَكَاتِ الإنْفِعَالِيَّةِ وَالحِسِّيَّةِ. أَيْ أَنَّ هَذَا جُهْدٌ تَقُومُ بِهِ الْمَخْلُوقَاتُ العَاقِلَةُ، وَيُحْتَمَلُ فِيهِ الصَّوَابُ أَوْ الْخَطَأُ!

وَأَخُصُّ بِهَذَا الإهْدَاءِ، القُرَّاءَ الأكَارِمَ الَّذِينَ وُفِّقُوا إلى إقْتِنَاءِ أَوْ مُطَالَعَةِ وَأُهَنِّئُهُمْ عَلَى هَذِهِ ."النَّقْلُ مَفْسَدَةٌ لِلْعَقْلِ" بَاكُورَةِ أَعْمَالِي، كِتَابُ الخُطْوَةِ العَقْلَانِيَّةِ الَّتِي سَتُهَيِّئُ لَهُمْ إكْتِشَافَ مَعَالِمِ دِينِ الحَقّ أي إنَّ هَذَا الْقُرْآنَ !الَّذِي يَهْدِي لِلَّتِي هِيَ أَقْوَمُ (الْقُرْآنِ الكَرِيم (إكْتِشَافَ يَهْدِي لِلَّتِي هِيَ أَقْوَمُ وَيُبَشِّرُ الْمُؤْمِنِينَ الَّذِينَ يَعْمَلُونَ الصَّالِحَاتِ أَنَّ لَهُمْ أَجْرًا كَبِيرًا (9).

ألفَضْلُ وَالعُرْفَان!

إِنَّ الفَضْلَ وَالعِرْفَانَ فِيْ إِكْمَالِ هَذَا العَمَلِ المَيْمُونِ إِنْ شَاءَ الله، يَعُودُ لِصَاحِبِ الفَضْلْ فِيْ الأُوْلَى وَالآخِرَةِ، وَهُوَ المَوْلَى تَبَارَكَ وَتَعَالَى. فَهُوَ المُمْتَنُّ عَلَى جَمِيْعِ مَا خَلَقَ، بِمَا أَسْدَى مِنْ نِعَمٍ تُسْدَى، وَأَوْلَى مِنْ كَرَمٍ يُهْدَى! فَنِعَمُهُ لَا تُعَدُّ وَلَا تُحْصَى، وَكَرَمُهُ لَا يُجْحَدُ وَلَا يُنْسَى. فَاللهُ هُوَ المُنْعِمُ الأَوَّلُ. حَيْثُ وُجُوْدُنَا فِي حَدِّ ذَاتِهِ فَي هَذِهِ الحَيَاةِ هُوَ مِنْ فَيْضِ جُوْدِهِ وَكَرَمِهْ. وَإِنْ تَعُدُّوْا نِعْمَةَ اللهِ لَا تُحْصُوهَاَ!

تَمْهِيْد!

الوَاقِعُ وَالحَقِيْقَةُ، وَالمَعْرِفَةُ، وَالفِعْلُ أَوِ العَمَلُ!

غَالِبًا مَا يَتُمُّ فَهْمُ الوَاقِعِ وَالحَقِيْقَةِ بِأَنَّهُمَا يَنْقُلَانِ المَعْنَى نَفْسَهُ، وَلَكِنْ بِدِقَّةِ التَّعْرِيفِ لَيْسَ كَذَلِكَ! الوَاقِعُ مَوْجُودٌ، بَيْنَمَا الحَقِيْقَةُ مُثْبَتَةٌ. الوَاقِعُ لَهُ حَيِّزٌ وَوُجُودٌ! لِهَذَا، فَالوَاقِعُ مُسْتَقِلٌّ عَنْ مُؤَثِّرَاتِ المُحِيطِ وَنَادِرًا مَا يَتَأَثَّرُ بِالعَوَامِلِ الخَارِجِةِ عَنْه. بَيْنَمَا مَا يُسَمَّى حَقِيْقَةً هُوَ شَيْءٌ يَعْتَمِدُ عَلَى مُسَلَّمَاتٍ مَوْرُثَةٍ مُكْتَسَبَةٍ وَأُخْرَى جَدِيْدَةٍ مُكْتَشَفَةٍ، تَتَغَيَّرُ مَفَاهِيْمُهَا وِفْقًا لِإِدْرَاكِ أَوْ تَصَوُّرِ الشَّخْصِ المُرَاقِبِ، وَالقِيَمُ الَّتِي يُؤْمِنُ بِهَا...

يَتُمُّ إِثْبَاتُ الحَقِيْقَةِ أَيْضًا بِنُقْطَةٍ أَوْ نُقَاطٍ أَوْ نَظَرِيَّةٍ عِلْمِيَّةٍ ثَابِتَةٍ، وَمَرْجَعِيَّةٍ عَقْلَانِيَّةٍ صَادِقَةٍ، فِي حِقْبَةٍ زَمَنِيَّةٍ مُعَيَّنَةٍ يُدْرِكُهَا البَاحِثُ أَوِ المُرَاقِبُ! لِهَذَا السَّبَبِ، قَدْ تَخْتَلِفُ الحَقِيْقَةُ مِنْ شَخْصٍ لِآخَرَ وَمِنْ حَالَةٍ إِلَى أُخْرَى! وَهَذَا مَا يَجْعَلُ الحَيَاةَ، حَيَاةً! وَلَمْ نَعْرِفْ حَقِيْقَةَ الحَيَاةِ إِلَّا بِالمَوْتِ!

وَلِذَا قِيْلَ: (مَعْرِفَةُ الأَشْيَاءِ بِأَضْدَادِهَا). فَطَبِيعَةُ المَعْرِفَةِ تُحَتِّمُ عَلَى العَقْلِ القِيَامَ بِهَذِهِ المُقَابَلَةِ أَوِ المُقَارَنَةِ أَوِ المُمَاثَلَةِ أَوِ المُوَازَنَةِ لِرَسْمِ الحُدُودِ الفَاصِلَةِ بَيْنَ الشَّيْءِ وَضِدِّهِ. فَحَتَّى تَعْرِفَ النُّورَ لَابُدَّ أَنْ تَعْرِفَ الظَّلَامَ، وَلَا يُمْكِنُ اقْتِرَاحُ وَسِيلَةٍ أُخْرَى؛ لِأَنَّ النُّورَ إِمَّا أَنْ يَكُونَ هُوَ

الظَّلَامَ، وَهَذَا مُسْتَحِيلٌ، وَإِمَّا أَنْ يَكُونَ النُّورُ هُوَ غَيْرَ الظَّلَامِ، وَفِي هَذِهِ الْحَالَةِ إِمَّا أَنْ يَكُونَ مُبَايِنًا لَهُ بِالْمُطْلَقِ، وَإِمَّا مُبَايِنًا لَهُ فِي بَعْضِ الْوُجُوهِ. هَكَذَا يَحْصُرُ الْعِلْمُ وَالْعَقْلُ كُلَّ الْإِحْتِمَالَاتِ الْمُمْكِنَةِ لِأَيِّ مُقَابَلَةٍ كَمَا ذَكَرْنَا آنِفًا. فَكُلَّمَا زَادَتِ الْمَعْرِفَةُ تَبْرُزُ إِمْكَانِيَّةُ الْوُصُولِ إِلَى الْحَقَائِقِ. وَالْإِنْسَانُ عِنْدَمَا يُفَكِّرُ فِي الْأَشْيَاءِ يُفَكِّرُ ضِمْنَ هَذِهِ الْمَسَارَاتِ الْمُحَدَّدَةِ، وَهَذَا مَا نُسَمِّيهِ بِمَنْطِقِ الْفِكْرِ، وَمَا لَيْسَ بِمَنْطِقٍ؛ لَا يَكُونُ فِكْرًا. فَلَو كَانَتِ الْحَقِيقَةُ رَاكِدَةً صَلْدَةً، غَيْرَ مُتَطَوِّرَةٍ وَثَابِتَةً لَأَصْبَحَ الْعَيْشُ مَمَاتًا وَلَيْسَ حَيَاةً! فَالْحَقِيقَةُ الثَّابِتَةُ الْمُطْلَقَةُ؛ هِيَ فِي الْخَلْقِ وَعِنْدَهُ وَمِنْهُ وَمَعَهُ فَقَطْ! وَبِالتَّالِي هَذِهِ الْقَاعِدَةُ الْعَقْلِيَّةُ هِيَ قَاعِدَةٌ وَاقِعِيَّةٌ اكْتَشَفَهَا الْعَقْلُ مِنْ طَبِيعَةِ الْأَشْيَاءِ نَفْسِهَا، وَعَلَيْهِ لَا يُمْكِنُ اقْتِرَاحُ قَوَانِينَ لِعَالَمِ الْوُجُودِ خَارِجَ إِطَارِ الْوُجُودِ نَفْسِهِ، فَقَدْ صَمَّمَ اللهُ هَذَا الْخَلْقَ بِقَوَانِينَ فِي مُنْتَهَى الدِّقَّةِ، وَأَيُّ اقْتِرَاحَاتٍ بَدِيلَةٍ يَعْنِي أَنْ يُصْبِحَ الْوُجُودُ لَيْسَ الْوُجُودَ. وَعَلَيْهِ فَإِنَّ مَا يَقَعُ ضِمْنَ قُدْرَةِ الْإِنْسَانِ هُوَ السَّعْيُ لِمَعْرِفَةِ الْحِكْمَةِ مِنْ وُجُودِ الْأَشْيَاءِ، لَا أَنْ يَقْتَرِحَ نِظَامًا آخَرَ يُؤَدِّي لِاخْتِلَالِ كُلِّ النُّظُمِ.

صَحِيحٌ أَنَّ اللهَ قَادِرٌ. إِلَّا أَنَّ قُدْرَةَ اللهِ يَجِبُ أَلَا تُفْهَمَ اعْتِبَاطًا، وَإِنَّمَا ضِمْنَ دَائِرَةِ الْمُمْكِنِ، فَاللهُ قَادِرٌ عَلَى كُلِّ شَيْءٍ مُمْكِنٍ فِي ذَاتِ الشَّيْءِ نَفْسِهِ، وَمَا لَا يَكُونُ مُمْكِنًا لَا يَقَعُ لِعَجْزٍ فِي الْعِزَّةِ الْإِلَهِيَّةِ وَلَا فِي الْقُدْرَةِ

الإِلَهِيَّةِ! وَقَدْ أَجَابَ أَمِيرُ المُؤْمِنِينَ "عَلِيّ" عَلَى مَنْ يَقُولُ: هَلْ يَقْدِرُ اللهُ عَلَى أَنْ يُدْخِلَ الدُّنْيَا فِي بَيْضَةٍ مِنْ غَيْرِ أَنْ تَكْبُرَ البَيْضَةُ أَوْ تَصْغُرَ الدُّنْيَا؟! قَالَ أَمِيْرُ المؤمِنِينَ: إِنَّ اللهَ قَادِرٌ عَلَى كُلِّ شَيْءٍ، وَلَكِنَّ مَا ذَكَرْتَ لَا يَكُونُ، أَيْ أَنَّهُ مُحَالٌ فِي قُدْرَةِ المَخْلُوقِ نَفْسِهِ وَلَيْسَ لِكَوْنِ اللهُ غَيْرَ قَادِرٍ. وَهَكَذَا أَيْضًا تُفْهَمُ القُدْرَةُ ضِمْنَ الحِكْمَةِ العَامَّةِ وَالخَاصَّةِ لِلخَلْقِ وَالوُجُودِ، فَمَثَلًا: اللهُ قَادِرٌ عَلَى أَنْ يَخْلُقَ كُلَّ البَشَرِ مَلَائِكَةً إِلَّا أَنَّ ذَلِكَ لَا يَجْعَلُ الإِنْسَانَ كَائِنًا مُرِيدًا مَسْؤُولًا عَنْ أَفْعَالِهِ، وَبِالتَّالِي لَا يَنْسَجِمُ ذَلِكَ مَعَ الحِكْمَةِ مِنْ خَلْقِ الإِنْسَانِ، وَكَذَلِكَ اللهُ قَادِرٌ أَنْ يَجْعَلَ الدُّنْيَا كُلَّهَا خَيْرًا إِلَّا أَنَّ ذَلِكَ لَا يُؤَهِّلُ الإِنْسَانَ أَنْ يَكُونَ إِنْسَانًا بِإِرَادَتِهِ وَيُحَقِّقَ المَكَانَةَ العَالِيَةَ وَالدَّرَجَةَ الرَّفِيعَةَ بِجُهْدِهِ وَكَسْبِهِ. إِنَّ كِفَاحَ الإِنْسَانِ لِلوُصُولِ إِلَى الكَمَالِ يَتَطَلَّبُ هَذَا التَّصْمِيمَ وَالعَنَاءَ. وَبِالتَّالِي هَذِهِ القَاعِدَةُ العَقْلِيَّةُ هِيَ قَاعِدَةٌ وَاقِعِيَّةٌ اكْتَشَفَهَا العَقْلُ مِنْ طَبِيعَةِ الأَشْيَاءِ نَفْسِهَا، وَعَلَيْهِ لَا يُمْكِنُ اقْتِرَاحُ قَوَانِينَ لِعَالَمِ الوُجُودِ خَارِجَ إِطَارِ الوُجُودِ نَفْسِهِ.

فَقَدْ صَمَّمَ اللهُ هَذَا الخَلْقَ بِقَوَانِينَ فِي مُنْتَهَى الدِّقَّةِ، وَأَيُّ اقْتِرَاحَاتٍ بَدِيلَةٍ يَعْنِي أَنْ يُصْبِحَ الوُجُودُ لَيْسَ الوُجُودَ... وَعَلَيْهِ فَإِنَّ مَا يَقَعُ ضِمْنَ قُدْرَةِ الإِنْسَانِ هُوَ السَّعْيُ لِمَعْرِفَةِ الحِكْمَةِ مِنْ وُجُودِ الأَشْيَاءِ، لَا أَنْ يَقْتَرِحَ نِظَامًا آخَرَ يُؤَدِّي لِاخْتِلَالِ كُلِّ النُّظُمِ. صَحِيحٌ أَنَّ اللهَ قَادِرٌ، إِلَّا أَنَّ قُدْرَةَ اللهِ يَجِبُ أَلَّا تُفْهَمَ اعْتِبَاطًا، وَإِنَّمَا ضِمْنَ دَائِرَةِ المُمْكِنِ، فَاللهُ قَادِرٌ عَلَى

كُلِّ شَيْءٍ مُمْكِنٍ فِي ذَاتِ الشَّيءِ نَفْسِهِ، وَمَا لَا يَكُونُ مُمْكِنًا لَا يَقَعُ لِعَجْزٍ فِي العِزَّةِ الإِلهِيَّةِ وَلَا فِي القُدْرَةِ الإِلهِيَّةِ! وَقَدْ أَجَابَ أَمِيرُ المُؤْمِنِينَ "عَلِي" عَلَى مَنْ يَقُولُ: هَلْ يَقْدِرُ الله عَلَى أَنْ يُدْخِلَ الدُّنْيَا فِي بَيْضَةٍ مِنْ غَيْرِ أَنْ تَكْبُرَ البَيْضَةُ أَوْ تَصْغُرَ الدُّنْيَا؟! قَالَ أَمِيرُ المؤمِنينَ: إِنَّ الله قَادِرٌ عَلَى كُلِّ شَيْءٍ، وَلَكِنَّ مَا ذَكَرْتَ لَا يَكُونُ، أَيْ أَنَّهُ مُحَالٌ فِي قُدْرَةِ المَخْلُوقِ نَفْسِهِ وَلَيْسَ لِكَوْنِ الله غَيْرَ قَادِرٍ. وَهَكَذَا أَيْضًا تُفْهَمُ القُدْرَةُ ضِمْنَ الحِكْمَةِ العَامَّةِ وَالخَاصَّةِ لِلْخَلْقِ وَالوُجُودِ، فَمَثَلًا: الله قَادِرٌ عَلَى أَنْ يَخْلُقَ كُلَّ البَشَرِ مَلَائِكَةً إِلَّا أَنَّ ذَلِكَ لَا يَجْعَلَ الإِنْسَانْ كَائِنًا مُرِيدًا مَسْؤُولًا عَنْ أَفْعَالِهِ، وَبِالتَّالِي لَا يَنْسَجِمُ ذَلِكَ مَعَ الحِكْمَةِ مِنْ خَلْقِ الإِنْسَانِ، وَكَذَلِكَ الله قَادِرٌ أَنْ يَجْعَلَ الدُّنْيَا كُلَّهَا خَيْرًا إِلَّا أَنْ ذَلِكَ لَا يُؤَهِّلِ الإِنْسَانَ أَنْ يَكُونَ إِنْسَانًا بِإِرَادَتِهِ وَيُحَقِّقُ المَكَانَةَ العَالِيَةَ وَالدَّرَجَةَ الرَّفِيعَةَ بِجُهْدِهِ وَكَسْبِهِ.

إِنَّ كِفَاحَ الإِنْسَانُ لِلْوُصُولِ إِلَى الكَمَالِ يَتَطَلَّبُ هَذَا التَّصْمِيمَ وَالعَنَاءَ. وَهَذَا مَا جَعَلَهُ الله ضِمْنَ الحِكْمَةِ العَامَّةِ. وَأَيْضًا جَعَلَ الله ضِمْنَ الحِكْمَةِ الخَاصَّةِ أَنْبِيَاءَ وَرُسُلًا وَأَئِمَّةً، وَضِمْنَ الأَئِمَّةِ مَن تَأَذَّنَ الله بِالإِفْصَاحِ عَنْهُم مِن مَخْلُوقَاتِهِ الإِنْسَانِيَّةِ، فَقَالَ :وَنُرِيدُ أَن نَّمُنَّ عَلَى الَّذِينَ اسْتُضْعِفُوا فِى الأَرْضِ وَنَجْعَلَهُمْ أَئِمَّةً وَنَجْعَلَهُمُ الْوَرِثِينَ ...وَجَعَلْنَا مِنْهُمْ أَئِمَّةً يَهْدُونَ بِأَمْرِنَا لَمَّا صَبَرُوا وَكَانُوا بِآيَاتِنَا

يُوقِنُونَ ...﴾ وَلِحِكْمَةٍ أَيْضًا ﴿وَجَعَلْنَاهُمْ أَئِمَّةً يَدْعُونَ إِلَى النَّارِ وَيَوْمَ الْقِيَامَةِ لَا يُنْصَرُونَ ...﴾ إِذًا اللهُ فَعَّالٌ لِمَا يُرِيْدُ!

فَالْفَرْقُ بَيْنَ الْوَاقِعِ وَالْحَقِيْقَةِ يُشْبِهُ الْفَرْقَ بَيْنَ الإِكْتِشَافِ وَالإِخْتِرَاعِ. الْوَاقِعُ يُشْبِهُ الإِكْتِشَافَ، حَيْثُ أَنَّهُ شَيْءٌ مَوْجُودٌ بِذَاتِهِ، أَوْ مَوْجُودٌ وَقَدْ تَمَّ إِكْتِشَافُهُ، بَيْنَمَا الْحَقِيْقَةُ تُشْبِهُ الإِخْتِرَاعَ الَّذِي يَجِبُ أَنْ يُعْثَرَ عَلَيْهِ بِمُسَاعَدَةِ الْحَقَائِقِ الْعَقْلِيَّةِ وَالْعِلْمِيَّةِ، الْقَادِرَةِ عَلَى التَّغَيُّرِ وَالتَّغْيِيرِ فِي فَهْمِ الْوَاقِعِ! إِذاً، الْوَاقِعُ لَا يَتَغَيَّرُ سَوَاءٌ فِي الْحَاضِرِ أَوِ الْمُسْتَقْبَلِ، بَيْنَمَا تَتَغَيَّرُ الْحَقِيْقَةُ مَعَ مُرُورِ الزَّمَنِ، إِذَا تَوَفَّرَ لِلْبَاحِثِ عَنْهَا، مُقَوِّمَاتُ إِكْتِشَافِ التَّغْيِيرِ: كَالْعَقْلِ، وَالإِرَادَةِ، وَالْعِلْمِ، وَالْقُدْرَةِ...

عَلَى سَبِيْلِ الْمِثَالِ، حَرَكَةُ الْكَوَاكِبِ وَاقِعٌ مَوْجُودٌ مُنْذُ زَمَنٍ بَعِيْدٍ، وَلَكِنْ الْبَشَرَ عَلَى مَرِّ الزَّمَنِ فَهِمُوا الْحَقِيْقَةَ الْعِلْمِيَّةَ حَوْلَ حَرَكَةِ الْكَوَاكِبِ، وَطَوَّرُوا نَظَرِيَّاتٍ مُتَنَوِّعَةٍ عَلَى مَرِّ الزَّمَنِ مَعَ تَعْدِيْلٍ مُسْتَمِرٍّ لِلْنَّظَرِيَّاتِ الْقَدِيْمَةِ. وَبِالتَّالِي، يُمْكِنُ لِلْشَّخْصِ أَنْ يَسْتَنْتِجَ الْوَاقِعَ -فِي زَمَنِهِ- كَمَا هُوَ، وَلَيْسَ كَمَا سَيَعْرِفُهُ الْبَاحِثُونَ الْعُقَلَاء فِي الأَزْمَانِ الْقَادِمَةِ! أَمَّا الْحَقِيْقَةُ فَإِنَّهَا تَتَغَيَّرُ مَعَ الزَّمَنِ وَمَعَ إِتِّسَاعِ إِدْرَاكِ النَّاسِ لِحَقِيْقَةِ وَاقِعِهِم. لِأَنَّ مَنْ لَا يَعْرِفُ حَقِيْقَةَ وَاقِعِهِ، غَيْرُ مُدْرِكٍ، وَسَيَبْقَى مَكَانُهُ وَمَحَلُّهُ فِي الإِعْرَابِ: مَفْعُولًا بِهِ!

كَمَا أَنَّ الإِدْرَاكَ الإِنْسَانِيَّ وَالمَرْجِعِيَّةَ هُمَا المُحَدِّدَانِ الرَّئِيسِيَّانِ لِلْحَقِيقَةِ، وَيَتَأَثَّرُ العَمَلُ أَوِ الفِعْلُ الإِنْسَانِيُّ بِمَا يَكْتَشِفُ الإِنْسَانُ مِنْ مُقَوِّمَاتِ الحَقِيقَةِ الَّتِي يُدْرِكُهَا. وَلَكِنْ فِي الحَيَاةِ الوَاقِعِيَّةِ، الفَجْوَةُ بَيْنَ الوَاقِعِ وَالحَقِيقَةِ كَبِيرَةٌ لِلْغَايَةِ، مِمَّا يُؤَدِّي فِي كَثِيرٍ مِنَ الأَحْيَانِ إِلَى سُوءِ فَهْمٍ، وَإِلَى اتِّخَاذِ قَرَارَاتٍ أَوْ إِجْرَاءَاتٍ غَيْرَ حَكِيمَةٍ وَمُؤْذِيَةٍ! مِثَالٌ آخَرُ عَلَى الفَجْوَةِ بَيْنَ الوَاقِعِ وَالحَقِيقَةِ يُمْكِنُ مُلَاحَظَتُهُ مِنْ وُجْهَاتِ نَظَرٍ مُخْتَلِفَةٍ، حِينَ يَزْعُمُ أَحَدٌ أَنَّ شَعْبًا مُعِيَّنًا أَوْ طَائِفَةً مُعَيَّنَةً تُحَرِّضُ عَلَى العُنْفِ، بَيْنَمَا يَأْخُذُ آخَرُ مَوْقِفًا يَرْفُضُ هَذَا الوَصْفَ.

الوَاقِعُ أَنَّ أَيًّا مِنَ وُجْهَتَي النَّظَرِ، لَيْسَ كُلِّيًّا صَحِيحًا، يُمْكِنُ أَنْ يَكُونَ هُنَاكَ دَرَجَةٌ مِنَ الحَقِيقَةِ لِكُلِّ مُقْتَرَحٍ! بِالتَّالِي يَبْتَعِدُ الوَاقِعُ عَنِ الحَقِيقَةِ الَّتِي أَنْشَأَهَا وَآمَنَ بِهَا كُلٌّ مِنَ الطَّرَفَيْنِ، بِالمَسَافَةِ نَفْسِهَا الَّتِي ابْتَعَدَ بِهَا عَنِ الوَاقِعِ، مِمَّا يُؤَدِّي أَحْيَانًا إِلَى أَفْعَالٍ عَنِيفَةٍ مِنْ كِلَا الجَانِبَيْنِ. لِذَلِكَ، كُلَّمَا كَانَتِ الفَجْوَةُ بَيْنَ الوَاقِعِ وَبَيْنَ الحَقِيقَةِ أَقَلَّ وَأَصْغَرَ، كُلَّمَا كَانَتِ الفَوْضَى أَقَلَّ فِي المُجْتَمَعِ، وَكَانَ التَّعَايُشُ أَصْدَقَ وَأَصْلَبَ!

الوَاقِعُ إِذًا ثَابِتٌ كَمَا هُوَ، وَلَكِنْ تَمَّ التَّعَرُّفُ عَلَى الحَقِيقَةِ وَاسْتِيعَابُهَا فِي المَثَلِ أَعْلَاهُ بِطَرِيقَتَيْنِ مُخْتَلِفَتَيْنِ، وَهَذَا يُؤَدِّي عَادَةً إِلَى سِنَارْيُوهَاتِ عَمَلٍ مُخْتَلِفَةٍ. حَيْثُ يَتُمُّ تَوْجِيهُ تَصَرُّفِ الفَرْدِ بِوَاسِطَةِ

التَّوْجِيهِ النَّفْسِي لِلْعَقْلِ الذِي يُحَوِّلُ الوَاقِعَ إِلَى أَقْرَبِ نُقْطَةٍ مِنَ الحَقِيقَةِ. وَكُلَّمَا اقْتَرَبَ الوَاقِعُ مِنَ الحَقِيقَةِ، كُلَّمَا كَانَتْ الفُرْصَةُ أَكْبَرَ لِاتِّخَاذِ إِجْرَاءٍ صَحِيحٍ. وَلَكِنْ فِي الحَيَاةِ الوَاقِعِيَّةِ، لِلشُّعُوبِ المُعَطِّلَةِ لِلعَقْلِ؛ الفَجْوَةُ بَيْنَ الوَاقِعِ وَالحَقِيقَةِ وَاسِعَةٌ وَكَبِيرَةٌ لِلْغَايَةِ، وَهَذَا سِرُّ التَّخَلُّفِ فِي الشُّعُوبِ التِي رَفَضَتْ أَنْ تُعَدَّ مِنَ المَخْلُوقَاتِ العَاقِلَةِ، وَاسْتَحْسَنَتِ النَّقْلَ وَالتَّقْلِيدَ!

وَهَذَا هُوَ حَالُ الأَدْيَانِ التَّقْلِيدِيَّةِ، التِّي تُصِرُّ عَلَى تَقْدِيسِ الطُّقُوسِ فِي العِبَادَاتِ، وَلَا تَهْتَمُّ بِفَهْمِ هَذِهِ الطُّقُوسِ وَعَلَاقَتِهَا بِالتَّقَرُّبِ إِلى المَعْبُودِ أو المَعْبُودِينَ! وَمِنْ أَهَمِّ طُقُوسِ العِبَادَاتِ، الصَّلَاةُ مَثَلًا! لَا شَكَّ أَنَّ كَثِيرًا مِنَ المُؤمِنِينْ يُحْيُونَ طُقُوسَ صَلَاتِهِم فِي لُغَاتٍ لَا يَفْهَمُونَ مَعْنَاهَا، وَيَقُومُونَ بِحَرَكَاتٍ لَا يَعْلَمُونَ مَغْزَاهَا. هَذَا مَعَ إِحْتِرَامِي وَتَقْدِيرِي لِجَمِيعِ المُؤْمِنِينَ بِالحُبِّ وَالسَّلَامِ وَحُرِّيَةِ المُعْتَقَدِ، فِي جَمِيعِ أَقْطَارِ العَالَمِ. لَكِنِّي كَمُفَكِّرٍ مُسْلِمٍ وَأَسْتَاذٍ فِي عُلُومِ التَّفْكِيرِ الحَرِجِ يَسْتَوْقِفُنِي هَذَا السُّلُوكَ، فِي بَعْضِ المُؤْمِنِينَ الَّذِي قَرَّرُوا وَأَخَذُوا عَلَى عَاتِقِهِم السَّيْطَرَةَ عَلَى عُقُولِ النَّاسِ! إِنَّ إِيمَانِي بِحُرِّيَّةِ المُعْتَقَدِ يَدْفَعُنِي وَيَحُثُّنِي أَنْ أَتَصَدَّى لِأَيِّ دِينٍ أو مَذْهَبٍ أو عَقِيدَةٍ تُفْرَضُ عَلَى النَّاسِ بِالقُوَّةِ أو التَّهْدِيدِ أو التَّرْغِيبِ! وَعِنْدَمَا أَكْتُبُ عَن الإِسْلَامِ، أَلَّذِي أَعْلَمُ يَقِيْنًا، أَنَّ مُعْظَمَ مَذَاهِبِهِ لَيْسَ لَهَا أَيُّ نَصِيْبٍ مِنْ

الرّسَالَةِ النّبَوِيَةِ المُحَمَّدِيَّة... كِتَابَاتِي هِيَ صَرْخَةُ أَلَمٍ مِمَا حَلَّ بِنَا وَيَعْتَرِينَا نَحْنُ سُكّانُ هَذِهِ البَسِيطَةِ عَلَى عُقُودٍ مَدِيْدَةٍ، مِنْ ظُلْمٍ وَجَورٍ وَإِرْهَابٍ وَقَتْلٍ عَلَى أَيْدِيْ مَنْ يَدَّعُونَ أَنَّهُم مُسْلِمُون، وَالإسْلَامُ وَإلَهُ الإسْلَامِ وَنَبِيُّ الإسْلَامِ بَرَاءٌ مِنْهُم! وَلَوْ سَأَلْتَنِي كَيْفَ عَرَفْتَ هَذَا، أُجِيْبُكَ إِجَابَةَ الإِنْسَانِ البَسِيطِ. تَابِعْ مَعَنَا إلى الصَّفْحَةِ التَّالِيَة...

مَعْرِفَةُ الأَشْيَاءِ بِأَضْدَادِهَا!

فَالإِسْلَامُ هُوَ السَّلَامُ...

كَفِى تَقِيَّةً! التَّقِيَّةُ لِلضَّعِيفِ! مَتَى كَانَ المُؤْمِنُ ضَعِيفًا؟! وَتَقْوَى اللهُ هِيَ مَخَافَةُ القَادِرِ العَادِلِ! أَمَّا هَذِهِ الفِئَةُ مِمَّنْ يَدَّعُونَ الإِسْلَامَ، فَقُدُرَاتُهُم قُدُرَاتُ الفَاسِدِ، وَعَدْلُهُم عَدْلُ أَصْنَامِهِم: أَبُو بَكْرٍ وَعُمَرُ وعُثْمَانُ وَمعاوِيَةُ وَيَزِيْدُ والثِّمَرُ والشَّجَرَةُ المَلْعُونَةُ فِي القُرآنِ، إِلَى أَئِمَّةِ الظُّلْمِ والطُّغْيَانِ وُعَّاظِ السَّلَاطِينِ مِنْ عُشَّاقِ الغُلْمَانِ، الخْ... نَحْنُ اليَوْمَ فِي عَصْرِ حُرِّيَّةِ الرَّأي والعَقِيْدَةِ، الَّتِي ضَمِنَتْهَا قَوانِينُ الأَمَمِ المُتَّحِدةِ، والمَحَاكِمِ الدَّوَلِيَّةِ...

وَإِلَى الَّذِينَ يُرِيْدُونَ أَن يَعْرِفُوا حَقِيْقَةَ الضِّدِّ لإِسْلَامِ المُصْطَفَى بِوُضُوحٍ مُثْبَتٍ، وَمَدْلُولٍ مُؤَكَّدٍ، وَبُرْهَانٍ وَاضِحٍ وَجَلِيٍّ، وَبَصِيْرَةٍ ثَاقِبَةٍ؛ إِربُطُوا الأَحْزِمَةَ!!!

أَلْمُقَدِّمَةُ!

أَيُّها القَارِئُ الكَرِيْمُ. بَعْدَ أَلنَّجَاحِ الباهِرِ الَّذي حَقَّقَهُ بَاكُورَةُ سِلْسِلَةِ أَبْحاثِي كِتابُ: "أَلنَّقْلُ مَفْسَدَةٌ لِلْعَقْلِ" الَّذي نُشِرَ مِنْ فَتْرَةٍ وَجِيْزَةٍ، يَسُرُّنِي مَعَكُم إِسْتِكْمَالُ المَسِيْرَةِ النَّافِذَةِ أَلثَّاقِبَةِ المُنْجِزَةِ. مُعْتَمِدًا عَلى سِكَّتَي الصَّوَاب: أَلْقُرآنِ وَلُغَتِه العَرَبِيَّةِ، وعَلى تَحْكِيْمِ العَقْلِ الوَازِعِ، الْعَقْلِ الْمُدْرِكِ، الْعَقْلِ الْحَكِيْمِ والرَّشِيدِ، لِضُلُوعِه وَاضْطِلاعِه وَتَضَلُّعِه في مَنْعِ الزِّيَادَةِ والتَّزْوِيرِ والنُّقْصَانِ، وَفي وَقْفِ الظُّلْمِ والتَّقْصِيرِ والبُهْتَانِ، وَفي صَدْعِهِ إِخْفَاءَ الكُفْرِ في الباطِنِ والتَّظَاهُرِ بالإِيمانِ؛ بالصِّدْقِ وَبِالْعِلْمِ والبُرهَانِ. لِأَنَّ الأَعْرَابُ أَشَدُّ كُفْراً وَنِفَاقاً (قرآن).

هَذِه المَنْظومَةُ الكَونِيَّةُ العَجِيبَةُ بِكَمَالِ قُدُرَاتِها وَبِأبْعادِها الثَّلاثَةِ: ـ القُرآنِ وَاللُّغَةِ العَرَبِيَّةِ وَمَنْظُومَةِ العَقْلِ ـ اللامُتَنَاهِيَةِ في الإِبْدَاعِ والتَّجْدِيْدِ والعَطَاءِ! فَإِذَا غُيِّبَ أَحَدُ أبْعَادِها سَقَطَتْ مَنْظُومَةُ الكَوْنِ العَادِلَة في مُسْتَنْقَعَاتِ الطَّمَعِ والنَّزْوَةِ والتَّسَلُّطِ والسُّلْطانْ. حَقِيْقَةٌ يُؤَيِّدُهَا الواقِعُ، وَيُحَدِّثُ عَنْهَا التَّارِيخُ، وَعَانَتْ مِنْهَا الشُّعُوبُ والأُمَمُ على مَرِّ الأَزْمَانْ.

فَبِالرَّغْمِ مِن السَّعْيِ الدؤوب لِلأَنْبِيَاءِ والرُّسُلِ مِن عَهْدِ آدَمَ، والإِسْتِمْرَارُ الجَادُّ المُجْهِدُ لِتَلامِذَتِهِم وَخُلَفَائِهِم في مُحَاوَلاتِهِم المُضْنِيَةِ، لِإنْقَاذِ الإنْسَانِيَّةِ مِن بَرَاثِنِ حُبِّ الذَّاتِ والسَّيْطَرَةِ والغِشِّ،

وَالِاسْتِعْبَادِ إِلَى يَوْمِنَا هَذَا! وَسَتَبْقَى هَذِهِ الْإِشْكَالِيَّةُ الْحَرِجَةُ وَالْمُحْرِجَةُ فِي تَطْبِيقِ مَبَادِئِ الدِّينِ وَعَيْشِهِ عَمَلِيًّا، صَعْبَةً جِدًّا عَلَى الَّذِينَ أَعْمُوا أَعْيُنَهُم وَصَمُّوا آذَانَهُم. إِذْ شَتَّانَ مَا بَيْنَ التَّنْظِيرِ فِي الدِّينِ مِن جِهَةٍ، وَعَيْشِهِ بِحَقٍّ مِنْ جِهَةٍ ثَانِيَةٍ! لِأَنَّ عَقَائِدَ الْعَامَةِ مِنِ النَّاسِ فِي الْأُمُورِ الدِّينِيَّةِ الَّتِي يُؤْمِنُونَ بِهَا – وَهُمُ الْأَكْثَرِيَّةُ السَّاحِقَةُ الْحَاسِمَةُ – تَصْبِحُ يَقِينًا ضَالًّا صَلْبًا يَصْعُبُ تَغْيِيرُهُ!

أَلْكَلَامُ فِي الإِسْلَامِ!

إِنَّ إِيمَانَ المَرْءِ الجَازِمِ الَّذِي يَنْعَقِدُ عَلَيْهِ فِكْرُهُ وَيُحْكَمُ بِهِ عَقْلُهُ وَيَتَّخِذُهُ مَذْهَبًا وَعَقِيْدَةً، بِغَضِّ النَّظَرِ عَنْ صِحَّةِ إِيمَانِهِ أَوْ فَسَادِهِ، يَصْعُبُ تَغْيِيرُهُ... هَذِهِ الحَقِيْقَةُ الصَّعْبَةُ الصَّادِعَةُ المُرَّةُ، لَنْ تَرْدَعَنِي عَمَّا أَقُومُ بِهِ فِي هَذِهِ الحَقْبَةِ مِنَ العُمْرِ. فَحَقِيبَتِي الَّتِي أَحْمِلُهَا عَلَى ظَهْرِي الَّتِي سَتُرَافِقُنِي فِي رِحْلَتِي وَسَفَرِي، يُرْهِقُنِي حَجْمُهَا وَثِقَلُ مَا فِيهَا. لِذَا قَرَّرْتُ أَنْ أَسْتَبْدِلَ مَتَاعِي وَزَادِي بِمَا هُوَ أَخَفُّ وَأَثْمَنُ. وَهَلْ هُنَاكَ أَخَفُّ مِنَ الكَلِمَةِ الطَّيِّبَةِ؟ أَلَمْ تَرَ كَيْفَ ضَرَبَ اللهُ مَثَلًا كَلِمَةً طَيِّبَةً كَشَجَرَةٍ طَيِّبَةٍ أَصْلُهَا ثَابِتٌ وَفَرْعُهَا فِي السَّمَاءِ (24) تُؤْتِي أُكُلَهَا كُلَّ حِينٍ بِإِذْنِ رَبِّهَا وَيَضْرِبُ اللهُ الأَمْثَالَ لِلنَّاسِ لَعَلَّهُمْ يَتَذَكَّرُونَ (25). وَهَلْ هُنَاكَ كَلِمَةٌ أَطْيَبَ مِنْ هَدْيِ النَّاسِ. أَسْأَلُكم الدُّعَاء."

فَبَعْدَ أَنْ هَدَانِي رَبِّ، وَفَهِمْتُ الرِّسَالَةَ الَّتِي فِيهَا طَرِيقُ الوُصُولِ إِلَى حَبْلِ النَّجَاةِ: مَثَلُ الَّذِينَ يُنْفِقُونَ أَمْوَالَهُمْ فِي سَبِيلِ اللهِ كَمَثَلِ حَبَّةٍ أَنْبَتَتْ سَبْعَ سَنَابِلَ فِي كُلِّ سُنْبُلَةٍ مِائَةُ حَبَّةٍ وَاللهُ يُضَاعِفُ لِمَنْ يَشَاءُ وَاللهُ وَاسِعٌ عَلِيمٌ (261) .

الَّذِينَ يُنْفِقُونَ أَمْوَالَهُمْ فِي سَبِيلِ اللهِ ثُمَّ لَا يُتْبِعُونَ مَا أَنْفَقُوا مَنًّا وَلَا أَذًى لَهُمْ أَجْرُهُمْ عِنْدَ رَبِّهِمْ وَلَا خَوْفٌ عَلَيْهِمْ وَلَا هُمْ يَحْزَنُونَ (262) قَوْلٌ

مَعْرُوفٌ وَمَغْفِرَةٌ خَيْرٌ مِّن صَدَقَةٍ يَتْبَعُهَا أَذًى وَاللَّهُ غَنِيٌّ حَلِيمٌ (263) يَا أَيُّهَا الَّذِينَ آمَنُوا لَا تُبْطِلُوا صَدَقَاتِكُم بِالْمَنِّ وَالْأَذَى كَالَّذِي يُنفِقُ مَالَهُ رِئَاءَ النَّاسِ وَلَا يُؤْمِنُ بِاللَّهِ وَالْيَوْمِ الْآخِرِ فَمَثَلُهُ كَمَثَلِ صَفْوَانٍ عَلَيْهِ تُرَابٌ فَأَصَابَهُ وَابِلٌ فَتَرَكَهُ صَلْدًا لَّا يَقْدِرُونَ عَلَىٰ شَيْءٍ مِّمَّا كَسَبُوا وَاللَّهُ لَا يَهْدِي الْقَوْمَ الْكَافِرِينَ. (264)

عِنْدَ قِرَاءَةِ **مَثَلًا كَلِمَةً طَيِّبَةً كَشَجَرَةٍ طَيِّبَةٍ** يَسْتَنْكِرُ بَعْضُ الْقُرَّاءِ الْأَكَارِمِ إِسْتِشْهَادِي وَإِسْتِعَانَتِي بِالْآيَةِ الْكَرِيمَةِ أَعْلَاه. وَفِي أَبْحَاثِي كَلِمَاتٌ كَثِيرَةٌ يَعْتَقِدُونَ أَنَّهَا خَبِيثَةٌ. هَذَا قِيَاسٌ مَعَ الْفَارِقِ. وَمُعْظَمُ الْمَذَاهِبِ الْإِسْلَامِيَّةِ تَعْتَمِدُ الْقِيَاسَ فِي تَشْرِيعَاتِهَا، عِلْمًا أَنَّ أَوَّلَ مَن قَاسَ، كَانَ إِبْلِيسُ... طَبْعًا دِفَاعِي هَذَا لا يُجْدِي مَعَ الَّذِينَ يَعْتَقِدُونَ أَنَّ الْآيَةَ الْكَرِيمَةَ حَذَّرَتْ مِن الْكَلِمَةِ الْخَبِيثَةِ. وَهَذَا طَبْعًا صَحِيحٌ! وَلِكَي لا أُطِيلَ الْجَدَلَ. أَقُولُ أَنَّ الصَّحَّ وَالْخَطَأَ فِي تَعَامُلِ النَّاسِ لَيْسَ مُطْلَقًا. وَحَسْمًا لِهَذَا الْخِلَافِ. فِي الْقُرْآنِ الْكَرِيمِ الَّذِي لا يَقْرَبُهُ وَلا يَشُوبُهُ الْخَبَثُ كَلِمَاتٌ كَثِيرَةٌ يُمْكِن أَنْ يُصَنِّفَهَا الْبَعْضُ خَبِيثَةً:

1) فَلَعْنَةُ اللَّهِ عَلَى الْكَافِرِينَ.

2) وَقَالُوا قُلُوبُنَا غُلْفٌ بَل لَّعَنَهُمُ اللَّهُ بِكُفْرِهِمْ فَقَلِيلاً مَّا يُؤْمِنُونَ.

3) أُولَئِكَ يَلْعَنُهُمُ اللَّهُ وَيَلْعَنُهُمُ اللَّاعِنُونَ.

4) عَلَيْهِمْ لَعْنَةُ اللهِ وَالْمَلَائِكَةِ وَالنَّاسِ أَجْمَعِينَ.

5) لَعَنَهُمُ اللّهُ بِكُفْرِهِمْ فَلَا يُؤْمِنُونَ إِلاَّ قَلِيلاً.

6) أَوْ نَلْعَنَهُمْ كَمَا لَعَنَّا أَصْحَابَ السَّبْتِ.

7) أُولَئِكَ الَّذِينَ لَعَنَهُمُ اللّهُ وَمَن يَلْعَنِ اللّهُ فَلَن تَجِدَ لَهُ نَصِيراً.

8) فَبِمَا نَقْضِهِم مِّيثَاقَهُمْ لَعَنَّاهُمْ وَجَعَلْنَا قُلُوبَهُمْ قَاسِيَةً...

أَيُّهَا النَّاسُ إِعْلَمُوا وَعُوا. إِنَّ الَّذِينَ يَعْتَرِضُونَ على لَعْنِ مَن لَعَنَهُم الله عَدْلاً وَصِدْقًا وَ أَنَا أَلْعَنُهُم بِشِدَّةٍ، تَقَرُّبًا إلى الله تَعَالى بِلَعْنِهِم، مُعْظَمُهُم لَمْ يَعْتَرِضْ بَل أَيَّدَ وَمَا زَالَ، إِمَّا بِالصَّمْتِ أَوْ بِالمشَارَكَةِ، مَعَ الَّذِينَ لَعَنُوا أَمِيرَ المُؤْمِنِينَ، عَلِيًّا بِن أبِي طَالِبٍ الصِّدِّيقَ الأمِينَ، لِأرْبَعِينَ عَامًا، قَبْلَ كُلِّ صَلَاةٍ، فِي مَسَاجِدَ تُسَمَّى مَسَاجِدَ المُسْلِمِينَ وَشَارَكَ فِي اللَّعن مَن لُقِّبوا زُورًا وَظُلْمًا صَحَابَةً وَتَابِعِينَ!

تَعْرِيفُ الصَّحَابِي فِي بَعْضِ المَذَاهِب الإسْلامِيَّة!

إنْ كُنْتَ أَيُّهَا القَارِئُ الكَرِيمُ تَتَوافَقُ مَعَ مَا أَرَى أَمْ لا، فَأَنَا شَاكِرٌ لَكَ إِطِّلاعَكَ عَلَى أَفْكَارِي وَمَنْطِقِي وَاسْتِنْتَاجَاتِي. وَأَتَمَنَّى عَلَيْكَ أن تُوَاكِبَني فِي رِحْلَتِي وَفِي إِسْتِدْلَالاتِي وإنْطِبَاعاتِي... إنَّ مَوضُوعَ هَذَا البَحْثِ: "الصُّحْبَةُ فِي القَرآنِ!"

أتَمَنى عَلَى الجَمِيع أن يَطَّلِع عَلَى مُقَوِّمَاتِ وَصِفَاتِ الصَّحَابِيّ فِي كُتُبِ المَذَاهِبِ الَّتِي تَتَعَبَّدُ بِالتَّرَضِّي والصَّلاةِ عَلَى مَنْ يَتَقَرَّبونَ بِهم إلى الله، مِن الَّذِينَ يُسَمُّونَهُم صحَابَة. بِالرَّغم مِن إخْتِلافِهم فِي تَعْرِيفِهم والتَّعَرُّف عَلَيهم. فَتَعْرِيفُ الصَّحَابِيّ عِنْدَ الأُصُولِيّينَ هُوَ: «كُلُّ مَنْ لَقِيَ الرَّسُولَ مُؤْمِناً بِهِ وَلازَمَهُ زَمَناً طَوِيلاً». أَمَّا عِنْدَ المُحْدِثِين فَهُوَ: «كُلُّ مَنْ لَقِيَهُ مُسْلِماً ومَاتَ عَلَى إِسْلامِهِ سَوَاءٌ طَالَت صُحْبَتُهُ أَمْ لَمْ تَطُلْ.» وَلَكِنْ الأَفْضَلِيَّةَ الأُولَى لِلصَّحَابَةِ الَّذِينَ تَآمَرُوا فِي سَقِيفَةِ بَنِي سَاعِدة، يَلِيهِم الَّذِينَ أَيَّدوا المُؤَامَرَةَ أَوْ صَمَتُوا، أَمَّا البَاقُونْ فَكُفِّروا، وَاتُّهِمُوا بِالرّدةِ، وَحُورِبُوا، وَقُتِّلُوا!؟ إبْحَثُوا عَمَّا جَرى لِلصَّحَابِيُّ الجَلِيلِ، مَالِكٍ بِنْ نُوَيْرَةَ وَعَائِلَتِه وَأهْلِه وَقَبِيلَتِه؟

وَكَيْفَ عَلَّلَ وَحَلَّلَ وَأَحَلَّ، وَبِمَا إحْتَجَّ وَتَعَلَّلَ أَبُو بَكْرٍ – الإنْقِلابِيُّ الأول – فِي تَبْرِير مَجْزَرَةِ خَالِدِ بِن الوَلِيد، فِي قَبِيلَةِ الصَّحَابِيّ الجَلِيل مَالِكِ بِن نُوَيْرَةَ اليَرْبُوعِيّ وَكَيف إغْتَصَب خَالِدٌ وَزَنَى بِزوجةِ مَالِك؟ طَالِعُوا قَصَّةَ القَاتِلِ الزَّانِي، والمُبَشَّر بِالجَنَّةِ كَمَا يَزْعَمُونَ، فِي كِتَابٍ: (النَّقْلُ مَفْسَدَةٌ لِلعَقْل)!

مَتَى كَان الإِسْلَامُ مُمَذْهَبًا؟

يَقُولونَ لِلنَّاسِ: "خِلَافَاتُ وإِخْتِلَافَاتُ عَقَائِدِ المَذَاهِبِ الإِسْلَامِيَّة !"فَالدِّينُ أَيُّهَا القَارِئُ الكَرِيمُ هُوَ الإِسْلام – وَالإِسْلامُ وَاحِدُ – وَأَمَّا تَنَوُّع الرِّسَالَاتِ وَالشَّرَائِع وَتَعَدُّدُهَا، فَذَكَرَهَا اللهُ فِي قَوْلِهِ تَعَالَى: {لِكُلٍّ جَعَلْنَا مِنْكُمْ شِرْعَةً وَمِنْهَاجًا} [المائدة: 48]. هَذَا لا يَعْنِي أَنَّهَا عَقَائِدُ يَسْتَنْسِبُهَا الحَاكِمُ وَيُطَبِّقُ المُنَاسِبَ لِبَقَائِهِ فِي الحُكْمِ ثُمَّ يَفْرُضُهَا عَلَى النَّاسِ، بِغَضِّ النَّظَرِ عَنْ صِحَّتِها أَوْ فَسَادِها إِطْلَاقًا! فَالدِّينُ رِسَالَةُ اللهِ لِعِبَادِه لِيُؤْمِنُوا بِكُلِّيَّتِهَا المُطْلَقَةِ وَلَيْسَ بِمَا وَجَدوهُ مُنَاسِبًا وَمُلَائِمًا لِمَصْلَحَةٍ يَبْتَغونَهَا. رِسَالَاتُ اللهِ وشَرائِعُهُ كَثِيرَةٌ. أَرْسَلَ اللهُ تَعَالى رُسُلاً إِلى كُلِّ أُمَّةٍ مِنَ الأُمَمِ، وَقَدْ ذَكَرَ اللهُ تَعَالى أَنَّهُمْ مُتَتَابِعُونَ، الرَّسُولُ يَتْبَعُهُ الرَّسُولُ.

قَالَ عَزَّ وَعَلا: (ثُمَّ أَرْسَلْنَا رُسُلَنَا "تَتْرَا" كُلَّ مَا جَاءَ أُمَّةً رَسُولُهَا كَذَّبُوه فَأَتْبَعْنَا بَعْضَهُمْ بَعْضاً وَجَعَلْنَاهُمْ أَحَادِيثَ فَبُعْداً لِقَوْمٍ لا يُؤمِنُونَ) المُؤمِنُون/44. وَقَالَ تَعَالى: (إِنَّا أَرْسَلْنَاكَ بِالْحَقِّ بَشِيراً وَنَذِيراً وَإِن مِنْ أُمَّةٍ إِلَّا خَلا فِيهَا نَذِيرٌ). فَاطِر/24.) وَقَوْلُهُ تَعَالَى: " لَمْ يَكُنْ الَّذِينَ كَفَرُوا مِنْ أَهْلِ الكِتَابِ وَالمُشْرِكِينَ مُنْفَكِّينَ حَتَّى تَأتِيَهُمُ البَيِّنَةَ"! مَا هِيَ البَيِّنَةُ؟ "رَسُولٌ مِّنَ اللهِ يَتْلُو صُحُفًا مُّطَهَّرَةً (2) فِيهَا كُتُبٌ قَيِّمَةٌ

(3)"!. وَقَدْ تَكَرَّرَ مِنَ اللهِ تَعَالَى عَلَى أَنَّ مَا يَتْلُوه الرَّسُول حَقٌّ مَصُونٌ مِنْ تَدَخُّلٍ وَمُدَاخَلَةِ الكَفَرَةِ وَالشَّيَاطِينِ، وقال: "لا يَمَسُّهُ إِلَّا المُطَهَّرونَ!". جَاءَتْ ""إِلَّا" نَافِيَةٌ! أَيُّهَا المُسْلِمون إِنَّهَا لا نَافِيَةٌ، لَيْسَ فِيْكُم وَفِي أَجْدَادِكُم وَمَا سَوف يَأتِي مِنْ أولادِكُم وَأَحْفَادِكُم، قَادِرٌ أَوْ مُخَوَّلٌ أَوْ مُتَطَهِّرٌ وَاحِدٌ يَسْتَطِيعُ مَسَّ القُرْآن. أَصْحُوا استَيْقِظُوا كَفى هَذِهِ الأُمَّةَ ضَيَاعًا وَضَلالاً!

مَنْ مِنْكُم يَقْرَأُ وَيعِي؟ قَالَ تَعَالَى: (إِنَّا أَرْسَلْنَاكَ بِالْحَقِّ بَشِيراً وَنَذِيراً وَإِنْ مِنْ أُمَّةٍ إِلَّا خَلَا فِيهَا نَذِيرٌ). لَمْ يَخْلُ الكَونُ وَلَنْ يَخْلُو – بِجَعْلٍ مِنَ اللهِ – مِن نَذِيرٍ أَوْ إِمَامٍ مُبِينٍ. وَاللهِ لَوِ الأرضُ خَلَتْ مِنْ نَذِيرٍ لَسَاخَتْ بِأَهْلِهَا!

يَقُولُ اللهُ لَكُم" :وَإِنْ مِنْ أُمَّةٍ إِلَّا خَلَا فِيهَا نَذِيرٌ "إِنَّهَا آيَةٌ مُبْدِعَةٌ إبدَاع الطِّبَاقِ، هُوَ طِبَاقُ الإِيْجَابِ الَّذِي يَعْنِي أَنَّ الضِّدَّيْنِ السَّلْبِيّ والإِيْجَابِيّ لَمْ يَخْتَلِفَا! هَذَا مِنْ بَدِيعِ وَبَلاغَةِ القُرآن وَمُعْجِزَاتِهِ وَقُدُرَاتِهِ عَلى التَّنَافُسِ فِي جَمِيعِ المَيَادِين! إسْألوا أَيُّهَا القُرَّاءُ الكِرَامُ عُلَمَاءَ العَنْعَنَةِ: كِيْفَ تُجْمَعُ هَاتَيْنِ الآيَتَيْنِ) :وَإِنْ مِنْ أُمَّةٍ إِلَّا خَلَا فِيهَا نَذِير (وَ) وَمَا كُنَّا مُعَذِّبِينَ حَتَّى نَبْعَثَ رَسُوْلَا ... (إسْألوا عُلَماءَكُم: أيُّ أُمَّةٍ؟ وَمَا تَعْرِيفُ الأمَّةِ؟ وَمَنْ نَذِيرُ هَذِهِ الأمَّةِ اليَوْمَ؟ وَهَلْ هُوَ مَوجُودٌ وَأَيْنَ؟ حَيُّ أم مَيِّتٌ أَمْ لَمْ يُولَدْ بَعْدُ؟ أَمْ أَنَّ أُمَّتَكُم أَخْلَاهَا اللهُ مِن نَذِيرِهَا؟! وَقَدْ سَمَّى

اللهُ تَعَالَى مِن أُولَئِكَ الرُّسُلِ وَالأَئِمَّةِ مَنْ سَمَّى، وَأَخْبَرَ بِقَصَصِ بَعْضِهِم، دُونَ الكَثِيرِ مِنْهُم، قَالَ تَعَالَى: (إِنَّا أَوْحَيْنَا إِلَيْكَ كَمَا أَوْحَيْنَا إِلَى نُوحٍ وَالنَّبِيِّينَ مِنْ بَعْدِهِ وَأَوْحَيْنَا إِلَى إِبْرَاهِيمَ وَإِسْمَاعِيلَ وَإِسْحَاقَ وَيَعْقُوبَ وَالأَسْبَاطِ وَعِيسَى وَأَيُّوبَ وَيُونُسَ وَهَارُونَ وَسُلَيْمَانَ وَآتَيْنَا دَاوُودَ زَبُورًا. وَرُسُلًا قَدْ قَصَصْنَاهُمْ عَلَيْكَ مِنْ قَبْلُ وَرُسُلًا لَمْ نَقْصُصْهُمْ عَلَيْكَ وَكَلَّمَ اللَّهُ مُوسَى تَكْلِيمًا) النساء/163-164... وَقَالَ اللهُ لِإبْرَهِيمَ، إِنِّي جَاعِلُكَ لِلنَّاسِ إِمَامَا... إِنَّ الدِّينَ الإِسْلامِيَ الَّذِي ارْتَضَاهُ اللهُ لِعِبَادِهِ المُؤمِنينَ، هُوَ دِينُ الفِطْرَةِ الَّتِي فَطَرَ اللهُ النَّاسَ عَلَيْهَا، وَدَعَا (إِلَى الإِسْلَامِ) جَمِيعَ الأَنْبِيَاءِ وَالرُّسُلَ الَّذِينَ نَشَرُوهُ فِي أَرْجَاءِ المَعْمُورَةِ.

قَالَ اللهُ تَعَالَى: {إِنَّ الدِّينَ عِنْدَ اللَّهِ الإِسْلَامُ} [آلِ عُمْرَان: 19]. وَقَالَ تَعَالَى: {وَمَنْ يَبْتَغِ غَيْرَ الإِسْلَامِ دِيناً فَلَنْ يُقْبَلَ مِنْهُ وَهُوَ فِي الآخِرَةِ مِنَ الْخَاسِرِينَ} [آلِ عُمْرَان: 85] أَخْبَرَ اللهُ عَنْ نُوحَ عَلَيْهِ السَّلَامُ: {وَأُمِرْتُ أَنْ أَكُونَ مِنَ الْمُسْلِمِينَ} [يونس: 72]. وَأَخْبَرَ عَنْ إِبْرَاهِيمَ عَلَيْهِ السَّلَام: {إِذْ قَالَ لَهُ رَبُّهُ أَسْلِمْ قَالَ أَسْلَمْتُ لِرَبِّ الْعَالَمِينَ} [البقرة: 131]. وَأَخْبَرَ عَنْ مُوسَى عَلَيْهِ السَّلَام: {يَا قَوْمِ إِنْ كُنْتُمْ آمَنْتُمْ بِاللَّهِ فَعَلَيْهِ تَوَكَّلُوا إِنْ كُنْتُمْ مُسْلِمِينَ} [يونس: 84]. وَأَخْبَرَ عَنْ حَوَارِيِّ سَيِّدِنَا عِيسَى: {وَإِذْ أَوْحَيْتُ إِلَى الْحَوَارِيِّينَ أَنْ آمِنُوا بِي وَبِرَسُولِي قَالُوا آمَنَّا وَاشْهَدْ

بِأَنَّنَا مُسْلِمُونَ} [المائدة: 111]. وَأَخْبَرَ عَنْ سُلَيْمَانَ عَلَيْهِ السَّلَام عَلى لِسَانِ مَلِكَةِ سَبَأٍ: {رَبِّ إِنِّي ظَلَمْتُ نَفْسِي وَأَسْلَمْتُ مَعَ سُلَيْمَانَ لِلَّهِ رَبِّ الْعَالَمِينَ} [النمل: 44].

إِنَّ كُلَّ مَا جَاءَ بِهِ النَّبِيُّونَ والمُرسَلُونَ كَانَ الإِسْلَامُ فِي مَرَاحِلِهِ جَمِيعِهَا. يُحَاكِي وَيُوَاكِبُ القُدُرَاتَ الفِكرِيَّةَ لِكُلِّ أُمَّةٍ عَلَى حِدَةٍ، ضِمْنَ مَنْظُومَةٍ عَادِلَةٍ كَامِلَةٍ مُبْدِعَةٍ مُذْهِلَةٍ، وَفِيْ تَنَطَوُّرٍ يُسَابِقُ تَطَوُّرَ قُدُرَاتِ الإِنْسَان العَقْلِيَّةِ والفِكْرِيَّةِ! فَكَانَ جَمِيعُ الأنبِيَاءِ والرُّسُلِ شُرَكَاءَ فِي إِنْمَاءٍ وَتَنْمِيَةِ هَذَا الدِّيْنِ، وَفِي تَطْوِيْرِ العَقْلِ وَالفِكْرِ واليَقِيْنِ لَدَى النَّاسِ الَّذِيْنَ تَدْرِيجِيًّا تَطَوَّرُوا مِنْ حَيِّزِ العَائِلَةِ إلى الجَمَاعَةِ إلى القَبِيْلَةِ إلى الدُّوَلَةِ، إلى آخِرِ مَا سَيَصِلُ إِلَيْهِ النَّاسُ، فَجَاءَتْ الرِّسَالَةُ الإِسْلَامِيَّةُ الخَاتِمَةُ الَّتِي أوكَلَ الله إِلَيْهَا قِيَادَةَ هَذَا الكَوْنِ بِالعَقْلِ وَبِالعِلْمِ!

مَا قَبْلَ الإِسْلَام آمَنَ النَّاسُ بِوَاسِطَةِ المُعْجِزَاتِ الَّتِي كَانَ الأنبِيَاءُ والرُّسُلُ يَقُومُونَ بِهَا لِإِثْبَاتِ حَقِيْقَتِهِم! فَكُلُّ وَاحِدٍ مِنَ الرُّسُلِ جَاءَ بِمُعْجِزَةٍ عُرِفَ بِهَا، عَصَا مُوسَى، إِحْيَاءُ المَوتَى لِسَيِّدِنَا عِيْسَى سَلَام الله عَلَيْهِ، وَمِنْ قَبْلِهِم مِنَ الأنبِيَاءِ الَّذِينَ جَاؤوا بِعَذَابِ الله إِلى الَّذِينَ رَفَضُوا الإِسْتِجَابَةَ لِدَعْوَةِ رُسُلِهِم. فَأَنْزَلَ الله عَلَيْهِم عَذَابَاتِهِ: الغَرقَ، الجَرَادَ، القُمَّلَ، الدَّمَ، إلخ...

حَتَّى جَاءَ المُصْطَفَى الخَاتَمُ لِرِسَالَاتِ اللهِ، وَكَانَ مُعْجِزَتُهُ القُرآنَ المُعْجِزَ فِي كُلِّ العُلُومِ، الَّذِي بِهِ رَفَعَ اللهُ عَذَابَهُ عَنِ النَّاسِ: وَمَا كَانَ اللهُ لِيُعَذِّبَهُم وَأنتَ فِيهِمْ وَمَا كَانَ اللهُ مُعَذِّبَهُمْ وَهُمْ يَسْتَغْفِرُونَ (33)! وَهُنَا تَكْمُنُ عَظَمَةُ القُرآنِ وَرَحْمَةُ المُصْطَفَى، لَقَدْ أَجَّلَ اللهُ العَذَابَ عَنِ النَّاسِ طَالَمَا كَانَ حَضْرَةُ المُصْطَفَى فِيهِمْ! "وَأنتَ فِيهِمْ" وَأنتَ مُقِيْمٌ بَيْنَ أَظْهُرِهِمْ! فِي مَنْ؟ فِي النَّاسِ!

أَيُّهَا القُرَّاءُ الأَكَارِمُ، إبْحَثُوا فِي تَفَاسِيرِ عُلَمَاءِ مَذَاهِبِ السَّقِيْفَةِ! بِالرُّغْمِ مِنْ أَنَّهُ لَا يُوجَدُ إجْمَاعٌ عَلَى أَيِّ شَيءٍ فِي هَذِهِ السُّنَّةِ إلَّا عَلَى البَاطِلِ؛ جَاءَ الشَّطْرُ الأَوَّلُ مِنَ الآيَةِ الكَرِيْمَةِ وَهُوَ {وَمَا كَانَ اللهُ لِيُعَذِّبَهُمْ وَأَنْتَ فِيهِمْ} تَقُولُ جَمِيعُ كُتُبِ التَّفَاسِيرِ ـ تَفَاسِيرُ عُلَمَاءِ السَّقِيْفَةِ ـ أَنَّ سُنَّةَ اللهِ فِي خَلْقِهِ عَدَمُ نُزُولِ العَذَابِ فِي قَوْمٍ وَرَسُولُهُمْ فِيهِمْ! إذَا كَانَتْ هَذِهِ سُنَّةً فِي كُلِّ الرُّسُلِ، لِمَاذَا كَانَ الخِطَابُ خَاصًّا لِحَبِيبِهِ المُصْطَفَى: وَأَنْتَ فِيهِمْ؟! قَدْ يَكُونُ اللهُ نَسِيَ هَذِهِ السُّنَّةَ. شَخْصِيًّا! عِنْدَمَا أَقْرَأُ أَجْمَعَ العُلَمَاءُ فِي كُتُبِ مَذَاهِبِ السَّقِيْفَةِ، مُبَاشَرَةً أَعْلَمُ أَنَّهُمْ أَجْمَعُوا عَلَى البَاطِلِ! أَلَمْ يَكُنْ أَفْضَلَ لِلنَّاسِ لَو جَاءَتِ الآيَةُ عَلَى هَذَا الشَّكْلِ: {وَمَا كَانَ اللهُ لِيُعَذِّبَهُمْ وَنَبِيَّهُمْ أَو رَسُولَهُمْ فِيهِمْ؟} لِمَاذَا أَرَادَ مُفَسِّرو مَذَاهِبِ السَّقِيْفَةِ أَنْ يُوارُوا صِيْغَةَ المُخَاطَبَةِ "وَأَنْتَ فِيهِمْ"؟

لَو اطَّلَعْنَا عَلى قِصَّةِ سَيِّدِنَا نُوحَ فِي سُورَةِ هُودَ: ... وَهِيَ تَجْرِي بِهِمْ فِي مَوْجٍ كَالْجِبَالِ وَنَادَى نُوحُ ابْنَهُ وَكَانَ فِي مَعْزِلٍ يَابُنَيَّ ارْكَبْ مَعَنَا وَلَا تَكُنْ مَعَ الْكَافِرِينَ... كَمْ كَانَ نُوحُ بَعِيدًا عَنْ إِبْنِهِ وَعَنْ قَوْمِهِ؟! لَا أُرِيدُ أَنْ أُطِيلَ فِي بَدِيهِيَّاتٍ يَفْقَهُهَا الْعُقَلَاءُ. فَمَا يُهِمُّنِي فِي هَذَا الْبَحْثِ أَوَّلًا وَأَخِيرًا، أَنْ أُبْعِدَ النَّاسَ عَنِ النَّمَطِيَّةِ الْبَاطِلَةِ لِلإِلَهِ الَّذِي إِلَيْهِ يَتَعَبَّدُونَ، وَالنَّبِيِّ الَّذِي بِهِ يَقْتَدُونَ !

تَقُولُ الآيَاتُ الْكَرِيمَةُ: {يَا أَيُّهَا الَّذِينَ آمَنُوا إِن تَتَّقُوا اللهَ يَجْعَل لَّكُمْ فُرْقَانًا وَيُكَفِّرْ عَنكُمْ سَيِّئَاتِكُمْ وَيَغْفِرْ لَكُمْ وَاللهُ ذُو الْفَضْلِ الْعَظِيمِ (29) وَإِذْ يَمْكُرُ بِكَ الَّذِينَ كَفَرُوا لِيُثْبِتُوكَ أَوْ يَقْتُلُوكَ أَوْ يُخْرِجُوكَ وَيَمْكُرُونَ وَيَمْكُرُ اللهُ وَاللهُ خَيْرُ الْمَاكِرِينَ (30) وَإِذَا تُتْلَى عَلَيْهِمْ آيَاتُنَا قَالُوا قَدْ سَمِعْنَا لَوْ نَشَاءُ لَقُلْنَا مِثْلَ هَذَا إِنْ هَذَا إِلَّا أَسَاطِيرُ الْأَوَّلِينَ (31) وَإِذْ قَالُوا اللَّهُمَّ إِن كَانَ هَذَا هُوَ الْحَقَّ مِنْ عِندِكَ فَأَمْطِرْ عَلَيْنَا حِجَارَةً مِّنَ السَّمَاءِ أَوِ ائْتِنَا بِعَذَابٍ أَلِيمٍ (32) وَمَا كَانَ اللهُ لِيُعَذِّبَهُمْ وَأَنتَ فِيهِمْ وَمَا كَانَ اللهُ مُعَذِّبَهُمْ وَهُمْ يَسْتَغْفِرُونَ (33)}. إِنَّ الآيَةَ الْكَرِيمَةَ {وَمَا كَانَ اللهُ لِيُعَذِّبَهُمْ وَأَنتَ فِيهِمْ} بَدَأَتْ بِوَاوِ الْعَطْفِ، أَوِ الإِسْتِئْنَافِيَّةِ كَجَمِيعِ الآيَاتِ الَّتِي سَبَقَتْهَا وُصُولًا إِلَى دَعْوَةِ اللهِ الْمُؤمِنِينَ: {يَا أَيُّهَا الَّذِينَ آمَنُوا إِن تَتَّقُوا اللهَ يَجْعَل لَّكُمْ فُرْقَانًا}.

ثُمَّ بَدَأَتْ الآيَاتُ المَعْطُوفَةُ عَلَيْهَا أَنْ قَالَ الَّذِينَ مَكَرُوا؛ {وَإِذْ قَالُوا اللَّهُمَّ إِن كَانَ هَذَا هُوَ الْحَقَّ مِنْ عِندِكَ فَأَمْطِرْ عَلَيْنَا حِجَارَةً مِّنَ السَّمَاءِ أَوِ ائْتِنَا بِعَذَابٍ أَلِيمٍ}! فَكَانَ هَذَا تَحَدِّيًا لِلهِ وَلِصِدْقِ رِسَالَتِهِ، فَجَاءَ أَمْرُ اللهِ: وَمَا {كَانَ اللهُ لِيُعَذِّبَهُمْ وَأَنتَ فِيهِمْ.}

لَنْ يُعَذِّبَهُم وَأَنْتَ يَا مُحَمَّدَ فِيهِم، هَذِهِ خُصُوصِيَّةُ الرَّسُولِ الأَعْظَم، الَّذِي بُعِثَ رَحْمَةً لِلْعَالَمِيْن! مُحَمَّدٌ رَحْمَةٌ لِلْعَالَمِيْن! أَيُّ رَحْمَةٍ؟ تَأخِيرُ العَذَابِ إِلى يَومِ القِيَامَةِ عَنِ النَّاسِ مَا دَامَ المُصْطَفى فِيهِم! وَرُبَّ سَائِلٍ يَسْألُ؛ هَلْ رَحْمَةُ اللهِ تَنْقَطِع عِنْدَ وَفَاةِ الرَّسُولِ؟ وَأَنَا أَسْألُ المُنَافِقِيْنَ الجَهَلَةَ الَّذِينَ أَجَازُوا لِأَنْفُسِهِم تَزْوِيْرَ مَعَانِي القُرآنِ: هَلْ تَنْقَطِعُ رَحْمَةُ رَبِّ العَالَمِيْنَ الَّتِي أَوْلَاهَا اللهُ حَبِيْبَهُ بَعْدَ قَبْضِهِ؟ مَا قِيمَةُ: وَمَا أَرْسَلْنَاكَ إِلَّا كَافَّةً لِّلنَّاسِ بَشِيرًا وَنَذِيرًا وَلَكِنَّ أَكْثَرَ النَّاسِ لَا يَعْلَمُونَ (28).. إِنَّ فِي هَذَا لَبَلَاغًا لِّقَوْمٍ عَابِدِينَ (106) وَمَا أَرْسَلْنَاكَ إِلَّا رَحْمَةً لِّلْعَالَمِينَ (107) ...

أَيُّهَا القَارِئُ الكَرِيمُ. أَسْألُكَ أَنْ تُشَارِكَنِي قِرَاءَةَ هَذِهِ الآيَاتِ: إِذًا، إِلَى الَّذِينَ يَعْقِلُونَ! يَا مُحَمَّدُ؛ إِنَّا أَرْسَلْنَاكَ بِالْحَقِّ بَشِيراً وَنَذِيراً وَإِن مِنْ أُمَّةٍ إِلَّا خَلا فِيهَا نَذِيرٌ.

وَمَا أَرْسَلْنَاكَ إِلَّا كَافَّةً لِّلنَّاسِ بَشِيرًا وَنَذِيرًا، وَمَا أَرْسَلْنَاكَ إِلَّا رَحْمَةً لِّلْعَالَمِينَ، وَمَا كَانَ اللهُ لِيُعَذِّبَهُمْ وَأَنتَ فِيهِمْ! إِنَّ تَأْجِيلَ العَذَابِ عَنِ النَّاسِ مَا دَامَ سَيِّدُ الكَوْنَيْنِ فِيهِم، وَإِعْطَاؤُهُم الفُرصَةَ لِلتَّوبَةِ، ثُم الحِسَابِ يَوْمَ الحِسَابِ عِنْدَمَا يَنْقَطِعُ الثَّوابُ والعِقَابُ، يُعَدُّ مِنْ أَسْمَى النِّعَمِ الَّتِي أَنْعَمَ اللهُ بِهَا عَلَى النَّاسِ الَّذِينَ كَرَّمَهُمُ اللهُ بِحُضُورِ المُصْطَفَى فِيهِمْ حَيْثُ أَجَّلَ اللهُ عَذَابَهُم إِلَى يَومِ القِيَامَةِ} **:وَمَا كَانَ اللهُ مُعَذِّبَهُمْ وَهُمْ يَسْتَغْفِرُونَ{.** هَذِهِ الآيَةُ المَعْطُوفَةُ بِوَاوِ العَطْفِ أَوِ الاستِئْنَافِيَّةِ عَلَى الآيَةِ الَّتِي قَبْلَهَا، وَلَيْسَ فِيهَا الفِعْلُ المُضَارِعُ، الَّذِي يَدُلُّ عَلَى إِسْتِمْرَارِيَّةِ الحَدَثِ المَشْرُوطِ بِوُجُودِ الرَّسُولِ بَيْنَهُم، وَجَاءَ بَدَلَ الفِعْلِ المُضَارِعِ إِسْمُ الفَاعِلِ "مُعَذِّبَهُمْ" وَفُقْدَانُ اللَّامِ التَّأْكِيدِيَّةِ! أَمَّا اللَّامُ المكسورةُ وَتُسَمَّى: لَامُ أُمِّ الجُحُودِ، تَدْخُلُ عَلَى الجُمْلَةِ الفِعْلِيَّةُ فَتَقُومُ بِتَأْكِيدِهَا، وَتَكُونُ مَسْبُوقَةٌ بِنَفْيٍ مُطْلَقٍ نَحْوَ أَنَّهُ: "مَا كَانَ، لَمْ يَكُنْ". وَاللَّامُ هِيَ حَرْفُ جَرٍّ يُفِيدُ النَّفْيَ والإِنْكَارَ، تَتَّصِلُ بِالفِعْلِ المُضَارِعِ فَتَنْصِبُهُ بِأَن المُضْمَرَةِ. وَسَبَبُ تَسْمِيَةِ لَامِ الجُحُودِ بِهَذَا الإِسْمِ لِأَنَّهَا أَدَاةٌ تُفِيدُ النَّفْيَ القَاطِعَ والإِنْكَارَ التَّامَّ لِمَا قَبْلَهَا وَمَا بَعْدَهَا، بُغْيَةَ التَّأْكِيدِ عَلَى المَعْنَى!

إِذَا تَفْعِيلُ الفِعْلِ "يُعَذِّبُهُم" جَاءَ مَنْفِيًّا وَمُنْكَرًا! لِمَاذَا؟ لِوُجُودِ الرَّسُولِ بَيْنَ ظَهْرَانِيهِم! ثُمَّ مَاذَا سَيَحْصَلُ بَعْدَ إِرْتِقَاءِ الرَّسُولِ الأَعْظَمِ؟! كَيْفَ

يُعَذِّبُهُم اللهُ الَّذِي أَعْلَنَ أَنَّ الرَّسُولَ قَدْ بُعِثَ رَحْمَةً لِلْعَالَمِينَ، وَأَيْضًا كَيْفَ تُفَسَّرُ هَذِهِ الآيَةُ: **إنَّا أَرْسَلْنَاكَ بِالْحَقِّ بَشِيراً وَنَذِيراً وَإِنْ مِنْ أُمَّةٍ إِلَّا خَلا فِيهَا نَذِيرٌ!** وَكَيْفَ يَكُونُ المُصْطَفَى خَاتَمَ النَّبِيِّينَ وَالمُرسَلِينَ، وَمَنِ النَّذِيرُ الَّذِي يَعِدُنَا اللهُ بِهِ؟! مَنْ نَذِيرُ أُمَّةِ السَّقِيفَةِ بَعْدَ إِرْتِقَاءِ الرَّسُولِ الأَعْظَمِ حَتَّى يَوْمِنَا هَذَا؟! أَتْرُكُ لَكَ أَيُّهَا القَارِئُ الكَرِيمُ التَّعَرُّفَ عَلَى النَّذِيرِ المَوعُودِ الَّذِي يُبْقِيْ رَحْمَةَ اللهِ مُوقَدَةً وَقَائِمَةً إِلَى يَوْمِ القِيَامَةِ! وَأَعِدُكَ أَنَّكَ سَتَكْتَشِفُ رَحْمَةَ اللهِ بِالرُّغْمِ مِنَ إِرْتِقَاءِ المُصْطَفَى لِقُرُونٍ عَدِيدَةٍ، لِأَنَّ اللهَ لَا يُخْلِفُ وَعْدَهُ... العَقَائِدُ أَيُّهَا النَّاسُ لَا تُقَوْلَبُ، ثُمَّ يُعَادُ صِيَاغَتُهَا فِي قَوَالِبَ مُخْتَلِفَةٍ. العَقَائِدُ كَالصَّخْرِ الصَّلْدِ، يَجِبُ أَنْ تُفَتَّتَ وَتُرْدَمَ لِلتَّخَلُّصِ مِنْهَا! طَبْعًا هُنَاكَ خِلَافَاتٌ كَثِيرَةٌ وَإِخْتِلَافَاتٌ فِي العَقَائِدِ! هَذَا يَعْنِي أَنَّهُ يُوجَدُ عَقَائِدُ كَثِيرَةٌ! وَهَذَا لَا يَعنِي أَنَّ كُلَّ مَا وَرَدَ عَنِ الإنسانِ صَحِيحٌ عَلَى إِطْلَاقِهِ. فَالسِّيَاسَةُ وَالسِّيَاسِيُّونَ وَالمُغْرِضُونَ وَالمُنَافِقُونَ قَادِرُونَ عَلى قَلْبِ المَوَازِينِ وَالحَقَائِقِ وَالرُّؤَى. فَالواقِعُ يَتَّفِقُ مَعَ هَذَا الإسْتِنْتَاجِ!

فِي المَصَالِحِ يُصْبِحُ السُّكَّرُ مَالِحًا! وَيُقَدَّمُ اللَّئِيمُ عَلَى الكَرِيمِ، وَالزَّنِيمُ عَلَى الحَلِيمِ. فَالسَّاسَةُ كَمَا تَعْلَمُونَ - فِي المَصَالِحِ الشَّخْصِيَّةِ - مُتَعَدِّدو الأَوْجُهِ كَالزِّئْبَقِ. فَالزِّئْبَقُ لَا يَسْتَقِرُّ، وَتَتَبَدَّلُ خَصَائِصُهُ صُعُودًا أَمْ هُبُوطًا مَعَ تَبَدُّلِ دَرَجَةِ حَرَارَتِهِ!

أَلْعَقِيْدَةُ وَالدِّينِ!

أَلْعَقِيْدَةُ، مَأْخوذَةٌ مِنَ الْعَقْدِ، أَلَّذي هُوَ نَقيضُ الْحَلِّ، وَيَدُلُّ عَلَى الشِّدَّةِ وَالْوُثوقِ وَالتَّأْكيدِ وَالثَّبَاتِ! تُطْلَقُ العَقيْدَةُ عَلَى الأَمْرِ وَالْحُكْمِ الَّذي يَعْتَقِدُهُ المَرْءُ وَيُؤْمِنُ بِهِ، وَيَعْقُدُ عَلَيْهِ قَلْبَهُ وَضَميرَهُ، فَيُصْبِحُ غَيْرَ قَابِلٍ لِلنَّقْضِ أوِ الشَّكِّ أَوِ التَّجَدُّدِ وَالتَّغْييرِ، وَتَرْفُضُ العَقيْدَةُ التَّطَوَّرَ وَالتَّجْديدَ.

وَعَقائِدُ بَعْضِ المَذَاهِبِ الإِسْلاميَّةِ اصْطِلاحًا: هِيَ مَجْموعَةُ الأُمورِ الدِّينيَّةِ الَّتي يَجِبُ عَلَى المُسْلِمِ أَنْ يُؤْمِنَ بِهَا، وَتَكُونُ عِنْدَهُ يَقينًا لا يَتَغَيَّرُ، وَلا يُسَاوِرُهُ مِنْهَا شَكٌّ. وَالعَقيْدَةُ أَيْضًا هِيَ إيمَانُ المَرْءِ الجَازِمِ الَّذي يَنْعَقِدُ عَلَيْهِ فِكْرُهُ وَيَحْكُمُ بِهِ ذِهْنُهُ وَيَتَّخِذُهُ مَذْهَبًا، بِغَضِّ النَّظَرِ عَنْ صِحَّةِ مَا يُؤْمِنُ بِهِ أَوْ فَسَادِهِ... لِهَذَا يُفَرَّقُ بَيْنَ العَقَائِدِ، فَيُقالُ: هَذِهِ عَقيْدَةٌ صَحِيْحَةٌ وَأُخْرى سَقِيْمَةٌ، لِقيامِ الْحُجَّةِ وَالبُرْهَانِ عَلَى صِحَّتِهَا أَوْ سَقَمِهَا؛ مِنْ مُنْطَلَقَاتٍ تَتَوَافَقُ أَوْ تَتَعَارَضُ مَعَ مِبَادِئ المَذْهَبِ المُعْتَمَدِ في التَّقْيِيمِ. أَوْ مَعَ آراءِ أَئِمَّةِ التَّشْريعِ المُنَصَّبينَ مِنْ وُلَاةِ الأُمُورِ! فَالْحُكْمُ عَلى العَقَائِدِ إذًا؛ هِيَ في عَيْنِ وَعَقِيْدَةِ الحَاكِمِ السِّيَاسيّ أَوِ المُشَرِّعِ، أو في مَنْ يُشَغِّلُهُ الحَاكِمُ مُشَرِّعًا! وَهُنَا يَكْمُنُ وَيَتَمَكَّنُ المَرَضُ!

أمَّا دِّينُ التَّوحِيْد فَوَاحدٌ، بَعَثَ اللهُ بِهِ الأَنْبِيَاءَ وَالمُرْسلِينَ جَميعاً، وَاتَّفَقَتْ دَعْوَتُهُم إِلَيْهِ، وَتَوَحَّدَتْ سُبُلُهُم عَلَيْهِ، وَجَعَلَهُمُ اللهُ سُبْحَانَهُ وَتَعَالى وَسَائِطَ بَيْنَهُ وَبَيْنَ عِبَادِه في تَعْرِيْفِهِمْ وَدَلالَتِهِمْ عَلَيْه، بُعِثُوا جَميعاً بِالدّيْنِ الجَامِعِ، الَّذي هُو عِبَادَةُ اللهِ الوَاحِدِ الأَحَدِ الفَردِ، لَا شَريْكَ لَه، وَبِالدَّعْوَةِ إلى تَوحِيدِه، وَالإسْتِمْسَاكِ بِحَبْلِهِ المَتينِ، وَأَمَرَهُمْ بِاتِّبَاع وَإطَاعَةِ أَنْبِيَائِهِ وَرُسُلِهِ وَأولِيَائِه. فَاتَّحَدَتْ دَعْوَتُهُمْ!

إنَّ الدّينَ عِنْدَ اللهِ الإسْلامُ!

قَدْ ذَكَرَ اللهُ -تَبارَكَ وَتَعالى- هَذِهِ الشَّهَادَةَ العَظيمَةَ، وَهِيَ التَّوْحيدُ، حَيْثُ قَالَ: شَهِدَ اللَّهُ أَنَّهُ لا إِلَهَ إِلَّا هُوَ وَالْمَلائِكَةُ وَأُولُو الْعِلْمِ قَائِمًا بِالْقِسْطِ لا إِلَهَ إِلَّا هُوَ الْعَزِيزُ الْحَكِيمُ [آل عمران. 18]. قَالَ بَعْدَ ذَلِكَ: إِنَّ الدِّينَ عِنْدَ اللهِ الإسْلامُ وَمَا اخْتَلَفَ الَّذينَ أوتُوا الْكِتَابَ إِلَّا مِن بَعْدِ مَا جَاءَهُمُ الْعِلْمُ بَغْيًا بَيْنَهُمْ وَمَنْ يَكْفُرْ بِآياتِ اللهِ فَإِنَّ اللهَ سَريعُ الْحِسَابِ [آل عمران. 19]. وَقَدْ شَهِدَ مَعَ اللهِ الملائِكَةُ وأولو العِلمِ، ثُمَّ أنْبِياءُ اللهِ وَرُسُلِهِ شَهِدُوا عَلى أنَّهُم مُسْلِمُونَ... ثُمَّ اخْتَلَفَ الَّذينَ أوتُوا الْكِتَابَ مِنْ بَعْدِ مَا جَاءَهُمُ الْعِلْمُ بَغْيًا بَيْنَهُمْ؟!

هَل تَقْرؤونَ مَا أَقْرأ؟ رَبِّ اشْرَحْ لِي صَدْرِي (25) وَيَسِّرْ لِي أَمْرِي (26) وَاحْلُلْ عُقْدَةً مِنْ لِسَانِي (27) يَفْقَهُوا قَوْلِي (28) ... مَنْ الذينَ جَاءَهُم الكِتَابُ؟ طَبعًا لَمْ يَخْتَلِفْ الملائِكَةُ، وَلَمْ يَخْتَلِفْ أولو العِلْمِ، وَلَمْ يَخْتَلِفْ أنْبِياءُ اللهِ وَرُسُلُهُ! مَنْ هُمْ إذَا الَّذينَ جَاءَهُمُ العِلْمُ بَغْيًا بَيْنَهُم؟! وَأَيُّ عِلمٍ هَذَا؟! وَكَيْفَ يَكُونُ العِلْمُ بَغْيًا؟! رَحْمَتُكَ رَبِّ، أوْزِعْنِي يَا إِلَيِّ؟ يَكُونُ العِلْمُ بَغْيًا عِنْدَمَا يَسْتَعْمِلُهُ البُغاةُ! وَرَبِّ أعْلَمُ بِهِم وَقَدْ حَذَّرَ مِنْهُم في القُرآنِ الكَريمِ، دِفَاعًا عَن حَبيبِهِ الأمِين :﴿وَيَقُولُ الَّذِينَ كَفَرُوا لَسْتَ مُرْسَلًا قُلْ كَفَى بِاللهِ شَهِيدًا بَيْنِي وَبَيْنَكُمْ وَمَنْ عِنْدَهُ عِلْمُ الْكِتَاب﴾.

لَوِ اطَّلَعْنَا عَلَى قِصَّةِ سَيِّدِنَا نُوحٍ فِي سُورَةِ هُودٍ: ... وَهِيَ تَجْرِي بِهِمْ فِي مَوْجٍ كَالْجِبَالِ وَنَادَى نُوحٌ ابْنَهُ وَكَانَ فِي مَعْزِلٍ يَابُنَيَّ ارْكَب مَعَنَا وَلَا تَكُنْ مَعَ الْكَافِرِينَ... كَمْ كَانَ نُوحٌ بَعِيدًا عَنْ ابْنِهِ وَعَنْ قَوْمِهِ؟! لَا أُرِيدُ أَنْ أُطِيلَ فِي بَدِيهِيَّاتٍ يَفْقَهُهَا الْعُقَلَاءُ. فَمَا يُهِمُّنِي فِي هَذَا الْبَحْثِ أَوَّلًا وَأَخِيرًا، أَنْ أُبْعِدَ النَّاسَ عَنِ النَّمَطِيَّةِ الْبَاطِلَةِ لِلإِلَهِ الَّذِي إِلَيْهِ يَتَعَبَّدُون، وَالنَّبِيِّ الَّذِي بِهِ يَقْتَدُون!

تَقُولُ الآيَاتُ الْكَرِيمَةُ: {يَا أَيُّهَا الَّذِينَ آمَنُوا إِن تَتَّقُوا اللَّهَ يَجْعَل لَّكُمْ فُرْقَانًا وَيُكَفِّرْ عَنكُمْ سَيِّئَاتِكُمْ وَيَغْفِرْ لَكُمْ وَاللَّهُ ذُو الْفَضْلِ الْعَظِيمِ (29) وَإِذْ يَمْكُرُ بِكَ الَّذِينَ كَفَرُوا لِيُثْبِتُوكَ أَوْ يَقْتُلُوكَ أَوْ يُخْرِجُوكَ وَيَمْكُرُونَ وَيَمْكُرُ اللَّهُ وَاللَّهُ خَيْرُ الْمَاكِرِينَ (30) وَإِذَا تُتْلَى عَلَيْهِمْ آيَاتُنَا قَالُوا قَدْ سَمِعْنَا لَوْ نَشَاءُ لَقُلْنَا مِثْلَ هَذَا إِنْ هَذَا إِلَّا أَسَاطِيرُ الأَوَّلِينَ (31) وَإِذْ قَالُوا اللَّهُمَّ إِن كَانَ هَذَا هُوَ الْحَقَّ مِنْ عِندِكَ فَأَمْطِرْ عَلَيْنَا حِجَارَةً مِّنَ السَّمَاءِ أَوِ ائْتِنَا بِعَذَابٍ أَلِيمٍ (32) وَمَا كَانَ اللَّهُ لِيُعَذِّبَهُمْ وَأَنتَ فِيهِمْ وَمَا كَانَ اللَّهُ مُعَذِّبَهُمْ وَهُمْ يَسْتَغْفِرُونَ (33)}. إِنَّ الآيَةَ الْكَرِيمَةَ {وَمَا كَانَ اللَّهُ لِيُعَذِّبَهُمْ وَأَنتَ فِيهِمْ} بَدَأَتْ بِوَاوِ الْعَطْفِ، أَوِ الِاسْتِئْنَافِيَّةِ كَجَمِيعِ الآيَاتِ الَّتِي سَبَقَتْهَا وُصُولًا إِلَى دَعْوَةِ اللهِ الْمُؤمِنِينَ: {يَا أَيُّهَا الَّذِينَ آمَنُوا إِن تَتَّقُوا اللَّهَ يَجْعَل لَّكُمْ فُرْقَانًا}.

هَل تَقْرؤون مَا أَقْرأ؟ رَبِّ اشْرَحْ لِي صَدْرِي (25) وَيَسِّرْ لِي أَمْرِي (26) وَاحْلُلْ عُقْدَةً مِنْ لِسَانِي (27) يَفْقَهُوا قَوْلِي (28) ... مَنْ الذِينَ جَاءَهُم الكِتَابَ؟ طَبْعًا لَمْ يَخْتَلِفْ الملائِكَة، وَلَمْ يَخْتَلِفْ أولوا العِلْمُ، وَلَمْ يَخْتَلِفِ أَنْبِياءُ اللهِ وَرُسُلِه! مَنْ هُمْ إذًا الَّذينَ جَاءَهُم العِلْمُ بَغْيًا بَيْنَهُم؟! وَأَيُّ عِلمٍ هَذَا؟! وَكَيْفَ يَكُونُ العِلْمُ بَغْيًا؟! رَحْمَتُكَ رَبِّ، أوْزِعْنِي يَا إلَهِ؟ يَكُونُ العِلْمُ بَغْيًا عِنْدَمَا يَسْتَعْمِلُهُ البُغَاة! وَرَبِ أعْلَمُ بِهِمْ وَقَدْ حَذَّرَ مِنْهُم في القُرآنِ الكَريم، دِفَاعًا عَن حَبِيبِهِ الأمين :﴿وَيَقُولُ الَّذِينَ كَفَرُوا لَسْتَ مُرْسَلًا قُلْ كَفَى بِاللَّهِ شَهِيدًا بَيْنِي وَبَيْنَكُمْ وَمَنْ عِنْدَهُ عِلْمُ الْكِتَابِ﴾.

وَيَقُولُ الَّذِينَ كَفَرُوا لَسْتَ مُرْسَلًا قُلْ كَفَى بِاللَّهِ شَهِيدًا بَيْنِي وَبَيْنَكُمْ وَمَنْ عِندَهُ عِلْمُ الْكِتَابِ!

هَذَا نِدَاءٌ لِلْعَالَمِين. اللهِ يُدَافِعُ عَن رَسُولِهِ بِشَهَادَةٍ مِنْهُ، وَمِمَّنْ عِنْدَهُ عِلْمُ الْكِتَابِ. مَنِ الَّذِي عِنْدَهُ عِلْمُ الْكِتَابِ، يَا مَن تُسَمَّوْنَ صَحَابَةً وَتَابِعِين وَمِنْ بَعْدِهِم الَّذِينَ يُسَمَّونَ عُلَمَاءَ الْمُسْلِمِين؟ أُرِيدُ أَنْ يَشْهَدَ الْعَالَمَ عَلَى مَا أَفَّكَهُ عُلَمَاءُ الْمُسْلِمِين:

1. أَلتَّفْسِيرُ الْمُيَسَّرُ: وَيَقُولُ الَّذِينَ كَفَرُوا لِنَبِيِّ اللهِ: -يَا مُحَمَّدُ- مَا أَرْسَلَكَ الله! قُلْ لَهُم: كَفَى بِاللهِ شَهِيدًا بِصِدْقِي وَكَذِبِكُم، وَكَفَتْ شَهَادَةٌ مَنْ عِنْدِهِ عِلْمُ الْكِتَابِ مِنَ الْيَهُودِ وَالنَّصَارَى مِمَّنْ آمَنَ بِرِسَالَتِي، وَمَا جِئْتُ بِهِ مِنْ عِنْدِ الله، وَاتَّبَعَ الْحَقَّ فَصَرَّحَ بِتِلْكَ الشَّهَادَةِ، وَلَمْ يَكْتُمْهَا!؟ كَيْفَ عَلِمَ مُفَسِّرو التَّفْسِيرِ الْمُيَسَّرِ، أَنَّ شَهَادَةَ اللهِ لِكَيْ تُقْبَلَ، هِيَ بِحَاجَةٍ لِشَهَادَةٍ تَدْعَمُهَا مِنَ الْيَهُودِ وَالنَّصَارَى! مَا دَوْرُ مُحَمَّدٍ إِذًا؟ هَلْ كَانَ هَؤُلَاءِ الشُّهُودُ أَكْثَرَ مِصْدَاقِيَّةً عِنْدَ الْمَكِّيِّين مِنَ النَّبِيِّ؟ مَا لَكُمْ لَا تُجِيبُون؟ إِذَا جَاءَ هَؤُلَاءِ الشُّهُودُ لِيُزَكُّوا صِدْقَ رِسَالَةِ رَسُولِ اللهِ، لِمَاذَا تَشْهَدُونَ أَنَّ مُحَمَّدًا رَسُولُ الله! أَلْمُزَكِّي دَائِمًا بِنَفْسِ صِدْقِ أَو أَصْدَقُ مِنَ الْمُزَكَّى! فَكَيْفَ إِذَا كَانَ الْمُزَكُّون جَمَاعَاتٍ وَالْمُزَكَّى وَاحِدًا!؟ شُهُودٌ كَمَا إِدَّعَيْتُم أَيُّهَا الْحَمْقَى، وَلَكِنَّهُ شَاهِدٌ أَيُّهَا الْمُنَافِقُون

الْكَفَرَةُ الْفَجَرَةُ! (وَمَنْ عِنْدَهُ عِلْمُ الْكِتَابِ، لَيْسَ مَنْ عِنْدَهُمْ عِلْمُ الْكِتَابِ) هَذَا أَوَّلُ الْغَيْثِ!

2. الْمُخْتَصَرُ فِي التَّفْسِيرِ: وَيَقُولُ الَّذِينَ كَفَرُوا: لَسْتَ - يَا مُحَمَّدُ - مُرْسَلًا مِنَ اللهِ، قُلْ لَهُمْ - أَيُّهَا الرَّسُولُ -: كَفَى بِاللهِ شَاهِدًا بَيْنِي وَبَيْنَكُمْ عَلَى أَنِّي مُرْسَلٌ مِنْ رَبِّي إِلَيْكُمْ، وَمَنْ عِنْدَهُ عِلْمٌ مِنَ الْكُتُبِ السَّمَاوِيَّةِ الَّتِي جَاءَ فِيهَا نَعْتِي، وَمَنْ كَانَ اللهُ شَاهِدًا بِصِدْقِهِ، فَلَا يَضُرُّهُ تَكْذِيبُ مَنْ كَذَّبَ. أَيُّهَا الْمُخْتَصَرُ مِنَ الْعُقَلَاءِ! لِمَاذَا حَرَّفْتَ مَا جَاءَ بِهِ الْقُرْآنُ؟ أَلْقُرْآنُ يَقُولُ: {وَمَنْ عِنْدَهُ عِلْمُ الْكِتَابِ} وَأَنْتَ تَقُولُ أَيُّهَا الْجَاهِلُ: (وَمَنْ عِنْدَهُ عِلْمٌ مِنَ الْكُتُبِ السَّمَاوِيَّةِ). إِلَّا إِذَا كَانَتِ الْكُتُبُ السَّمَاوِيَّةُ تُصَدِّقُ الْقُرْآنَ، فَأَنْتَ جَاهِلٌ كَذَّابٌ؟ خَسِئْتَ مِنْ مُتَطَفِّلٍ عَلَى مَنْ وَمَا هُوَ أَكْبَرُ مِنْكَ! يَقُولُ اللهُ: وَأَنزَلْنَا إِلَيْكَ الْكِتَابَ بِالْحَقِّ مُصَدِّقًا لِّمَا بَيْنَ يَدَيْهِ مِنَ الْكِتَابِ وَمُهَيْمِنًا عَلَيْهِ فَاحْكُم بَيْنَهُم بِمَا أَنزَلَ اللهُ وَلَا تَتَّبِعْ أَهْوَاءَهُمْ عَمَّا جَاءَكَ مِنَ الْحَقِّ لِكُلٍّ جَعَلْنَا مِنكُمْ شِرْعَةً وَمِنْهَاجًا وَلَوْ شَاءَ اللهُ لَجَعَلَكُمْ أُمَّةً وَاحِدَةً وَلَكِن لِّيَبْلُوَكُمْ فِي مَا آتَاكُمْ فَاسْتَبِقُوا الْخَيْرَاتِ إِلَى اللهِ مَرْجِعُكُمْ جَمِيعًا فَيُنَبِّئُكُم بِمَا كُنتُمْ فِيهِ تَخْتَلِفُونَ ... أَلْكِتَابُ الْكَامِلُ الْمُكَمِّلُ هُوَ الْقُرْآنُ الَّذِي أُنْزِلَ عَلَى قَلْبِ مُحَمَّدٍ، أَيُّهَا الْحَمْقَى! وَبَاقِي الْكُتُبِ، كُلُّ وَاحِدٍ مِنْهَا جُزْءٌ

مِنَ الكِتَابِ! الكِتَابُ المُهَيْمِنُ عَلَى مَا جَاءَ مِنَ نُسَخِ الكِتَابِ مِنْ قَبْلُ!؟ أَيُّهَا المُفْتَرُونَ! مَا مَعْنَى وَمُهَيْمِنًا عَلَيْهِ؟ مُهَيْمِنًا وَاللهُ هُوَ المُهَيْمِنُ المُكَمِّلُ المُتَمِّمُ وَالمُصَدِّقُ، وَكِتَابُهُ الخَاتَمُ جَاءَ مُتَمِّمًا لِمَا جَاءَ مِنَ الكُتُبِ وَمُصَدِّقًا لَهَا، وَلَيْسَ العَكْسُ أَيُّهَا الجَهَلَة! فَالتَّصْدِيقُ هُوَ تَصْدِيقُ القُرآنِ لِلتَّوْرَاةِ وَالإنْجِيلِ لِمَا فِيهِمَا مِنَ الشَّرَائِعِ وَالأَحْكَامِ وَهُوَ تَصْدِيقُ إِبْقَاءٍ مِنْ غَيْرِ تَغْيِيرٍ وَتَبْدِيلٍ. لَكِنَّ تَوْصِيفَهُ بِالْهَيْمَنَةِ، يُبَيِّنُ أَنَّ تَصْدِيقَهُ لَهَا أَنَّهَا مَعَارِفُ وَشَرَائِعُ حَقَّةٌ مِنْ عِنْدِ اللهِ. وَلِلهِ التَّصَرُّفُ فِيمَا يَشَاءُ بِالنَّسْخِ وَالتَّكْمِيلِ كَمَا يُشِيرُ قَوْلُهُ: "وَلَوْ شَاءَ اللهُ لَجَعَلَكُمْ أُمَّةً وَاحِدَةً، وَلَكِنْ لِيَبْلُوَكُمْ فِيمَا آتَاكُمْ. كَمَا كَانَ السَّيِّدُ المَسِيحُ عَلَيْهِ السَّلَامُ أَوْ إِنْجِيلُهُ؛ جَاءَ مُصَدِّقًا لِلتَّوْرَاةِ مَعَ إِحْلَالِهِ بَعْضَ مَا فِيهَا مِنَ المُحَرَّمَاتِ كَمَا أَخْبَرَ اللهُ عَنْهُ فِي القُرآنِ الكَرِيمِ: قَالَتْ رَبِّ أَنَّى يَكُونُ لِي وَلَدٌ وَلَمْ يَمْسَسْنِي بَشَرٌ قَالَ كَذَلِكِ اللهُ يَخْلُقُ مَا يَشَاءُ إِذَا قَضَى أَمْرًا فَإِنَّمَا يَقُولُ لَهُ كُن فَيَكُونُ (47)وَيُعَلِّمُهُ الكِتَابَ وَالْحِكْمَةَ وَالتَّوْرَاةَ وَالْإنجِيلَ (48)وَرَسُولًا إِلَى بَنِي إِسْرَائِيلَ أَنِّي قَدْ جِئْتُكُم بِآيَةٍ مِّن رَّبِّكُمْ أَنِّي أَخْلُقُ لَكُم مِّنَ الطِّينِ كَهَيْئَةِ الطَّيْرِ فَأَنفُخُ فِيهِ فَيَكُونُ طَيْرًا بِإِذْنِ اللهِ وَأُبْرِئُ الأَكْمَهَ وَالْأَبْرَصَ وَأُحْيِي المَوْتَى بِإِذْنِ اللهِ وَأُنَبِّئُكُم بِمَا تَأْكُلُونَ وَمَا تَدَّخِرُونَ فِي بُيُوتِكُمْ إِنَّ فِي ذَلِكَ لَآيَةً لَّكُمْ إِن كُنتُم مُّؤْمِنِينَ (49)وَمُصَدِّقًا لِّمَا

بَيْنَ يَدَيَّ مِنَ التَّوْرَاةِ وَلِأُحِلَّ لَكُم بَعْضَ الَّذِي حُرِّمَ عَلَيْكُم وَجِئْتُكُم بِآيَةٍ مِّن رَّبِّكُمْ فَاتَّقُوا اللَّهَ وَأَطِيعُونِ .(50)هَذَا دِينُ اللهِ، وَهَذَا كِتَابُ اللهِ، وَهَؤُلَاءِ هُمْ أَنْبِيَاءُ اللهِ وَرَسُلُهُ الَّذِينَ بَعَثَهُمُ اللهُ تَتْرَا كُلٌّ يُقِرُّ مِنَ المَعَارِفِ وَالأَحْكَامِ مَا يُنَاسِبُ حَالَ الأُمَّةِ الَّتِي بُعِثَ فِيْهَ سِخْطًا لِلْقَوْمِ الَّذِينَ يُفْتُونَ بِمَا لَا يَعْلَمُونَ!

3. تَفْسِيرُ الجَلَالَيْنِ: «وَيَقُولُ الَّذِينَ كَفَرُوا» لَكَ «لَسْتَ مُرْسَلا قُلْ» لَهُمْ «كَفَى بِاللهِ شَهِيدًا بَيْنِي وَبَيْنَكُمْ» عَلَى صِدْقِي «وَمَنْ عِنْدَهُ عِلْمُ الكِتَابْ» مِنْ مُؤْمِنِي اليَهودِ وَالنَّصَارَى... هَذَا إلى الكَثِيرِ مِنَ الأَقَاوِيل الَّتِي تَبْعُدُ وَتُبَاعِدُ وَتَتَبَاعَدُ عَنِ الحقيقة! سَأَتْرُكُ الحُكْمَ لِلْقُرَّاءِ الكُرَمَاءِ النُّجَبَاء... لَقَدْ قَدَّمَ الَّذِينَ يَدَّعُونَ تَفْسِيرَ القُرْآنِ مُرَافَعَاتِهِم وَحَكَمُوا أَنَّ الَّذِينَ عِنْدَهُم عِلْمٌ مِنَ الكُتُبِ السَّمَاوِيَّة، وَالمُؤْمِنِينَ مِنَ اليَهُودِ والنَّصَارَى، هُمُ الَّذِينَ عِنْدَهُم عِلْمُ الكِتَاب، مِنْهُم مَنْ قَالَ أَنَّ المَقْصُودَ بِعِلْمِ الكِتَابِ هُو عِلْمٌ مِنَ الكُتُبِ السَّمَاوِيَة الَّتِي نَزَلَت قَبْلَ القُرآنِ! وَمِنْهُم لَم يَذْكُروا عِلَمَ إِيّ كِتَاب!؟ طَبْعًا هَذَا أَحَدُ مَبَادِئ عِلْم التَّجْهِيل!

ألشَّاهِدُ والشَّهِيدْ!

تَقُولُ الآيَةُ المُبَارَكَةُ: ﴿وَيَقُولُ الَّذِينَ كَفَرُوا لَسْتَ مُرْسَلًا قُلْ كَفَى بِاللهِ شَهِيدًا بَيْنِي وَبَيْنَكُمْ وَمَنْ عِنْدَهُ عِلْمُ الْكِتَابِ﴾. أَللهُ شَهِيدٌ فِي هَذَا الحَدَثْ وَلَيْسَ شَاهِدًا. وَالَّذِي عِنْدَهُ عِلْمُ الكِتَابِ أَيضًا شَهِيدٌ وَلَيْسَ شَاهِدًا! وَاوُ العَطْفِ أَخْرَسَتِ المُنَافِقِينَ، فَكَانَتْ عَلَامَةَ اليَقِينِ لِلمُؤْمِنِينَ وَخِزْيًا وَتَكْذِيبًا لِلمُؤَوِّلِينَ المُنَافِقِينَ! يَتَسَاءَلُ البَعْضُ: وَمَا الفَرْقُ بَيْنَ الشَّاهِدِ وَالشَّهِيدِ وَمَا أَهمِّيَتُهُ؟ يُوجَدُ فِي اللِّسَانِ العَرَبِيِّ الصِّفَةُ المُشَبَّهَةُ بِاسْمِ الفَاعِلِ، عَلَى وَزْنِ (فَعِيلٌ) وَهِيَ لَازِمَةٌ لِلمَوْصُوفِ، كَحَالٍ لَهُ مِثْلُ كَلِمَةِ (عَلِيمٌ): عَالِمٌ وَعَلِيمٌ! فَاعِلٌ وَفَعِيلٌ. شَاهِدٌ وَشَهِيدٌ. عِلْمُ اللهِ تَدَبُّرِيٌّ لَدُنِّيٌ مُطْلَقٌ فَهُوَ شَهِيدٌ، أَمَّا عِلْمُ المَخْلُوقْ المُطَهَّرِ فَهُوَ أَيضًا لَدُنِّي تَدَبُّرِيْ وَلَكِنَّهُ لَيْسَ مُطْلَقًا! إِسْمُ الفَاعِلِ يَدُلُّ عَلَى صِفَةٍ طَارِئَةٍ فِي المَوْصُوفِ، بَيْنَمَا الصِّفَةُ المُشَبَّهَةُ تَدُلُّ عَلَى صِفَةٍ ثَابِتَةٍ فِي المَوْصُوفِ! فِي هَذِهِ الآيَةِ مَثَلًا﴾ :قَالَ هِيَ رَاوَدَتْنِي عَن نَّفْسِي وَشَهِدَ شَاهِدٌ مِّنْ أَهْلِهَا إِن كَانَ قَمِيصُهُ قُدَّ مِن قُبُلٍ فَصَدَقَتْ وَهُوَ مِنَ الكَاذِبِينَ ﴿يوسف (26). وَاضِحٌ مِنْ سِيَاقِ القِصَّةِ أَنَّ الشَّاهِدَ لَمْ يَكُ حَاضِراً سَاعَةَ الحَدَثِ، وَاعْتَمَدَ عَلَى حَقَائِقَ ذِهْنِيَّةٍ مَنْطِقِيَّةٍ وَمُعْطَيَاتٍ مَعْرِفِيَّةٍ وَاقِعِيَّةٍ إِسْتَنْتَجَها بِخِبْرَتِهِ فَوَصَفَ الحَدَثَ!

فَالشَّاهِدُ غَائِبٌ عَنِ الحَدَثِ وَلَا يَعْلَمُ بِهِ حِيْنَ حَدَّثَ، وَإِنَّمَا يَسْتَخْدِمُ خِبْرَتَهُ لِيَتَصَوَّرَ الحَدَثَ وَيَشْهَدَ شَهَادَةً عِلْمِيَّةً على وَفَاةِ إِنْسَانٍ مَثَلًا، بِيْنَمَا الشَّهِيدُ يَكُونُ حَاضِرًا عِنْدَ الحَدَثِ بِعِلْمٍ وَوَعْيٍ، وَيَشْهَدُ شَهَادَة عِلْمٍ حُضُورِيَّةٍ، بِالسَّمْعِ السَّمِيعِ، وَالبَصَرِ البَصِيرِ، والخَبَرِ الخَبِيرِ، والمُرَاقِبِ الرَّقِيبِ، والمُحَاسِبِ الحَسِيْبِ.. وَعَلَيْهِ لَا يَصِحُّ وَصْفُ اللهِ بِاسْمِ شَاهِد لِأَنَّ الله حَاضِرٌ دَائماً يَسْمَعُ وَيرى فَهُوَ شَهْيْدٌ. وَهَذَا مِنْ إِعْجَازِ القُرآنِ، وَسَابِقِ عِلْمِ اللهِ بِنِفَاقِ أَهْلِ الكُفْرِ، حَيْثُ جَعَلَ اللهُ لِهَذِهِ الرِّسَالَةِ العَالمِيَّةِ شَهْيداً حَيًّا قَائِمًا دَائِمًا، حَتَّى قِيَامِ السَّاعَةِ! شَهَادَةُ اللهِ وَشَهَادَةُ "مَنْ عِنْدَهُ عِلْمُ الكِتَابِ" شَهَادَاتُ حُضُورٍ مُسْتَمِرٍّ لِلرِّسَالَةِ المُحَمَّدِيَة ـ بِشَخْصِ مَنْ عِنْدَهُ عِلْمُ الكِتَاب ـ شَهَادَةٌ لَا إِنْقِطَاعَ لَهَا عَلَى دَحْضِ أَكَاذِيْبِ أَهْلِ الكُفْرِ، وَسَرمَدِيَّةٌ لَا تَنْقَطِعُ! وَقَدْ أَكَّدَ هَذَا الإِمَامُ زَيْنِ العَابِدِيْن حَيْثُ قَالَ الإِمَامُ (عَلَيْهِ السَّلَامُ): لَا تَعْجَبُوا مِنْ قُدْرَةِ الله أَنَا مُحَمَّدُ (يَعْنِي إِبْنَهُ البَاقِر) وَمُحَمَّدٌ أَنَا، وَقَالَ مُحَمَّدٌ البَاقِرُ: يَا قَوْمُ لَا تَعْجَبُوا مِنْ أَمْرِ الله أَنَا عَلِيٌّ (يَعْنِي أَمِيْرَ المُؤمِنِيْنَ) وَعَلِيٌّ أَنَا، وَكُلُّنَا وَاحِدٌ مِنْ نُوْرٍ وَاحِدٍ وَرُوْحُنَا مِنْ أَمْرِ اللهِ، أَوَّلُنَا مُحَمَّدٌ وَأَوْسَطُنَا مُحَمَّدٌ وَآخِرُنَا مُحَمَّدٌ وَكُلُّنَا مُحَمَّدٌ... فَشَهَادَةُ عِيْسى عَلَيْه السَّلَامُ عَلَى إِيْمَانِ جَمَاعَةٍ مِنْ أَهْلِ الْكِتَابِ بِهِ شَهَادَةُ شَهِيدٍ وَلَيْسَ شَهَادَةَ شَاهِدٍ، عِنْدَمَا سَأَلَهُ اللَّهُ:

﴿أَأَنتَ قُلْتَ لِلنَّاسِ اتَّخِذُونِي وَأُمِّيَ إِلَهَيْنِ... فَأَجَابَ: مَا قُلْتُ لَهُمْ إِلاَّ مَا أَمَرْتَنِي بِهِ، أَنِ اعْبُدُواْ اللهَ رَبِّي وَرَبَّكُمْ وَكُنتُ عَلَيْهِمْ شَهِيداً مَا دُمْتُ فِيهِمْ فَلَمَّا تَوَفَّيْتَنِي كُنتَ أَنتَ الرَّقِيبَ عَلَيْهِمْ وَأَنتَ عَلَى كُلِّ شَيْءٍ شَهِيد﴾ المائدة 117. فَكَانَ سَيِّدُنَا عِيسَى شَهِيدًا عَلَى قَوْمِهِ مَادَامَ فِيْهِم! أَمَّا الآيَةُ الْكَرِيمَةُ الَّتِي نَحْنُ بِصَدَدِهَا فَتَبْدَأُ بِالفِعْلِ المُضَارِعِ "يَقُولُ" لِإسْتِمْرَارِيَّةِ الْحَدَثِ مِن الْمَاضِي إِلَى الْحَاضِرِ وَالمُسْتَقْبَلِ. أَمَّا فِي قِصَّةِ سَيِّدِنَا عِيْسَى فَجَاءَ الفِعْلُ مَاضِيًا، (قُلْتَ لِلنَّاس) ... فَسُؤَالُ الَّذِينَ كَفَرُوا لَنْ يَنْقَطِعَ لِإسْتِمْرَارِيَّةِ الكُفْرِ والكُفَّار، وِلأَنَّ الإسْلاَمَ لَنْ يَنْقَطِعَ لِأَنَّهُ هُوَ الدِّيْنُ الخَاتَمُ، وَلَنْ تَنْقَطِعَ شَهَادَةُ البَارِئِ وَشَهَادَةُ الَّذِيْ عِنْدَهُ عِلْمُ الكِتَابِ، إِلَى يَوْمِ القِيَامَةِ!

أَشْكُرُ طُولَ أَنَاتِكِ أَيُّهَا القَارِئُ الكَرِيْمُ... يُوضَعُ النَّبِيُّ الأَعْظَمُ فِي مَقَامِ إِثْبَاتِ نُبُوَّتِهِ وَصِدْقِ دَعْوَتِهِ، فِي ﴿وَيَقُولُ الَّذِينَ كَفَرُوا لَسْتَ مُرْسَلًا﴾ فَيَنْتَصِرُ اللهُ كَعَادَتِهِ لَحَبِيْبِهِ فَيَأْمُرُهُ. يَأْمُرُ اللهُ حَبِيْبَهُ وَرَسُولَهُ: ﴿قُلْ كَفَىٰ بِاللهِ شَهِيدًا بَيْنِي وَبَيْنَكُمْ وَمَنْ عِندَهُ عِلْمُ الْكِتَابِ﴾ ...

(شَهِيْدًا بَيْنِي وَنَيْنَكُم) بَيْنَ مَنْ وَمَنْ؟ بَيْنَ المُصْطَفَى وَالمُنَافِقِيْن المُزَوِّرِيْن الكَافِرِيْن المُتَآمِرِيْن عَلَى الدِّيْن، إِلَى يَوْمِ يُسْأَلُون: أَلْهَاكُمُ التَّكَاثُرُ (1) حَتَّىٰ زُرْتُمُ الْمَقَابِرَ (2) كَلَّا سَوْفَ تَعْلَمُونَ (3) ثُمَّ كَلَّا سَوْفَ تَعْلَمُونَ (4) كَلَّا لَوْ تَعْلَمُونَ عِلْمَ الْيَقِينِ (5) لَتَرَوُنَّ الْجَحِيمَ

(6) ثُمَّ لَتَرَوُنَّهَا عَيْنَ الْيَقِينِ (7) ثُمَّ لَتُسْأَلُنَّ يَوْمَئِذٍ عَنِ النَّعِيمِ (8) ...
تَرَوُنَّ مَاذَا، عَيْنَ الْيَقِنِ؟ ثُمَّ عَنْ أيِّ نَعِيمٍ تُسْألُون أيُّهَا الْمُنَافِقُونَ؟
المَالُ، الأولاَدُ!؟ مَتَى سَألَ كَرِيْمٌ عَنْ عَطِيَّةٍ أعطَاهَا، أوْ سَدِيَّةٍ
أسْدَاهَا؟ وَاللهُ أكْرَمُ الأكْرَمِينَ! أيُّهَا الجَهَلَةُ مَا الفَرْقُ بَيْنَ النِّعْمَةِ
والنَّعِيمِ؟

الفَرْقُ بَيْنَ النِّعْمَةِ والنَّعِيم!

فَمَا مَعْنَى النِّعْمَةِ وَمَا مَعْنَى النَّعِيمِ، وَمَا الفَرْقُ بَيْنَهُمَا، مِنَ القُرآنِ؟

نُلَاحِظُ أَنَّ كُلَّ (نِعْمَةٍ) فِي القُرآنِ الكَرِيمِ إِنَّمَا هِيَ لِنِعَمِ الدُّنْيَا عَلَى اخْتِلَافِ أَنْوَاعِهَا، وَهَذَا مَا نَرَاهُ فِي كُلِّ مَوَاضِعِ اسْتِعْمَالِهَا، مُفْرَدًا وَجَمْعاً، كَقَوْلِهِ تَعَالَى: {وَمَنْ يُبَدِّلْ نِعْمَةَ اللهِ مِنْ بَعْدِ مَا جَاءَتْهُ فَإِنَّ اللهَ شَدِيدُ العِقَابِ} البَقَرَةُ: 211

وقوله تعالى: {وَإِذْ قَالَ مُوسَى لِقَوْمِهِ اذْكُرُوا نِعْمَةَ اللهِ عَلَيْكُمْ} [إِبْرَاهِيْم: 6]

وَقَوْلِهِ: {يَا أَيُّهَا الَّذِينَ آمَنُوا اذْكُرُوا نِعْمَةَ اللهِ عَلَيْكُمْ إِذْ جَاءَتْكُمْ جُنُودٌ فَأَرْسَلْنَا عَلَيْهِمْ رِيحاً وَجُنُوداً لَمْ تَرَوْهَا وَكَانَ اللهُ بِمَا تَعْمَلُونَ بَصِيراً} [الأَحْزَابُ: 9]

أَمَّا صِيغَةُ "كَلِمَةُ" (النَّعِيْم) فَتَأْتِي فِي البَيَانِ القُرآنِيّ مُتَلَازِمَةً مَعَ الحَيَاةِ الآخِرَةِ، وَهَذَا مَا نَرَاهُ فِي كُلِّ آيَاتِ النَّعِيمِ:

كَقَوْلِهِ تَعَالَى: {أَيَطْمَعُ كُلُّ امْرِئٍ مِنْهُمْ أَنْ يُدْخَلَ جَنَّةَ نَعِيمٍ} [المَعَارِج: 38].

وَقَوْلِهِ تَعَالَى: {وَاجْعَلْنِي مِنْ وَرَثَةِ جَنَّةِ النَّعِيمِ} [الشُّعَرَاء: 85].

وَقَوْلِهِ تَعَالَى: {إِنَّ الَّذِينَ آمَنُوا وَعَمِلُوا الصَّالِحَاتِ لَهُمْ جَنَّاتُ النَّعِيمِ} [لُقْمَانْ: 8].

وَقَوْلِهِ تَعَالَى: {ثُمَّ لَتُسْأَلُنَّ يَوْمَئِذٍ عَنِ النَّعِيمِ} [التَّكَاثُر: 8].

وَقَوْلِهِ تَعَالَى: {تَجْرِي مِنْ تَحْتِهِمُ الأَنْهَارُ فِي جَنَّاتِ النَّعِيمْ"} يُونُس

إِذَنْ كُلُّ نِعْمَةٍ فِي الْقُرْآنِ الْكَرِيمِ إِنَّمَا هِيَ لِنِعَمِ الدُّنْيَا عَلَى اِخْتِلَافِ أَنْوَاعِهَا؛ وَأَمَّا النَّعِيمُ فَتَأْتِي فِي الْبَيَانِ الْقُرْآنِيْ بِدَلَالَةٍ إِسْلَامِيَّةٍ خَاصَّةٍ بِنَعِيمِ الآخِرَةِ! أَتْرُكُ لأَصْحَابِ الْعُقُولِ وَالضَّمَائِرِ الرَّدَّ عَلَى نِفَاقِ الْمُعْنِعِنِينَ الْمُضَلِّلِينَ الجَهَلَةَ!

رَجَاءً طَالِعُوا تَفَاسِيرَ كُتُبِ أَتْبَاعِ مَذَاهِبِ السَّقِيفَةِ! كَالْعَادَةِ كَمَا عَهِدْنَاهُم، الْنِّعْيْمُ يُصْبِحُ نِعْمَةً، وَلَا تَحْزَنْ تُصْبِحُ لَا تَخَفْ، وَالْمَسُّ يُصْبِحُ لَمْسًا، إِلَى كُلِّ حَقِيقَةٍ قُرْآنِيَةٍ زَوَّرُوهَا وَغَيَّرُوا مَقَاصِدَهَا وَمَعَانِيهَا وَمَغْزَاهَاا!

وَأَعُودُ مُجَدَّدًا لِمَوْضُوعِ الشَّهَادَةِ وَالشَّهِيدِ، حَيْثُ يَقُولُ الله لِحَبِيبِه أَيْضًا :لَكِنِ الله يَشْهَدُ بِمَا أَنْزَلَ إِلَيْكَ أَنْزَلَهُ بِعِلْمِه وَالْمَلَائِكَةُ يَشْهَدُون وَكَفَىٰ بِالله شَهِيدًا...

قَالَ الَّذِينَ كَفَرُوا إِنْ هَٰذَا إِلَّا إِفْكٌ افْتَرَاهُ وَأَعَانَهُ عَلَيْهِ قَوْمٌ آخَرُونَ فَقَدْ جَاءُوا ظُلْمًا وَزُورًا وَقَالُوا أَسَاطِيرُ الْأَوَّلِينَ اكْتَتَبَهَا فَهِيَ تُمْلَى عَلَيْهِ بُكْرَةً وَأَصِيلًا قُلْ أَنْزَلَهُ الَّذِي يَعْلَمُ السِّرَّ فِي السَّمَاوَاتِ وَالْأَرْضِ إِنَّهُ كَانَ غَفُورًا رَحِيمًا...

قَدْ نَعْلَمُ إِنَّهُ لَيَحْزُنُكَ الَّذِي يَقُولُونَ فَإِنَّهُمْ لَا يُكَذِّبُونَكَ وَلَكِنَّ الظَّالِمِينَ بِآيَاتِ اللهِ يَجْحَدُونَ ...

يَا أَيُّهَا النَّبِيُّ حَسْبُكَ اللهُ وَمَنِ اتَّبَعَكَ مِنَ الْمُؤْمِنِينَ...

قُلْ كَفَى بِاللهِ بَيْنِي وَبَيْنَكُمْ شَهِيدًا يَعْلَمُ مَا فِي السَّمَاوَاتِ وَالْأَرْضِ وَالَّذِينَ آمَنُوا بِالْبَاطِلِ وَكَفَرُوا بِاللهِ أُولَئِكَ هُمُ الْخَاسِرُونَ...

مَنْ هُمْ هَؤُلَاءِ الظَّالِمُونَ بِآيَاتِ اللهِ يَجْحَدُونَ؟ وَمَنْ هُمْ وَالَّذِينَ آمَنُوا بِالْبَاطِلِ وَكَفَرُوا بِاللهِ أُولَئِكَ هُمُ الْخَاسِرُونَ؟ أَعْتَقِدُ أَنَّهُمْ سُكَّانُ الْعَالَمِ الْإِفْتِرَاضِيّ، أَوْ سُكَّانُ الْمَرِّيخِ! هَؤُلَاءِ جَحَدُوا عَنْ عِلْمٍ وَتَصْمِيمٍ بِإِرَادَتِهِم، وَكَفَرُوا بِدِينِ اللهِ بَعْدَ أَنْ اطَّلَعُوا عَلَيْهِ وَبَايَعُوا، لِأَنَّ الَّذِينَ لَمْ يُؤْمِنُوا مِنْ أَصْلِهِ، لَمْ يَخْسَرُوا شَيْئًا! أَمَّا الَّذِينَ آمَنُوا بِالْبَاطِلِ بَعْدَ اطِّلَاعِهِمْ عَلَى الْحَقِّ فَهُمُ الْخَاسِرُونَ! إِنَّ الَّذِينَ بَايَعُوا أَمِيرَ الْمُؤْمِنِينَ فِي غَدِيرِ خُمٍّ، وَأَخَصَّهُم مَن قَالُوا *بَخٍ، بَخٍ لَكَ يَا بْنَ أَبِي طَالِبْ أَصْبَحْتَ وَأَمْسَيْتَ مَوْلَايَ وَمَوْلَى كُلِّ مُؤْمِنٍ وَمُؤْمِنَةٍ!*

هَؤُلَاءِ الظَّالِمُونَ المُنَافِقُونَ لَمْ يَجْحَدوا بِآيَاتِ اللهِ فَقَطْ، وَلَمْ يُؤْمِنُوا بِالبَاطِلِ فَقَطْ، بَلْ إِرْتَدُّوا وَاتَّهَمُوا المُؤْمِنِيْنَ بِالرِّدَّةِ، وَحَارَبُوهُم وَقَتَلُوهِم! وَهَذَا لَيْسَ غَرِيْبًا، هَؤُلَاءِ كَفَروا عَنْ سَابِقِ تَصْمِيمٍ وَإِصْرَارٍ. كَانُوا يَعْلَمُونَ أَنَّهُم فَسَقُوا، وَقَتَلُوا خِيْرَةَ خَلْقِ الله؛ وَلَا تَوبَةَ لَهُم! عِلْمًا أَنَّ اللهَ يَغْفِرُ الذُّنُوبَ جَمِيْعًا، إِلَّا الإِصْرَارَ التَّآمُرَ عَلَى رَسُوْلِ اللهِ وَقَتْلِهِ وَجَمِيْعَ أَهْلِ بَيْتِهِ! هَذِهِ شَهَادَةٌ أَشْهَدَهَا أَمَامَ التَّارِيْخِ، أُحَاسَبُ عَلَيْهَا يَومَ أُسْأَلُ عَنِ النَّعِيْمِ! وَهَذِهِ بَرَاءَةٌ مِنِّي تُضَافُ إِلَى بَرَاءَةٍ مِّنَ اللهِ وَرَسُولِهِ إِلَى الَّذِينَ عَاهَدتُّم مِّنَ المُشْرِكِينَ!

وَلَا شَكَّ عِنْدِي أَنَّ كُلَّ مَنْ شَارَكَ فِي جَرَائِمِهِم، أَوِ إِسْتَعْجَبْتُهُ فَأَيَّدَهَا وَأَحَبَّهَا، وَأَنَّ الصَّامِتِيْنَ، وَغَيْرَ المُنْكِرِيْنَ لِجَرَائِمِهُم، وَالمُوَافِقِيْنَ لَهُم، شُرَكَاءٌ وَلَهُم نَفْسُ المَصِيْرَ. لِأَنَّهُ لَا يُخْلِفُ اللهُ وَعْدَه! فَالسَّاكِتُ عَنِ الحَقِّ شَيْطَانٌ أَخْرَسُ! لِمَاذَا لَا أَسْمَعُ آصْوَاتَ الَّذِيْنَ يَلْطُمُونَ الصُّدُورَ وَيصْرَخُونَ: يَا لَيْتَنَا كُنَّا مَعَكُم، لِنَفُوزَ فَوزًا عَظِيْمَا! أَقُولُ لِهَؤُلَاءِ مَا قَالَهُ أَحْمَدْ شَوقِي:

وَلَكِن تُؤخَذُ الدُّنيا غِلابا   وَما نَيلُ المَطالِبِ بِالتَمَنّي

إِذا الإِقدامُ كانَ لَهُم رِكابا!؟   وَما اِستَعصى عَلى قَومٍ مَنالٌ

إِذَا كَانَ قَدْ كَفَى بِاللهِ لِرَسُولِهِ شَهِيْدًا، لِمَاذَا إِذَا أَمَرَ اللهُ حبيبَه لِيَسْتَشْهِدَ شَاهِدًا آخَرَ: "اللهُ (1) وَمَنْ عِنْدَهُ عِلْمُ الكِتَابُ (2)"... فَالشَّاهِدُ الثَّانِي كَانَ عَلَى صِدْقِ نُبُوَّةِ النَّبِيّ، وَشَهَادَةٌ مِنَ اللهِ وَرَسُولِهِ عَلَى أَنَّ الثَّانِي أَحَاطَ بِالكِتَابِ كُلِّهِ، لِأَنَّ اللهَ لَمْ يَقُلْ ﴿وَمَنْ عِنْدَهُ عِلْمٌ من الْكِتَابِ﴾ بَلْ قَالَ ﴿وَمَنْ عِنْدَهُ عِلْمُ الْكِتَابِ﴾. فَشَهَادَاتُ الكَوْنِ على صِدْقِ النَّبِي۞ وَعَلَى صِدْقِ الشَّاهِدِ الثَّانِي، عَلَى مَدى الأَزْمَانِ أُسْقِطَتْ، وَسَقَطَ مَعَهَا المُنَافِقُونَ المُفْتَرُونَ الَّذِينَ يَقُولون مَا لَا يَعْلَمُون... وَشَهَادَةٌ مِنِّي أَحْمُلُ ثِقْلَهَا عَلَى أَنَّ الَّذِينَ إِسْتَشْهَدُوا عُلَمَاءَ أَهْلِ الكِتَابِ كَاذِبُونَ، مُفْتَرُونَ، ضَالُّونَ مُضَلَّلُونَ وَمُضَلِّلُونَ، عَاصُونَ لِلهِ وَرَسُولِهِ، وَأَبْرَأُ إِلَى الله مِنْهُمْ ومِنْ شِرْكِهِم، وَأُقْسِمُ أَنَّهُ لا أَحَدَ مِنْهُم عِنْدَهُ حَتَّى عِلْمٌ مِن الكِتَابِ!

وَأَنَّ عُلَمَاءَ أَهْلِ الكِتَابِ، أَعْلَمُهُم قَد يَكُونُ عِنْدَهُ: (عِلْمٌ مِنَ الكِتَابِ الذِي أُنْزِلَ إِلَيْهِم)، كَمَا فَصَّلْنَا آنِفًا... كَذِبًا وَظُلْمًا ألكَافِرُونَ يَعطُونَ مَا لا يَمْلُكُونَ، وَإِلاَّ إِسْتَشْهَدَهُم الله! وَمَنْ أَكْثَرُ مِنَ الله عِلْمًا؟!

أَيُّهَا النَّاسُ، أَيُّهَا العُقَلَاءُ، وَيَا أَيُّهَا المُضَلِّلُونَ المُظَلَّلُونَ البُسَطَاءُ: ألشَّهَادَةُ الثَّانِيَةُ لَمْ تَكُنْ لِلنَّبِيِّ عَلَى صِدْقِ رِسَالَتِه لِأَنَّهُ، كَفَى بِاللهِ شَهِيْدًا! وَهَلْ يَحْتَاجُ الله مَنْ يُزَكِّي شَهَادَتَهُ، أَيُّهَا السُّفَهَاءُ، الأَغْبِيَاءُ، الجُهَلَاءُ؟ ألشَّهَادَةُ هِيَ شَهَادَةُ اللهِ وَرَسُولِهِ لِلَّذِي عِنْدَهُ عِلْمُ الكِتَابِ، أَنَّهُ الأَوْحَدُ بَيْنَكُم المُتَفَرِّدُ فِي عِلْمٍ وَشَرْحٍ وَفِقْهٍ وَجَمْعٍ وَعَدْلٍ، وَكُلَّ مَا فِي الكِتَابِ

إِلَى يَومِ القِيَامَةِ، أَيُّهَا الظَّلَمَةُ!؟ رَفَضْتُمُ العِلْمَ والنُّورَ وَرَضِيتُم بِالجَهْلِ والكُفْرِ والظَّلَامَةِ! ﴿وَيَقُولُ الَّذِينَ كَفَرُوا لَسْتَ مُرْسَلًا﴾ أَعْطِنَا دَلِيلًا عَلَى أَنَّكَ مُرْسَلٌ! يَا مُحَمَّدُ تَدَّعِي قَضِيَّةً غَيْبِيَّةً إتَدَّعِي أَنَّكَ تَتَّصِلُ بِالسَّمَاءِ! إطْرَحْ لَنَا دَلِيلًا غَيْبِيًّا عَلَى أَنَّكَ مُتَّصِلٌ بِالسَّمَاءِ؟! أَلْكَافِرُونَ يُطَالِبُونَ النَّبِيَّ بِإِقَامَةِ المُعْجِزَةِ. ولِأَنَّ إِقَامَةَ الدَّلِيلِ الغَيْبِيِّ هُوَ مُعْجِزَةٌ بِذَاتِهَا، فَالكَافِرونَ لَا يُؤْمِنُونَ بِوُجُودِ الله!! تَأَذَّنَ الله تَبَارَكَ وَتَعَالى بِأَمْرِ حَبِيبِهِ: " بِإِمْكَانِكَ يَا مُحَمَّدُ أَنْ تُثْبِتَ نُبُوَّتَكَ وَصِدْقَ دَعْوَتِكَ وَإِسْتِمْرَارِ رِسَالَتِكَ عَنْ طَرِيقِ مُعْجِزَتَيْنِ لَا مُعْجِزَةٍ وَاحِدَةٍ. وَكَأَنَّهُم كَانُوا يَنْتَظِرُونَ التَّخَلُّصَ مِنَ الرِّسَالَةِ النَّبَوِيَّةِ بِالتَّخَلُّصِ مِنَ الرَّسُولِ! فَجَاءَ أَمْرُ اللهِ خَسِئْتُم، الرِّسَالَةُ سَتَبْقَى شَهَادَةً عَلَى كُفْرِكُم وَكُفْرِ مَن يَنْحُو نَحْوَكُم وَاقْتَدَى بِكُمْ وَسَارَ مَسَارَكُم.

إِذَا كَانَ لَا يُمْكِنِ لِلنَّبِيِّ أَنْ يُثْبِتَ نُبُوَّتَهُ إِلَّا ــ أَقَلُّهُ ـ بِمُعْجِزَةٍ غَيْبِيَّةٍ وَاحِدَةٍ. فَكَيْفَ يَسْتَشْهِدُ وَيُثْبِتُ عُلَمَاءُ المُسْلِمِين أَنَّ الَّذِينَ رَشَّحَوْهُم مِن أَهْلِ الكِتَابِ، عِنْدَهُم عِلْمُ الكِتَابِ؟! وَمِن أَيْنَ جَاءَ هؤلاءِ الشُّهُودُ الزّور بِهَذِهِ الشَّهَادَةِ الغَيْبِيَّةِ؟!

هَل هَؤُلَاءِ المُنَافِقُونَ عِنْدَهُم عِلْمُ الكِتَابِ؟! وَعِلْمُ أَيِّ كِتَابٍ؟ إِسْتِشْهَادُ الَّذِينَ يُسَمَّونَ عُلَمَاءَ مُسْلِمِينَ بِأَهْلِ الكِتَابِ عَلَى عِلْمِ الرِّسَالَةِ المُحَمَّدِيَّةِ أَكْبَرُ كُفْرًا وَأَعْمَقُ ضَلَالاً مِن سُؤَالِ الكَافِرين؟ وَهَذَا النِّفَاقُ أَكْبَرُ أَنْوَاع

الكُفْر، حَيْثُ إسْتَوْدَعَ هَؤُلَاءِ الفَجَرَةُ أُمُورَ وَعَقِيْدَةَ وَفِقْهَ هَذَا الدِّيْنِ إِلَى أَحْبَارِ اليَهُودِ، لِيُسْقُطُوا دَوْرَ رَسُولِ اللهِ! لِهَذَا اسْتَمَاتَ أَبُو بَكْرٍ وَعُمَرُ وَعُثْمَانُ لِإطْفَاءِ نُورِ اللهِ وَنُورِ نَبِيِّهِ! تَمَادُوا إمْعَانًا فِي مُخَطَّطِهِم الشَّيْطَانِيَ، وَتَسْيِدِهِمُ اليَهُودَ... سَأَنْقُلُ لَكُمْ نِفَاقَ وَفُجَرَ هَؤُلَاءِ الكَفَرَة! أَتَمَنَّى عَلَى الَّذِينَ يَعْقِلُونَ، قِرَاءَةَ التَّفَاسِيْرِ المُعْتَمَدَةِ عِنْدَ عُلَمَاءِ مَذَاهِبِ السَّقِيْفَةِ .

تَفَاسِيْرُهُمَ تَأْخُذُ القَارِئَ فِي إتِّجَاهَاتٍ بَعِيْدَةٍ عَنِ الإدْرَاكِ، وَالبَصِيرَةِ، وَالحَصَافَةِ، وَالحِكْمَةِ، وَالذَّكَاءِ، وَالفِطْنَةِ، وَالكَيَاسَةِ، وَالنَّبَاهَةِ، وَالنَّجَابَةِ، وَالنُّبُوغِ، إلى آخِرِ القَائِمَةِ؛ لِكَيْ لَا يَبْقَى حَيِّزٌ وَلَوْ ضَيِّقًا إلى الوُصُولِ إلى الحَقِيْقَةِ مِنْ خِلَالِ الأدِلَّةِ العَقْلِيَّةِ، بَلْ مِنَ الأكَاذِيبِ المَنْقُولَةِ!؟ أَسْأَلُ قُضَاةَ المَحَاكِمِ الْعُمَرِيَّة، لُو جِئْتُ بِشَاهِدٍ كِتَابِيٍّ لِيَشْهَدَ لِي فِي دَعْوى شَرْعِيَّةٍ، هَلْ تَقْبَلُونَ شَهَادَتَهُ؟ إِنْ قُلْتُمْ نَعَم! فَأَنْتُمْ مُنَافِقُون! هَلْ تَطْلُبُونَ مِنْهُ القَسَمَ عَلَى المِصْحَفِ! مُنَافِقُون! وَإِنْ قَبِلْتُم وَأَقْسَمْ فَهَل تُصَدِّقُونَهُ؟!

لَمْ تَقْبَلُوا، شَهَادَةَ كِتَابِيٍّ فِي دَعْوى بَسِيْطَةٍ لِعَامِّيٍّ، وَرَضِيْتُم وَأَقْرَرْتُم أنَّ العِزَّةَ الإلَهِيَّةَ أَشْهَدَتْ كِتَابِيّنَ عَلى صِدْقِ رِسَالَتِهِ الَّتِي شَهِدَ اللهُ بِصِدْقِهَا! خَسِئْتُم، مَن بِحَاجَةٍ إلى الشَّهَادَةِ؟ وَلَكِنْ قَدْ يَخْرُجُ مُنَافِقٌ وَيَقُول: ألشَّاهِدُ قَدْ آمَن! كَيْفَ عَرَفْتَ أنَّهُ أسْلَمَ؟ وَأَيْنَ تَقُولُ الآيَةَ أَنَّ

مَنْ عِنْدَهُ عِلْمُ الكِتَابِ كَانَ كِتَابِيًّا ثُمَّ أَسْلَمَ! هَلْ جَاءَكَ الوَحْيُ؟ كَيْفَ تُثْبِتُ لِي أَنَّكَ أَنْتَ مُسْلِمٌ؟ هَذَا السُّؤَال أَيْضًا إِلَى كُلّ مَنْ يَتَعَبَّدُ بِمَذَاهِبِ مُتَآمِرِيْ السَّقِيْفَة!؟ أَحَدُ مُتَآمِروا السَّقِيْفَة ـخَالِدٌ بِنُ الوَلِيدِ، المُبَشَّرُ بِالجَنَّةِ ـ قَتَلَ رَجُلًا نَطَقَ بِالشَّهَادَتَيْنِ عَلَى مَرأى وَمَسْمَعِ قَاتِلِه، خَالِدٍ!

رُبَّ مَنْ يَسْأَلُ، مَا الضَّرَرُ فِيْ أَنْ يَعْلَمَ عُلَمَاءُ أَهْلِ الكِتَاب أَنَّ مُحمَّدًا رَسُولُ اللهِ، وَيَشْهَدُونَ بِذَلِك؟ سُؤَالٌ وَجِيْهٌ، لَا ضَرَرَ فِيْ هَذَا ظَاهِراً، وَلَكِنَّ هَذَا سُمٌّ زُعَافٌ، وَتَزْوِيرٌ لِلْحَقَائِقِ، وَتَحْرِيْفٌ لِلْقُرآن، وَإِسْتِبْعَادٌ لِلْحَقِّ، وَإِنْكَارٌ وَتَشْوِيْهٌ لِلْحَقِيْقَةِ، وَإِغْتِيَالٌ لِرِسَالَةِ المُصْطَفِى كَمَا اغْتَالُوا الرَّسُولَ جَسَدِيًّا! إِنَّ هَذَا الفِكْر إِلْغَائِيٌ لِإِسْتِمْرَارِ الرَّسَالَةِ المُحَمَّدِيَّةِ، وَتَغْطِيَةٌ لِمَا يُوَارُون مِنْ مُخَطَّطَاتٍ رَسَمَهَا لَهُم بَعْضٌ مِن عُلَمَاء أَهْلِ الكِتَاب. يُشْبِهُ مُؤَامَرَةَ مَنْعِ الرَّسُول مِنْ كِتَابَةِ مَا إِنْ تَمَسَّكَ بِهِ المُسْلَمُوْن لَنْ يَضِلّوا أَبَدَا !

وَنَطَقَ المُعْتَرِضُونَ بِكَلِمَةِ الكُفْرِ: "حَسْبُنَا كِتَابُ الله". لَقَدْ أَطْلَقَ المُنَافِقُونَ، وَالمُتَآمِرُونَ القُنْبُلَةَ القَاتِلَةَ عَلَى سُنَّةِ رَسُولِ الله فِي: حَسْبُنَا كِتَابَ الله! وَهَذَا جَرَّ إِلَى مَنْعِ التَّدَاوُل بِسُنَّةِ الله، ثُمَّ إحراقِهَا وَالتَّخَلُّصِ مِنْهَا !!!! ثُمَّ بَعْدَ أَكْثَرَ مِنْ مِئَتَيْ عَامٍ تَذَكَّرَ أَتْبَاع الذِيْنَ أَحْرَقُوا السُّنَّةَ، أَنَّ لِرَسُولِ اللهِ سُنَّةً، وَهَا هِيَ بَيْنَ أَيْدِيْهِم وَأَيْدِيكُم يَا مَنْ تَتَعَبَّدُونَ بِسُنَّةِ السَّقِيْفَةِ! وَلِمَنْ يُرِدْ أَنْ يَعْلَمَ سَبَبَ إِصْرَار نَفْس المُتَآمِرين عَلَى

أنَّ الَّذِي عِنْدَهُ عِلْمُ الكِتَابِ، هُم عُلَمَاءُ مَا يُسَمُّونَهُم أَهْلَ الكِتَابِ!؟
تَابِعُونَا!

أنَّ الَّذِي عِنْدَهُ عِلْمُ الكِتَابِ، هُم عُلَمَاءُ مَا يُسَمُّونَهُم أَهْلَ الكِتَابِ!؟
تَابِعُونَا!

كَيْفَ عَلِمَ هَؤُلَاءِ الكَفَرَةِ الجَهَلَةَ أَنَّ هَذِهِ الآيَةَ نَزَلَتْ لِتُكَذِّبَ الكَافِرِيْن؟

مَتَى كَانَ يَهْتَمُّ المُؤمِنُ لِأَكَاذِيبِ الكَفَرَةِ؟ كَيْفَ عَلِمَ هَؤُلَاءِ الكَفَرَةِ الجَهَلَةَ أَنَّ هَذِهِ الآيَةَ نَزَلَتْ لِتُكَذِبَ الكَافِرِين؟ وَاللهِ، إِنَّ هَذِهِ الآيَةَ نَزَلَتْ لِتُنْذِرَ المُسْلِمِينَ وَتَرْدَعَهُم عَن مَا كَانُوا يَمْكُرونَ !

طَرِيقُ الإِيْمَانِ هُوَ طَرِيقُ العِلْمِ، وَإِنْتِشَارُ الإِسْلَامِ بِالعِلْمِ، وَلَيْسَ بِالغَزْوِ وَالقَتْلِ وَالسَّلْبِ وَالنَّهْبِ وَفَتْحِ الأَقْطَارِ والأمصَارِ وَإِقْتِنَاءِ العَبِيْدِ وَالإِمَاءِ! إِنَّمَا فِي فَتْحِ القُلُوبِ لِلْحُبِّ وَالتَّكَافُلِ، وَالمَرْحَمَةِ! أُنْظُروا حَوْلَكُم أَيُّهَا المُسْلِمُونَ الَّذِيْنَ لَا يَزَالُونَ يَتَغَنَّونَ بِالغَزْوِ والفَتْحِ! مَاذَا خَلَّفَ لَكُم سَلَفُكُم المُسَمَّى زُوْرًا، صَالِحًا؟! لَمْ، وَلَنْ يَقِفَ القَتْلُ والظُّلْمُ أَلَّذِي بَيْنَ أَظْهُرِكُمْ، حَتَّى تَتُوبُوا وَتَتَبَرَّؤوا مِن أَئِمَّةِ الكُفْرِ، وَتَتَوَلَّوا أَئِمَّةَ الإِيْمَانِ، حَيْثُ إِنَّ الكُفْرَ والإِيْمَانَ لَا يَلْتَقِيان! البَرَاءُ، البَرَاءُ ثُمَّ الوَلَاءُ وَإِلَّا مَا دُوْنَهُ نِفَاقٌ! هَذَا شَرْعُ اللهِ وأَسَاسُ دِيْنِ اللهِ الإِسْلَامِ الإِسْلَام" لَا إِلَهَ - النَّافِيَةُ المُبرِّأَةُ المُطَهِّرَةُ ـ إِلَّا اللهُ! فَكُلُّ مَنْ أسلَم وَلَا يَتَبَرَّأُ أَوَّلًا مِن أَن الرِّجْسَ نَجَسٌ! وَالَّذِي يَخْلُطُ البَرَاءَ بِالوِلاءِ نَجَسٌ! وَالأَنْجَاسُ لَا تُقْبَلُ شَهَادَتُهُم! أَيُّهَا النَّاسُ أَيُّهَا القُرَّاءُ الأَكَارِمُ !

أَيُّ مَحْكَمَةٍ مُذْ بَدَأَ النَّاسُ اللُّجُوءَ إِلَى التَّحَاكُمِ والتَّرَافُعِ، حَتَّى مِنْ عَهْدِ حَمُورَابِي؛ فِي شَهَادَةِ إِثْبَاتِ الشَّخْصِيَّةِ، تَقْبَلُ شَهَادَةَ الغَائِبِ؟ وَهَلْ مَرَّ

عَلَيْكُمْ أو سَمِعْتُم أنَّ عَالِمًا أعْطَى شَهَادَةً عِلْمِيَّةً لِمَنْ هُوَ أَعْلَمُ مِنْهُ؟ طَبْعًا سَيَأْتِي مُنَافِقٌ وَيَقُولُ يَا أُسْتَاذُ، العُلَمَاءُ يُزَكُّون أَقْرَانَهُم! هَذَا نِفَاقٌ وَدَجَلٌ! شَهَادَاتُ العِلْمْ يُعْطِيهَا العُلَمَاءُ عَنْ جَدَارَةٍ! فَكَيْفَ إذَا جَاءَتِ الشَّهَادَةُ مِن الخَبِيرِ العَلِيمِ عَلَّامِ الغُيُوبِ! أَفَلَا تَخْجَلُونَ أَيُّهَا المُعَنْعِنُون، المُعَنْعِنُون، الجَاهِلُونَ؟!

أَيُّهَا العُقَلَاءُ كَيْفَ يَسْتَشْهِدُ مُتَّهَمٌ بِشَاهِدٍ لَا يَعْرِفُ المُتَّهَمَ، وَلَا المُتَّهَمُ يَعْرِفُهُ، خَاصَّةً إذَا كَانْتْ شَهَادَةً، يَتَوَقَّفُ عَلَيْهَا مَصِيرُ الإنْسَانِيَّةِ! طَبْعًا هَلْ يَعْقُلُ مَنْ لَا عَقْلَ لَهُ؟! اللهُ يَعْرِفُ رَسُولَهُ وَيَعْرِفُ مَنْ عِنْدَهُ عِلْمَ كِتَابِهِ، وَهَذِهِ شَهَادَةٌ مِنَ اللهِ! مُوتُوا بِغَيْظِكُمْ! قَالَ خَاتَمُ النَّبِيِّينَ وَرَسُولُ رَبِّ العالَمِينَ لِأَخِيهِ أَمِيرِ المُؤْمِنِينَ: يَا عَلِي لَا يَعْرِفُنِي إلَّا اللهُ وَأَنْتَ، وَلَا يَعْرِفُكَ إلَّا اللهُ وَأَنَا، ولَا يَعْرِفُ اللهَ إلَّا أَنَا وَأَنْتَ.

مَنِ الَّذِينَ نَقَضُوا مِيثَاقَهُمْ وَحَرَّفُوا الْكَلِمَ عَنْ بَعْضِ مَوَاضِعِهِ؟

فَبِمَا نَقْضِهِم مِيثَاقَهُمْ لَعَنَّاهُمْ وَجَعَلْنَا قُلُوبَهُمْ قَاسِيَةً يُحَرِّفُونَ الْكَلِمَ عَن مَوَاضِعِهِ وَنَسُوا حَظًّا مِّمَّا ذُكِّرُوا بِهِ وَلَا تَزَالُ تَطَّلِعُ عَلَى خَائِنَةٍ مِّنْهُمْ إِلَّا قَلِيلًا مِّنْهُمْ فَاعْفُ عَنْهُمْ وَاصْفَحْ إِنَّ اللَّهَ يُحِبُّ الْمُحْسِنِينَ.(13) ..

تَقُولُ الْآيَةُ الْمُبَارَكَةُ عَلَى لِسَانِ الْمُصْطَفَى :﴿وَيَقُولُ الَّذِينَ كَفَرُوا لَسْتَ مُرْسَلًا قُلْ كَفَى بِاللَّهِ شَهِيدًا بَيْنِي وَبَيْنَكُمْ وَمَنْ عِندَهُ عِلْمُ الْكِتَابِ﴾ .

يَعْنِي أَنَّ الَّذِينَ قَالُوا لَسْتَ مُرْسَلًا كَانُوا أَقَلَّهُ مُسْلِمِينَ! لِأَنَّ كَفَرَ تَعْنِي: أَخْفِى، سَتَرَ، بَدَّلَ! هَلْ يَكْفُرُ بِالْعَدَمِ؟ وَلِكَيْ تَكْفُرَ بِشَيْءٍ، يَجِبُ أَنْ يَكُونَ لِهَذَا الشَّيءِ وُجُودٌ! كَيْفَ يُخْفَى أَوْ يُسْتَرُ أَوْ يُكْفَرُ بِالْعَدَمِ؟ لَا بُدَّ أَنْ يَكُونَ مِنَ الَّذِينَ قَالُوا: لَسْتَ مُرْسَلًا كَانُوا قَدْ أَسْلَمُوا، ثُمَّ إِرْتَدُّوا! فَجَاءَ الرَّدُّ الْإِلَهِيُّ لِرَسُولِهِ، قَلْ: عِنْدِي شَاهِدَانِ حَاضِرَانِ يُثْبِتَانِ صِدْقَ نُبُوَّتِي. الشَّاهِدُ الْأَوَّلُ: هُوَ اللهُ ﴿قُلْ كَفَى بِاللَّهِ شَهِيدًا﴾. شَهَادَةُ اللهِ هِيَ الشَّهَادَةُ الْفِعْلِيَّةُ إِذْ لَيْسَ لِلَّهِ شَهَادَةٌ خِطَابِيَّةٌ أَوْ قَوْلِيَّةٌ، فَشَهَادَةُ اللهِ بِصِدْقِ النُّبُوَّةِ فِعْلِيَّةٌ، فِي أَنَّ اللهَ أَعْطَى النَّبِيَّ رِسَالَةً وَكِتَابًا مُعْجِزًا لَا يَأْتِيهِ الْبَاطِلُ مِنْ بَيْنِ يَدَيْهِ وَلَا مِنْ خَلْفِهِ .

قَالَ اللهُ :﴿قُل لَّئِنِ اجْتَمَعَتِ الْإِنسُ وَالْجِنُّ عَلَى أَن يَأْتُوا بِمِثْلِ هَذَا الْقُرْآنِ لَا يَأْتُونَ بِمِثْلِهِ وَلَوْ كَانَ بَعْضُهُمْ لِبَعْضٍ ظَهِيرًا﴾ ...كَيْفَ صَارَ الْقُرْآنُ الْكَرِيمُ مُعْجِزَةً؟ يَقُولُ بَعْضُ الْجُهَلَاءِ مِنَ الَّذِينَ يُسَمَّوْنَ عُلَمَاء بِبَلَاغَتِهِ!

لَا أَبَدًا! بَلَاغَةُ الْقُرْآنِ تَخُصُّ الْعَرَبَ وَلُغَتَهُمْ! بَيْنَمَا الْقُرْآنُ مُعْجِزَةٌ لِلْعَوَالِمِ كُلِّهَا عَرَبًا وَعَجَمًا: ﴿وَمَا أَرْسَلْنَاكَ إِلَّا رَحْمَةً لِّلْعَالَمِينَ﴾. مُعْجِزَةُ الْقُرْآنَ شَهَادَةٌ لِلْمُصْطَفَى بِذَاتِهَا! فَالْإِعْجَازُ فِي الْقُرْآنِ: هُوَ الْعِلْمُ الَّذِي يَسْبُقُ زَمَانَهُ. فَبِمَا أَنَّ الْقُرْآنَ طَرَحَ قَضَايَا عِلْمِيَّةً سَبَقَ بِهَا التَّقَدُّمَ الْحَضَارِيَّ الْإِنْسَانِيَّ، أَصْبَحَ الْقُرْآنُ مُعْجِزَةً وَدَلِيلًا غَيْبِيًّا يُثْبِتُ صِدْقَ النُّبُوَّةِ. تَحَدَّثَ الْقُرْآنُ عَنْ نَظَرِيَّةِ التَّمَدُّدْ◌ فِي الفَضَاءِ قَبْلَ أَنْ يَتَكَلَّمَ عَنْهَا الْإِنْسَانُ بِقُرُونٍ ﴿وَالسَّمَاءَ بَنَيْنَاهَا بِأَيْدٍ وَإِنَّا لَمُوسِعُونَ﴾. الْقُرْآنُ الْكَرِيمُ طَرَحَ نَظَرِيَّةَ كُرَوِيَّةِ الْأَرْضِ وَدَوَرانِهَا، قَبْلَ أَنْ يَتَنَبَّهَ لَهَا الْإِنْسَانُ بِقُرُونٍ ﴿وَتَرَى الْجِبَالَ تَحْسَبُهَا جَامِدَةً وَهِيَ تَمُرُّ مَرَّ السَّحَابِ صُنْعَ اللهِ الَّذِي أَتْقَنَ كُلَّ شَيْءٍ﴾. وَقَالَ: ﴿لَا الشَّمْسُ يَنبَغِي لَهَا أَن تُدْرِكَ الْقَمَرَ وَلَا اللَّيْلُ سَابِقُ النَّهَارِ وَكُلٌّ فِي فَلَكٍ يَسْبَحُونَ﴾. إِبْحَثُوا فِي الْإِنْتَرْنِيتْ عَنِ الَّذِينَ يَرْفُضُونَ كَوْنَ الْأَرْضِ كُرَوِيَّةً، سَوْفَ تَرَى الْعَمَائِمَ وَاللِّحى، عَمَائِمُ (عُلَمَاءُ مَذَاهِب السَّقِيفَةِ!

وَتَحَدَّثَ القُرْآنُ الكَرِيمُ عَنْ أَسْرَارِ الطَّبِيعَةِ قَبْلَ أَنْ يَكْتَشِفَهَا الإِنْسَانُ وَقَبْلَ أَنْ يَصِلَ إِلَيْهَا! إِذًا، القُرْآنُ لَيْسَ مُعْجِزَةً فِي أَلْفَاظِهِ فَقَطْ بَلْ سِرُّ إِعْجَازِهِ أَنَّهُ دَلِيلٌ غَيْبِيٌّ، وَسِرُّ كَوْنِهِ دَلِيلًا غَيْبِيًا أَنَّهُ طَرَحَ عِلْمًا سَبَقَ زَمَانَهُ بَلْ سَبَقَ الإِنْسَانِيَّةَ وَسَيَبْقَى سَبَّاقًا إِلَى يَوْمِ القِيَامَةِ! لِذَلِكَ كَانَ القُرْآنُ دَلِيلًا عَلَى صِدْقِ النُّبُوَّةِ. هَلْ يَسْتَوِي الَّذِينَ يَعْلَمُون وَالَّذِينَ لَا يَعْلَمُون؟! وَالشَّاهِدُ الثَّانِي: ﴿وَمَنْ عِندَهُ عِلْمُ الْكِتَابِ﴾. فَلَا يُمْكِنُ أَنْ يَكُونَ الشَّاهِدُ عَلَى صِدْقِ النُّبُوَّةِ إِلَّا إِنْسَانًا يُعَدُّ أَيْضًا مُعْجِزَةً فِي حَدِّ ذَاتِهِ، لِمَاذَا؟ لِأَنَّ الَّذِي عِنْدَهُ عِلْمُ الكِتَابِ شَخْصٌ مَلَكَ الإِحَاطَةَ بِأَسْرَارِ القُرْآنِ وَالطَّبِيعَةِ، وَبِأَسْرَارِ التَّشْرِيعِ قَبْلَ أَنْ يَصِلَ الإِنْسَانُ إِلَى هَذِهِ الأَسْرَارِ بِمِئَاتِ السِّنِينِ، وَحَتَّى بِقُرُونٍ مُتَمَادِيَةٍ.

يَا مَنْ تَنَطَّعْتُم بِجَهْلِكُم وَغَيِّكُم وَكُفْرِكُم وَحِقْدِكُم عَلى الرَّسُولِ وَعَلى مَنْ عِنْدَهُ عِلْمُ الكِتَابِ، وَأَنْتُمْ تَعْلَمُونَ مَنْ هُوَ كَعِلْمِكُم أَنْفُسِكُم؟ هَلْ كَانَ الَّذِينَ إِسْتَشْهَدْتُمُوهُم يَعْلَمُونَ الغَيْبَ؟! شَهَادَتُكُمْ فِيهَا إِتِّهَامٌ لِرَسُولِ اللهِ بِالتَّقْصِيرِ فِي تَمَامِ وَكَمَالِ رِسَالَتِهِ! وَأَيْضًا (وَالعِيَاذُ بِاللهِ) لِلعِزَّةِ الإِلهِيَّةِ بِالكَذِبِ! اللهُ أَكْبَرُ! قَلْبِي سَيَخْرُجُ مِنْ صَدْرِي! هَلْ يَقْرَأُ المَسْمَوْن مُسْلِمِين:

اليَوْمَ يَئِسَ الَّذِينَ كَفَرُوا مِن دِينِكُمْ فَلَا تَخْشَوْهُم وَاخْشَوْنِ اليَوْمَ أَكْمَلْتُ لَكُمْ دِينَكُمْ وَأَتْمَمْتُ عَلَيْكُمْ نِعْمَتِي وَرَضِيتُ لَكُمُ الإِسْلَامَ دِينًا ...

57

هَلْ نَسِيَ رَسولُ اللهِ أَنْ يُخْبِرَ صَحَابَتَه بِإِسْمِ الَّذِي عِنْدَهُ، لَيْسَ عِنْدَهُم عِلْمُ الكِتَابِ؟ فِي مِنْ يَقُولُ نَعَمْ؟ أَقُلْ: حَسِبِيَ اللَّهُ وَنِعْمَ الوَكِيل!!! وَإِنْ قُلْتُمْ أَنَّ الرَّسولَ أَخْبَرَ أَنَّ الَّذِينَ آمَنُوا مِنْ أَهلِ الكِتَابِ؛ هَوَ مَن عِنْدَهُ عِلْمُ الكَتَابِ؟! خِسْئًا لِلْقَومِ المُنَافِقِين! لِمَاذَا لَم يَقُلْ اللهُ مَنِ الَّذِينَ عِنْدَهُم عِلْمُ الكِتَابِ؟! إلَهُ أَتْبَاعِ مَذَاهِبِ السَّقِيْفَة، يَحْتَاجُ مَنْ يَعَلِّمُهُ اللغَةَ العَرَبِيَّة: فَبَدَلَ أَنْ يَقُّولَ يَلْمَسُهُ قَالَ يَمَسُّهُ، وَبَدَلَ أَنْ يَقُّولَ لَا تَخَفْ، قَالَ لَا تَحْزَنْ، وَبَدَّلَ عِنْدَهُم فَقَالَ عِنْدَهُ! حَتَّى جَاءَ وُعَّاظُ السَّلَاطِيْن مِنَ المُسْتَعْرِبينَ وَالأعْرَابِ وَصَحَّحوا دَيْنَ هَوُلَاءِ البَدوِ!؟ فَلِكُلِّ مَن قَالَ بِهَذَا، أَسْأَلُ اللَهَ بِكُلِّ إِسْمٍ سَمَّى بِهِ نَفْسَه، وَبِحَقِّ مُحَمَّدٍ المُصْطَفَى، وَبِحَقِّ مَنْ عِنْدَهُ عِلْمُ الكِتَابِ، وَبِحُرْمَةِ وَحَقِّ هَذَا الكِتَابِ، أَنْ يُضَاعِفَ اللهُ لَهُ وَلَهُم مَا هُوَ وَهُم أَهْلُه... وَالحَمْدُ لِلَّهِ رَبِّ العالَمين...

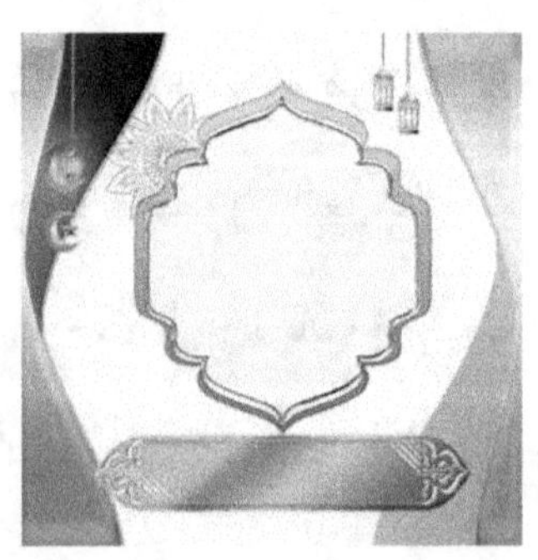

عَنْ أَيِّ كِتَابٍ يَتَحَدَّثُ الْقُرآنُ؟

عِنْدَمَا يَأْتِي فِي الْقُرآنِ لَفْظُ كِتَابٍ، لَا يَقْصُدُ كِتَابَ التَّشْرِيعِ وَالأَحْكَام فَقَطْ، بَلْ وَيَقْصُدُ كِتَابَ الْكَوْنِ وَأَسْرَارَ الطَّبِيعَةِ أَيْضًا. عِنْدَمَا تَكَلَّمَ الْقُرآنُ عَنْ آصِفِ بْنِ بَرْخِي، وَهُوَ ابْنُ أُخْتِ نَبِيِّنَا سُلَيْمَانَ وَالَّذِي كَانَ مِنَ الصَّالِحِينَ. وَهُوَ الَّذِي جَاءَ بِعَرْشِ مَلِكَةِ سَبَأ بِطَرْفَةِ عَيْنٍ. كَانَ عَالِمًا وَلَهُ مَعْرِفَةٌ بِالْكُتُبِ السَّمَاوِيَّةِ، وَكَانَ مِمَّنْ تَكَامَلَ خَلْقُهُ وَعِلْمُهُ وَتَقْوَاهُ وَإِيمَانُهُ، إِلَى دَرَجَةٍ كَبِيرَةٍ أَدَّىٰ إِلَى مَعْرِفَتِهِ بِالإِسْمِ الأَعْظَمِ الَّذِي يَمْنَحُهُ قُوَّةً خَارِقَةً. لِذَا أَتَى بِعَرْشِ بَلْقِيسَ بِطَرْفَةِ عَيْنٍ! نَبِيُّ اللهِ سُلَيْمَانُ يَقُولُ: قَالَ أَيُّكُمْ يَأْتِينِي بِعَرْشِهَا قَبْلَ أَن يَأْتُونِي مُسْلِمِينَ} * قَالَ عِفْرِيتٌ مِّنَ الْجِنِّ أَنَا آتِيكَ بِهِ قَبْلَ أَن تَقُومَ مِن مَّقَامِكَ وَإِنِّي عَلَيْهِ لَقَوِيٌّ أَمِينٌ} * قَالَ الَّذِي عِندَهُ عِلْمٌ مِّنَ "الْكِتَابِ أَنَا آتِيكَ بِهِ قَبْلَ أَن يَرْتَدَّ إِلَيْكَ طَرْفُكَ .مَا مَعْنَى عِنْدَهُ عِلْمٌ "مِنَ" الْكِتَابِ؟ مَا عَلَاقَةُ عِلْمِ الأَحْكَام بِالإِتْيَانِ بِعَرْشِ بَلْقِيسَ مِنَ الْيَمَنِ إِلَى بَيْتِ الْمَقْدِسِ؟ الأَحْكَام تَتَغَيَّر بِتَغَيُّرِ الأَسْبَابِ؟ أَمَّا الشَّرَائِع فَتَتَمَيَّزْ بِالثَّبَاتِ، وَالدَّوَام وَبِالتَّطَوُّرِ. ثَبَاتِ الْمَبَادِئِ وَالأُصُولِ، وَتَطَوُّرِ الْوَسَائِلِ وَالأَسَالِيْب بِالْعِلْمِ وَالْمُثَابَرَة وَالتَّجرِبَةِ وَالإِكْتِشَافَاتِ وبِالنَّجَاحِ وَالفَشَلِ، وَقَدْ يَكُونُ أَكْثَرُ مِنْ فَشَلٍ وَاحِدٍ، ثُمَّ النَّجَاحُ. مِمَّا يَمْنَح الشَّرِيعَةَ السِّعَةَ وَالمَنَاعَةَ وَالقُدْرَةَ عَلَى

اسْتِيعَابِ مَا يَسْتَجِدُّ مِنَ الْوَقَائِعِ وَالنَّوَازِلِ، وَالْمُرُونَةِ وَالْمَنَاعَةِ وَالْخِبْرَةِ وَالتَّكَيُّفِ مَعَ الْعَقَائِدِ وَالْمُسْتَجِدَّاتِ الْفِكْرِيَّةِ.

يَجِبُ انْ تَكُونَ الشَّرَائِعُ جَاهِزَةً وَصَالِحَةً لِكُلِّ زَمَانٍ وَمَكَانٍ وَقَادِرَةً عَلَى إِسْتِيعَابِ جَمِيعِ الشُّعُوبِ وَالبَشَرِ، وَمَعَهُم جَمِيعُ المَخْلُوقَاتِ، وَهَذَا مِنْ سِرِّ وَأَسْبَابِ حِفْظِهَا وَأَسْتِمْرَارِيَّتِهَا! شَرِيعَةُ الإِسْلَام وَلاءٌ لِلَّهِ وَرَسُولِهِ وَقِلَّةٌ مِن المُؤمِنين: إِنَّمَا وَلِيُّكُمُ اللهُ وَرَسُولُهُ "وَالَّذِينَ" آمَنُوا "الَّذِينَ" يُقِيمُونَ الصَّلَاةَ وَيُؤْتُونَ الزَّكَاةَ وَهُمْ رَاكِعُونَ ﴿55 المائدة﴾. أَلوِلَايَةُ إِلَى اللهِ أَوَّلاً وَلِرُسُلِهِ وَلِلْمُؤْمِنين الَّذين (تَبْعِيضِيَّة)، يُقِيمُونَ الصَّلَاةَ وَيُؤْتُونَ الزَّكَاةَ وَهُمْ رَاكِعُونَ! فَلَو كَانَتِ الوِلَايَةُ عَامَةً لَأَصْبَحَ النَّاسُ جَمِيعًا أَوْلِيَاءَ. أَلْمُنَافِقُونَ وَالدَّجَّالُونَ مُتَأَكِّدُونَ، وَمُزَوِّرُو التَّفَاسِيرِ أَيْضًا وَاثِقُونَ مِن هَذِه الحَقِيقة. كَلُّ الأنبِيَاءِ وَالرُّسُلِ جَاءَ مَعَهُم مُسَاعِدُونَ وَأوصِيَاءُ وَمُنَاصِرُونَ، إِخْتَارَهُم اللهُ لِإتْمَامِ رِسَالَاتِهِم وَشَّرَائِعِهِم. سَيِّدُنَا مُوسَى مَثَلًا: وَلَقَدْ أَرْسَلْنَا مُوسَى بِآيَاتِنَا أَنْ أَخْرِجْ قَوْمَكَ مِنَ الظُّلُمَاتِ إِلَى النُّورِ وَذَكِّرْهُمْ بِأَيَّامِ اللهِ ... (وَوَهَبْنَا لَهُ مِن رَحْمَتِنَا أَخَاهُ هَارُونَ نَبِيّاً). وَسَيِّدُنَا عِيسَى: فَلَمَّا أَحَسَّ عِيسَىٰ مِنْهُمُ الْكُفْرَ قَالَ مَنْ أَنصَارِي إِلَى اللهِ قَالَ الْحَوَارِيُّونَ نَحْنُ أَنصَارُ اللهِ آمَنَّا بِاللهِ وَاشْهَدْ بِأَنَّا مُسْلِمُونَ. وَالحَوَارِيُّونَ هَم أَصْحَابُ سَيِّدَنَا عِيسَى – عَلَيْهِ السَّلَامَ– الَّذِينَ آمَنُوا بِهِ وَاتَّبَعُوهُ وَوَقَفُوا مَعَهُ ضِدَّ الَّذِينَ كَفَرُوا بِهِ

مِنْ بَنِي إِسْرَائِيلَ، وَتَعَلَّمُوا مِنْهُ التَّعَالِيمَ وَالأَحْكَامَ ثُمَّ انْتَشَروا فِي القُرَى لِتَعْلِيمِهَا لِلنَّاسِ وَنَشْرِهَا بَيْنَهُمْ... أَمَّا أَصْحَابُ سَيِّدِنَا مُحَمَّدٍ، فَرَفَضوا أَوَامِرَهُ وَعَصَوْهَا وَمَنَعُوهُ مِن كِتَابَةِ الوَصِيَّةِ الَّتِي إِن اتَّبَعُوهَا عَصَمَتْهُم مِن الضَّلَالِ، ثَمَّ اغْتَالوهُ، وَانْقَلَبُوا عَلَى تَعَالِيمِهِ، وَمَنَعوا تَدَاوُلَ سُنَّتِهِ بَيْنَ النَّاسِ، وَأَشْعَلُوهَا حَرْبًا عَلَى المُؤْمِنينَ مِنْهُم، وَبِاسْمِ مُحَمَّدٍ شَنّوا حُرُوبَ الرِّدَّةِ وَالسَّلْبِ وَالنَّهْبِ. ثُمَّ سَمُّوهَا الفُتُوحَاتِ الإِسْلامِيَّةِ. أَجَل إِنَّهَا غَزَوَاتُ العِصَابَاتِ الَّتِي سُمِّيَتْ زُورًا فُتُوحَاتٍ إِسْلامِيَّةً.

كَانَت هَذِهِ لَعْنَةً عَلى البِلادِ وَالشُّعُوبِ الَّتِي اجْتَاحَتْهَا جَحَافِلُ هَؤُلَاءِ الغُزَاةِ. أَيْنَ هَذِهِ الشُّعُوبَ وَالبِلادُ الَّتِي كَفَرت وَمَا زَالَت تَكْفُرُ بِدِينِهِم وَعَقِيدَتِهِم. البِلادُ الَّتِي اجْتَاحَتْهَا جَحَافِلُهُم، وَأَخْضَعُوهَا تَئِنُّ مِن الجُوعِ وَالظُّلْمِ وَالقَتْلِ وَالجَهْلِ وَالحِصَارِ. أَيْنَ إِسْلامُهُمْ وَأَيْنَ إِسْلامُ مُحَمَّدٍ، وَأَيْنَ مُحَمَّدُهُم وَأَيْنَ النَّبِيُّ المُصْطَفَى الأَمْجَدُ، وَأَيْنَ إِلَهُهُم مِن رَبِّ العَرْشِ العَظِيمِ الَّذِي قَال: ﴿وَلَقَدْ أَرْسَلْنَا مِن قَبْلِكَ رُسُلًا إِلَى قَوْمِهِمْ فَجَاءُوهُم بِالْبَيِّنَاتِ فَانتَقَمْنَا مِنَ الَّذِينَ أَجْرَمُوا **وَكَانَ حَقًّا عَلَيْنَا نَصْرُ المُؤْمِنِينَ**﴾ ...لَنْ يَنْصُرَكُمُ الله إِلاَّ عَلَى مَن كَانوا أَكْثَرَ كُفْرًا مِنْكُم!!! وَيَسْتَعْجِلُونَكَ بِالعَذَابِ وَلَن يُخْلِفَ الله وَعْدَهُ... وَعْدَ اللهِ لَا يُخْلِفُ الله وَعْدَهُ وَلَكِنَّ أَكْثَرَ النَّاسِ لَا يَعْلَمُون... رَبَّنَا إِنَّكَ جَامِعُ النَّاسِ لَا رَيْبَ فِيهِ إِنَّ الله لَا يُخْلِفُ المِيعَادَ...

هَذَا الإِسْلَامُ ـ إِسْلَامُ السَّقِيفَةِ ـ لَا يَمُتُّ لِلَّهِ وَرَسُولِهِ بِصِلَةٍ!

الإِسْلَامُ بِنُسْخَتِهِ المُتَدَاوَلَةِ، مُعْظَمُهُ إِسْلامُ مَنْ قَدْ تَآمَرَ عَلَى الرَّسُولِ الأَعْظَمِ وَشَرِيعَتِهِ وَأَنْصَارِهِ المُؤْمِنِينَ بِهِ وَبِرِسَالَتِهِ! الَّذِيْنَ اجْتَمَعُوا لِتَقْسِيْمِ الحُصَصِ فِي سَقِيْفَةِ بَنِي سَاعِدةٍ، وَلَمْ يَشْهَدُوا مَرَاسِمَ تَأْبِيْنِ الرَّسُولِ الأَعْظَمِ! مَا جَرى وَيْجري لِعُقُولِ النَّاسِ؟ كُتُبُ هؤُلاءِ المُسْلِمِينَ تَقُولُ مَا أَقُولُ وَتَفْتَخِرُ وَتَعْتَزُ وَتُبَجِّلُ وَتَتَعَبَّدُ بِالتَّقَرُّبِ إلى مَنِ استَصغَرَ رَسُولَ اللهِ وَأنْكَرَ رِسَالَتَه. أَلَا تَسْتَصرِخُكُم هَذِهِ الحَادِثَةُ لِتَسْألُوا عَنْ تَوْقِيْتِها؟! حَيْثُ استَشْهَدَ الرَّسُولُ الأَعْظَمُ سَاعاتٍ بَعد أَنْ مُنِع أَنْ يَكْتُبَ لِلْأُمَّةِ كِتَابَ الهِدَايَةِ مِن الضَّلَالِ؟ زَادَ المُتَآمِرُونَ جُرْعَةَ السُّمِ خَوْفًا مِنْ كِتَابَةِ كِتَابِهِ، الَّذي يَتَعَارَضُ مَع مَا عَزَمُوا عَلَيْهِ! وَلَكِنَّهُم سَارَعُوا فِيْ تَنْفِيْذِهِ وَهَرَعُوا إلَى الزَّرِيْبَةِ... لِذَا أصْبَحَ عِندَهُم نُكْرانُ وَجَحدُ وَعِصْيَانُ رَسُولِ اللهِ عَبْقَرِيَّةً (عَبْقَرِيَّةَ عُمَرَ)، وَإحراقُ بَيْتِ بِنْتِ الرَّسُولِ وَهِيَ بِدَاخِلِهِ (بُطُولَةً)، وَغَدْرُ الأَمَامِ الحَسَنِ بِالسُّمِّ (مَهَارَةً)، وَخِيَانَةُ الإمَامِ الحُسَيْنِ (وُجْهَةَ نَظَرْ)، وَلَعْنُ أَمِيْرِ المُؤْمِنِين قِبْلَ كُلِّ صَلَاةٍ، (عِبَادَةً)! أمَّا الَّذينَ يسْتَنْكِرونَ هَذِهِ الجَرائِمَ وَيَلْعَنُونَ مُقْتَرِفِيهَا وَأَتْبَاعَهُمْ، فَيُحَارَبُونَ وَيُكَفَّرونَ وَيُقَتَّلونَ وَيُسْجَنُونَ وَيُطْرَدُونَ، وَكُلُّ هَذَا عَلَى سَمعٍ وَمَرْأى مَنْ يُسَمُّونَهُم عُلَمَاءَ وَرِجَالَ دِينٍ! أيُّ دِينٍ هُوَ هَذَا؟ اللهُ وَرَسُولُهُ بَرَاءٌ مِنْهُم وَمِنْ دِيْنِهم...

دِينُ اللهِ الرَّحْمَةِ " بِوَإِذَا جَاءَكَ الَّذِينَ يُؤْمِنُونَ بِآيَاتِنَا فَقُلْ سَلَامٌ عَلَيْكُمْ كَتَبَ رَبُّكُمْ عَلَى نَفْسِهِ الرَّحْمَةَ أَنَّهُ مَنْ عَمِلَ مِنكُمْ سُوءًا بِجَهَلَةٍ ثُمَّ تَابَ مِن بَعْدِهِ وَأَصْلَحَ فَأَنَّهُ غَفُورٌ رَحِيمٌ " ...﴿قُل لِّمَن مَّا فِي السَّمَاوَاتِ وَالْأَرْضِ قُل لِّلَّهِ كَتَبَ عَلَى نَفْسِهِ الرَّحْمَةَ لَيَجْمَعَنَّكُمْ إِلَى يَوْمِ الْقِيَامَةِ لَا رَيْبَ فِيهِ الَّذِينَ خَسِرُوا أَنفُسَهُمْ فَهُمْ لَا يُؤْمِنُونَ﴾.

اسْتَوْلَى الْإِنْقِلَابِيُّونَ عَلَى إِرْثِ النَّبُوَّةِ الَّتِي هِيَ جَعْلٌ مِنَ اللهِ، وَجَعَلُوهَا شُورَى جَاهِلِيَّةً! وَلَوْ سَأَلْتَ كَيْفَ تَكُونُ الشُّورَى؟ لَصُدِمْتَ بِعَشَرَاتِ الْأَرَاءِ، وَفِي أَوَّلِ كُلِّ رَأْيٍ مِنْهَا كَالْعَادَةِ :اخْتَلَفَ الْعُلَمَاءُ !كَيْفَ يَخْتَلِفُ الْعُلَمَاءُ؟ وَقَدْ نَبَّهَ اللهُ عِبَادَهُ لِهَذِهِ الْمُعْضِلَةِ؛ فِي الْقُرْآنِ الْكَرِيْمِ۞: قال تعالى:

1. ﴿هُوَ الَّذِي أَنْزَلَ عَلَيْكَ الْكِتَابَ مِنْهُ آيَاتٌ مُحْكَمَاتٌ هُنَّ أُمُّ الْكِتَابِ وَأُخَرُ مُتَشَابِهَاتٌ فَأَمَّا الَّذِينَ فِي قُلُوبِهِمْ زَيْغٌ فَيَتَّبِعُونَ مَا تَشَابَهَ مِنْهُ ابْتِغَاءَ الْفِتْنَةِ وَابْتِغَاءَ تَأْوِيلِهِ وَمَا يَعْلَمُ تَأْوِيلَهُ إِلَّا اللَّهُ وَالرَّاسِخُونَ فِي الْعِلْمِ يَقُولُونَ آمَنَّا بِهِ كُلٌّ مِنْ عِنْدِ رَبِّنَا وَمَا يَذَّكَّرُ إِلَّا أُولُو الْأَلْبَابِ﴾ [آل عمران: 7]، وفِي سُورَةِ هُودٍ:

2. ﴿الَر كِتَابٌ أُحْكِمَتْ آيَاتُهُ ثُمَّ فُصِّلَتْ مِنْ لَدُنْ حَكِيمٍ خَبِيرٍ﴾ [هود: 1]، وَفِي سُورَةِ الزُّمَرِ:

3. ﴿كِتَابًا مُتَشَابِهًا مَثَانِيَ﴾ [الزمر: 23]...

تَنَطَّعَ العُلَمَاءُ -الجُهَلَاءُ- ثُمَّ قَرَّرَ بعضُهُم (الَّذِينَ فِي قُلُوبِهِمْ زَيْغٌ)، أَنَّ الآيَةَ الأُولَى تُقَرِّرُ أَنَّ القُرآنَ بَعْضُهُ مُحْكَمٌ وَبَعْضُهُ مُتَشَابِهٌ، وَبَعْضُهُم الآخَرُ قَرَّرُ أَنَّ القُرآنَ كُلَّهُ مُحْكَمٌ، وَبَعْضُهُم الأَخِيرُ قَرَّرَ أَنَّ كُلَّهُ مُتَشَابِهٌ!؟ هَؤُلَاءِ العُلَمَاءُ الجُهَلَاءُ كَالَّذِينَ يَقْرؤونَ الطَّالِعَ فِي فِنْجَانِ القَهْوَةِ! يَقُولونَ لِلَّذِينَ ابْتَلَاهُمُ اللهُ بِالجَهْلِ، وَالسَّمَّاعِين لَهُم: فِنْجَانُ القَهْوَةِ: فِيهِ ثَلَاثَ إِشَارَاتٍ، قَدْ تَكُونُ ثَلَاثَةَ أَيَّامٍ أو ثَلَاثَةَ أَسَابِيعٍ، أو ثَلَاثَةَ أَشْهُرٍ!

عِلْمُ القُرآنِ فِي عَقِيدَةِ الجَهَلَةِ؛ بَاطِلٌ!؟

إِذًا لَابُدَّ أَنْ يَكُونَ العِلْمُ يَتَنَاسَبُ مَعَ العَمَلِ الَّذِي جَاءَ بِهِ وَمِنْ أَجْلِهِ ﴿قَالَ الَّذِي عِندَهُ عِلْمٌ مِّنَ الْكِتَابِ﴾ وَلَيْسَ بِعِلْمِ الشَّرَائِعِ فَقَطْ، بَلْ بِعِلْمِ الكَوْنِ وَبِأَسْرَارِ الطَّبِيعَةِ وَالوُجُودِ، وَلِأَنَّهُ يَمْتَلِكُ هَذِهِ الأَسْرَارَ قَالَ آصِفُ بْنُ مَرْخِيَّةَ: أَنَا قَادِرٌ أَنْ أَسْحَبَ هَذَا العَرْشَ مِنَ اليَمَنِ إِلَى بَيْتِ المَقْدِسِ خِلَالَ لَحْظَةٍ وَاحِدَةٍ، وَفَعَلَهَا!

أَمَّا المُعْجِزَةُ الثَّانِيةُ الَّتِي إِسْتَشْهَدَ بِهَا النَّبِيُّ الأَعْظَمُ عَلَى صِدْقِ دَعْوَتِهِ فَشَخْصٌ مُحِيطٌ بِأَسْرَارٍ يَعْجَزُ عَنْهَا الأَوَّلُونَ والآخِرُونَ، وَحَتَّى آصِفُ الَّذِي عِنْدَهُ بَعْضٌ مِنْ عِلْمِ الكِتَاب! هَلْ سَمِعَ الَّذِينَ يَفْتَرونَ عَلَى الله الكَذِبِ؟ مَنْ، مِن مُؤْمِني أَهْلِ الكِتَابِ عِنْدَهُ عِلْمُ آصِفٍ؟ مَنْ، مِنْ هَؤُلَاءِ الأَفَّاكِين المُنَافِقين يَعْلَمُ عِلْمَ آصِف! هَلْ أوحَى لَهُمْ رَبُّهُم؟ عِلْمُ آصِفٍ، جِزْءٌ مِمَّا قَد وَصَلَهُ مِنَ الكِتَاب!

أَيُّهَا العَالَمُ أَيُّهَا النَّاسُ. يَقُولُ الله فِي مُحْكَمِ كِتَابِهِ: وَأَنزَلْنَا إِلَيْكَ الْكِتَابَ بِالْحَقِّ مُصَدِّقًا لِّمَا بَيْنَ يَدَيْهِ مِنَ الْكِتَابِ وَمُهَيْمِنًا عَلَيْهِ فَاحْكُم بَيْنَهُم بِمَا أَنزَلَ اللَّهُ وَلَا تَتَّبِعْ أَهْوَاءَهُمْ عَمَّا جَاءَكَ مِنَ الْحَقِّ لِكُلٍّ جَعَلْنَا مِنكُمْ شِرْعَةً وَمِنْهَاجًا وَلَوْ شَاءَ اللَّهُ لَجَعَلَكُمْ أُمَّةً وَاحِدَةً وَلَٰكِن لِّيَبْلُوَكُمْ فِي مَا آتَاكُمْ فَاسْتَبِقُوا الْخَيْرَاتِ إِلَى اللَّهِ مَرْجِعُكُمْ جَمِيعًا فَيُنَبِّئُكُم بِمَا كُنتُمْ فِيهِ

تَخْتَلِفُونَ (48). أَلْكِتَابُ الْمُنْزَلُ عَلَى قَلْبِ مُحَمَّدَ، جَاءَ مُصَدِّقًا لِمَا كَانَ مَوْجُودًا مِنْ كِتَابِ أَهْلِ الْكِتَابِ، وَمُهَيْمِنًا عَلَيْهِ!؟

كَيْفَ يُهَيْمِنُ كِتَابٌ عَلَى كِتَابٍ، أَيُّهَا الْجَهَلَةُ!؟: تَسَلَّطَ، سَيْطَرَ، جَارَ، تَحَكَّمَ، سَادَ، طَغَى، تَمَلَّكَ وَاسْتَحْوَذَ... وَقَدْ فَنَّدْنَا هَذَا آنِفًا!

أَوَّلاً هَذَا يَعْنِي أَنَّ النُّسْخَةَ الْمُحَمَّدِيَّةَ لِلْكِتَابِ، لَهَا الْهَيْمَنَةُ عَلَى مَا سَبَقَ مِنْ كِتَابٍ، وَلَكِنْ كَيْفَ وَلِمَاذَا وَبِمَاذَا!؟ أَتْرُكُ لِلْقَارِئِ الْكَرِيمِ الْإِجَابَةَ! ثَانِيًا، هَلْ كُتُبُ أَهْلِ الْكِتَابِ فِي فِقْهِ مَذَاهِبِ أَهْلِ السَّقِيْفَةِ مُزَوَّرَةٌ، وَأَيْضًا فَاسِدَةٌ وَمُفْسِدَةٌ؟! فِي إِجَابَةٍ عَلَى هَذَا السُّؤَالِ، قَالَ ابْنُ بَازْ: يَجُوزُ لِلْمُسْلِمِ أَنْ يَقُولَ لِلْيَهُودِيِّ أَوِ الْمَسِيْحِيِّ أَنَّهُ كَافِرٌ؛ لِأَنَّ اللهَ وَصَفَهُمْ فِي الْقُرْآنِ بِهَذَا الْوَصْفِ، وَهَذَا مَعْلُومٌ لِمَنْ تَدَبَّرَ الْقُرْآنَ، وَمِنْ ذَلِكَ قَوْلُهُ تَعَالَى:

{إِنَّ الَّذِينَ كَفَرُوا مِنْ أَهْلِ الْكِتَابِ وَالْمُشْرِكِينَ فِي نَارِ جَهَنَّمَ خَالِدِينَ فِيهَا أُولَئِكَ هُمْ شَرُّ الْبَرِيَّةِ (6)} وَأَهْلُ الْكِتَابِ هُمُ الْيَهُودُ وَالنَّصَارَى! -ابْنُ بَازْ- عَنْ سَابِقٍ تَصْمِيمٍ اخْتَرْتُ بْنَ بَازْ لِأَنَّ بَعْضَ الْمُنَافِقِينَ مِنْ عُلَمَاءِ مَذَاهِبِ السَّقِيْفَةِ، سَيَتَنَكَّرُونَ لِهَذَا الرَّأْي، وَيَقُولُونَ هَذَا سَلَفِيٌّ! ابْحَثُوا فِي كُتُبِ أَتْبَاعِ السَّقِيْفَةِ. وَإِنِ اخْتَلَفَتْ آرَاؤُهُمْ لَنْ يَقْرَبُوا مِنْ حَقِيْقَةِ مَا تَقُولُهُ هَذِهِ الْآيَةُ! آرَاؤُهُمْ جَمِيعُهَا كُلُّ شَيْءٍ إِلَّا الصَّوَابَ! لَا

يَعْلَمُ مِقْدَارَ غَضَبِي إِلَّا الله! كَيْفَ يَمُرُّ هَذَا النِّفَاقُ عَلَى أَسَاتِذَةِ اللُّغَةِ العَرَبِيَّةِ! اَلنَّقْلُ أَيُّهَا القَارِئُ الكَرِيمُ! تَقُولُ الآيَةُ: الَّذِينَ كَفَرُوا مِنْ أَهْلِ الْكِتَابِ إِمِنْ "التَّبْعِيضِيَّةُ أَيُّهَا الكَفَرَةُ الفَجَرَةُ المُنَافِقُون! تُكَفِّرُونَهُم جَمِيعًا ثُمَّ تَسْتَشْهِدُونَهُم عَلَى صِدْقِ نَبِيِّكُم صَ، صَ، صَ، الله عَلَيْهِ وَسَلَّم!؟ رَسُولُ اللهِ الصَّادِقُ الأَمِينُ، حَبِيبُ رَبِّ العَالَمِين يَتَزَوَّجُ أُمِّي وَأُمَّ المؤمِنِين سَيِّدَتُنَا مَارِي القُبْطِيَّةَ رَضِيَ الله عَنْهَا وَعَلَيْهَا وَأَرْضَاهَا، فَتُنْجِبُ لَهُ إِبْرَاهِيمَ سَلَامُ اللهِ عَلَيْهِ، وَيَكُونُ جَدُّ إِبْرَاهِيمَ وَجَدَّتُهُ وَأَخْوَالُهُ وَخَالَاتُهُ وَعُمُومُ أَقْرِبَائِهِ مِنْ أُمِّهِ، كَفَرَةً!؟ كُلُّنِي يَقِينٌ بِأَنَّ العَقْلَ عِنْدَ أَتْبَاعِ نُزَلَاءِ زَرِيْبَةِ بَنِيْ سَاعِدَةَ مُعَطَّلٌ وَمُقْفَلٌ!

مُقَارَبَةُ العُقُولِ، فِي عِلْمِ الأُصُولِ مَعَ أَصْحَابِ النَّقْلِ وَالمَنْقُولِ، يَطُولُ! وَلِكَيْ أُؤَكِّدَ ضَلَالَ هَذِهِ المَخْلُوقَاتِ، سَأَسْتَفْتِي القُرْآنَ الحَكِيمَ العَظِيمَ: قَالَ الله: إِنَّ الَّذِينَ آمَنُوا وَالَّذِينَ هَادُوا وَالنَّصَارَى وَالصَّابِئِينَ مَنْ آمَنَ بِاللهِ وَالْيَوْمِ الآخِرِ وَعَمِلَ صَالِحًا فَلَهُمْ أَجْرُهُمْ عِنْدَ رَبِّهِمْ وَلا **خَوْفٌ عَلَيْهِمْ وَلا هُمْ يَحْزَنُونَ** [سورة البقرة: 62] ... هَذِهِ الآيَةُ لَا تَحْتَاجُ تَفْسِيرًا وَلَا تَأْوِيلًا! هَذِهِ الطَّوَائِفُ الأَرْبَعُ: الَّذِينَ آمَنُوا وَالَّذِينَ هَادُوا وَالنَّصَارَى وَالصَّابِئِينَ، مَنْ كَانَ مِنْهُمْ عَلَى الإِيمَانِ وَالتَّوْحِيدِ، مَعَ العَمَلِ الصَّالِحِ وَالإِسْتِقَامَةِ عَلَى أَمْرِ الله -تَبَارَكَ وَتَعَالَى- فَهَؤُلَاءِ ثَوَابُهُمْ وَأَجْرُهُمْ لَا يَضِيعُ عِنْدَ اللهِ، وَلَا خَوْفٌ عَلَيْهِمْ، وَلَا هُمْ يَحْزَنُونَ!

وَفَوْقَ كُلِّ هَذَا فَقَدْ أَوْضَحَ الْقُرْآنُ الْكَرِيمُ الْفَارِقَ التَّاسِعَ بَيْنَ الْمَسِيحِيِّينَ وَبَيْنَ الْكُفَّارَ۞ فِي قَوْلِهِ تَعَالَى "إِذْ قَالَ اللهُ يَا عِيسَى إِنِّي مُتَوَفِّيكَ وَرَافِعُكَ إِلَيَّ وَمُطَهِّرُكَ مِنَ الَّذِينَ كَفَرُوا ـ وَجَاعِلُ الَّذِينَ اتَّبَعُوكَ فَوْقَ الَّذِينَ كَفَرُوا إِلَى يَوْمِ الْقِيَامَةِ. أَيْ أَنَّ أَتْبَاعَ الْمَسِيحِ أَوْ لُغَوِيًّا "الْمَسِيحِيِّينَ" لَيْسُوا كَافِرِينَ بَلْ هُمْ ـ كَمَا جَاءَ فِي الْقُرْآنِ ـ فِي مَنْزِلَةٍ عَالِيَةٍ جِدًّا عِنْدَ اللهِ! وَقَالَ اللهُ أَيْضًا: "وَلَا تُمْسِكُوا بِعِصَمِ الْكَوَافِرِ"! وَقَدْ تَزَوَّجَ الرَّسُولُ الْأَعْظَمُ بِأُمِّ الْمُؤْمِنِينَ سَيِّدَتِنَا مَارِي؟! وَيَقُولُ اللهُ فِي كِتَابِهِ الْكَرِيمِ:

الْيَوْمَ أُحِلَّ لَكُمُ الطَّيِّبَاتُ وَطَعَامُ الَّذِينَ أُوتُوا الْكِتَابَ حِلٌّ لَكُمْ وَطَعَامُكُمْ حِلٌّ لَهُمْ وَالْمُحْصَنَاتُ مِنَ الْمُؤْمِنَاتِ وَالْمُحْصَنَاتُ مِنَ الَّذِينَ أُوتُوا الْكِتَابَ مِن قَبْلِكُمْ)) ...لَا تَعْلِيقَ

أَلَمْ أَقُلْ لَكَ أَيُّهَا الْقَارِئُ الْكَرِيمُ، أَنَّ عِبَادَاتِ وَتَعَبُّدَاتِ وَمُعَامَلَاتِ بْنِ بَازْ وَمَنْ لَفَّ لَفَّهُ، لَا يَمُتُّ إِلَى اللهِ الْخَالِقِ أَوْ رَسُولِهِ أَوْ كِتَابِهِ، بِشَيْءٍ! إِنَّ هَذَا شَيْءٌ مُقْرِفٌ بَشِعٌ وَمُقَزِّزٌ، حَتَّى فِي مُجَرَّدِ مُنَاقَشَتِهِ! وَلَكِنَّنِي مُضْطَرٌّ أَنْ أُنَاقِشَهُ لِكَيْ أَطْرَحَ فَهْمًا آخَرَ لِهَذِهِ الْمَسْأَلَةِ، يَقْضِي عَلَى اتِّهَامِ الْمَسِيحِيِّينَ بِالْكُفْرِ بِصُورَةٍ نِهَائِيَّةٍ.

يَقِفُ الْمُسْلِمُ الْبَسِيطُ حَائِرًا بَيْنَ قَلْبِهِ الَّذِي يَرَى أَنَّ هَذَا الْمَسِيحِيَّ الطَّيِّبَ الَّذِي يُعَامِلُهُ بِرَحْمَةٍ وَإِنْسَانِيَّةٍ، وَيُؤْمِنُ مِثْلَهُ بِاللهِ وَبِيَوْمِ الْحِسَابِ لَا يُمْكِنُ أَنْ يَكُونَ كَافِرًا، وَبَيْنَ آرَاءِ شُيُوخِ الْجَهْلِ الَّذِينَ يَدْعَمُونَ آرَاءَهُم بِآيَاتٍ مِنَ الْقُرْآنِ لَا يَعْلَمُونَ أَوْ يَفْقَهُونَ تَفْسِيرَهَا!

وَعَوْدَةٌ إِلَى أَلشَّاهِدِ الَّذِي أَظْهَرَهُ اللهُ لِرَسُولِهِ مُحَمَّد. إِنَّ إِخْبَارَ الَّذِي عِنْدَهُ عِلْمُ الْكِتَابِ كَإِخْبَارِ الْقُرْآنِ الْكَرِيمْ، هُوَ مُعْجِزَةٌ فِي حَدِّ ذَاتِهِ. أَلَّذِي عِنْدَهُ عِلْمُ الْكِتَابْ ـ ذَلِكَ الشَّاهِدُ الصَّادِق ـ، وَكَفَى بِاللهِ شَهِيدا... هَذَا الشَّاهِدُ هُوَ الْقُرْآنُ النَّاطِقُ، أَمْنٌ وَأَمَانٌ وَتَأْمِينٌ وضَمَانٌ عَلَى بَقَاءِ رِسَالَةِ الْمُصْطَفَى وَوُصُولِهَا كَمَا أَرَادَهَا اللهُ لِلْعَالَمِين. وَهُوَ أَيْضًا سَنَدًا وَعَوْنًا وَدَاعِمًا لِلرَّسُولِ الأَعْظَم ضُدَّ الْمُنَافِقِين مِمَّن عَاصَرُوا الرَّسُولَ وَآمَنُوا بِأَفْوَاهِهِم وَتَآمَرُوا عَلَى الرَّسُولِ والرِّسَالَة! يَا أَيُّهَا الرَّسُولُ لَا يَحْزُنكَ الَّذِينَ يُسَارِعُونَ فِي الْكُفْرِ مِنَ الَّذِينَ قَالُوا آمَنَّا بِأَفْوَاهِهِمْ وَلَمْ تُؤْمِن قُلُوبُهُمْ وَمِنَ الَّذِينَ هَادُوا سَمَّاعُونَ لِلْكَذِبِ سَمَّاعُونَ لِقَوْمٍ آخَرِينَ! مَنْ هُم هَؤُلَاء، وَأَيْنَ كَانُوا؟ هَلْ كَانُوا بَعِيدِينَ مَسَافَةً وَزمَانًا عَنْ رَسُولِ الله؟! مَاذَا كَانَ عُمَرُ يَفْعَلُ عِنْدَ حَاخَامَاتِ الْيَهُودِ؟! فَالشَّاهِدُ الَّذِي إِسْتَشْهَدَهُ الرَّسُولُ الأَعْظَم، هُوَ أَلَّذِي يُحِيطُ بِأَسْرَارِ الْكِتَابِ كُلِّهِ، وَهَذَا لَا يَنْطَبِقُ عَلَى أَحَدٍ مِنَ الَّذِينَ وَرَدَ ذِكْرُهُم فِي بَعْضِ الرِّوَايَاتِ الْمُغْرِضَةِ الْكَاذِبَةِ. وَلَا يَنْطَبِقُ إِلَّا عَلَى مَنْ لَقَّبَهُ النَّبِيُّ

الْمُصْطَفَى عِنْدَ الْمُسْلِمِينَ جَمِيعًا: بَابُ مَدِيْنَةِ الْعِلْمِ حَيْثُ قَالَ:" أَنَا مَدِيْنَةُ الْعِلْمِ وَعَلِيٌّ بَابُهَا!"

فَإِذَا كَانَ آصِفُ مِمَّنْ تَكَامَلَ خَلْقُهُ وَعِلْمُهُ وَتَقْوَاهُ وَإِيْمَانُهُ، إِلَى دَرَجَةٍ كَبِيْرَةٍ؛ لِمَا لَهُ عِلْمٌ "مِن" الْكِتَابِ! فِمَا بَالُكُم بِالَّذِي عِنْدَهُ عِلْمُ "كُلِّ" الْكِتَابِ؟! لَقَّنَ اللهُ تَعَالَى نَبِيَّهُ الْحُجَّةَ عَلَيْهِمْ لِرِسَالَتِهِ بِقَوْلِهِ: {قُلْ كَفَى بِاللهِ شَهِيدًا بَيْنِي وَبَيْنَكُمْ وَمَنْ عِندَهُ عِلْمُ الْكِتَابِ} وَهُوَ حُجَّةٌ قَاطِعَةٌ وَلَيْسَ بِكَلَامٍ خِطَابِيٍّ... ذَكَرَ مُعْظَمُ عُلَمَاءِ مَنْ يَتَعَبَّدُونَ بِعَقِيْدَةِ السَّقِيْفَةِ أَنَّ الْمُرَادَ بِالْكِتَابِ، التَّوْرَاةُ وَالْإِنْجِيْلُ، أَوْ خُصُوصُ التَّوْرَاةِ (كَعْبُ الْأَحْبَارِ مَثَلًا؟!) فَيُصْبِحُ الْمَعْنَى: وَكَفَى بِعُلَمَاءِ الْكِتَابِ شُهَدَاءَ بَيْنِي وَبَيْنَكُمْ لِأَنَّهُمْ يَعْلَمُونَ بِمَا بَشَّرَ اللهُ بِهِ الْأَنْبِيَاءَ. فَهَذَا فِيْهِ أَنَّ الَّذِي أُخَذَ فِيْ الْآيَةِ، هو مُجَرَّدُ الشَّهادةِ دُونَ مُجَرَّدِ الْعِلْمِ الَّذِيَ جَاءَ بِهِ الْقُرآنُ الْكَرِيْمُ !هَذَا إِلَى أَنَّ السُّوْرَةَ مَكِّيَّةٌ، وَلَمْ يُؤمِنْ أَحَدٌ مِنْ عُلَمَاءِ أَهْلِ الْكِتَابِ يَوْمَئِذٍ كَمَا قِيْلْ، وَلَا شَهِدَ لِلرِّسَالَةِ بِشَيْءٍ، فَلَا مَعْنَى لِلْإِحْتِجَاجِ بِالْإِسْتِنَادِ إِلَى شَهَادَةٍ لَمْ يَقُمْ بِهَا أَحَدٌ بَعْدُ! وَذَكَرَ الْعُلَمَاءُ أَنْفُسُهُم: أَنَّ الْمُرَادَ الْقَوْمُ الَّذِيْنَ أَسْلَمُوا مِنْ عُلَمَاءِ أَهْلِ الْكِتَابِ كَعَبْدِ اللهِ بِن سَلَامٍ وَتَمِيْمٍ الدَّارِيِّ وَالْجَارُودِ وَسَلْمَانَ الْفَارِسِيِّ. وَقِيْلَ هُوَ عَبْدُ اللهِ بِن سَلَامٍ، عِلْمًا بِأَنَّ السُّوْرَةَ مَكِّيَّةٌ وَهَؤُلَاءِ إِنَّمَا أَسْلَمُوا بِالْمَدِيْنَةِ .

وَقَدْ بَذَلَ الْقَائِلُونَ بِأَنَّهُ عَبْدُ اللهِ بْنُ سَلَامٍ، جُهْدًا بَلِيغًا فِي الدِّفَاعِ عَنْهُ فَقَالَ بَعْضُهُم: إِنَّ مَكِّيَةَ السُّورَةِ لَا تُنَافِي كَوْنَ بَعْضِ آيَاتِها مَدَنِيَّةً، فَلِمَ لَا يَجُوزُ أَنْ تَكُونَ هَذِهِ الآيَةُ مَدَنِيَّةً، مَعَ كَوْنِ السُّورَةِ مَكِّيَةً؟! فَإِنَّكَ لَا تُسْمِعُ الْمَوْتَى وَلَا تُسْمِعُ الصُّمَّ الدُّعَاءَ إِذَا وَلَّوْا مُدْبِرِينَ (52) وَمَا أَنْتَ بِهَادِ الْعُمْيِ عَنْ ضَلَالَتِهِمْ إِنْ تُسْمِعُ إِلَّا مَنْ يُؤْمِنُ بِآيَاتِنَا فَهُم مُسْلِمُونَ! شَاهِدٌ قَبْلَ الشَّهَادَةِ، تُحَاكِي مَوْلُودٌ قَبْلَ الْوِلَادَةِ! كُلُّ مَا وَرَدَ مِنْ دَلَالَاتٍ عَلَى الَّذِي عِنْدَهُ عِلْمُ الكِتَابِ عَلَى كَثْرَتِها هَدَفُها إِبْعَادُ الحَقِيْقَةِ عَنِ النَّاسِ، وَالتَّشَتُّتُ وَالتَّشْتِيتُ!

إِنَّ مُجَرَّدَ السُّؤَالِ فِي الجَوَازِ - **فَلِمَ لَا يَجُوزُ** - يَطْرَحُ الشَّكَّ، مَتَى أَصْبَحَ الشَّكُّ شَاهِدًا؟ أَلَمْ يَكُنْ هُنَاكَ نَقْلٌ صَحِيحٌ قَابِلٌ لِلتَّعْوِيلِ عَلَيْهِ. عِلْمًا أَنَّ الجُمْهُورَ نَصُّوا عَلَى أَنَّ الآيَةَ مَكِّيَةٌ...

وَقَالَ بَعْضُهُمْ: إِنَّ كَوْنَ الآيَةُ مَكِّيَةً لَا يُنَافِي أَنْ يَكُونَ الكَلَامُ إِخْبَارًا عَمَّا سَيَشْهَدونَ بِهِ! طَبْعًا إِخْبَارٌ عَلَى أَنَّ كَعْبَ الأَحْبَارِ الَّذِي أَسْلَمَ فِي عَهْدِ عُمَرَ، هو مَنْ عِنْدَهُ عِلْمُ الكِتَابِ!؟ أَيُّها الحَمْقَى، إِنَّ الَّذِيْ تَتَحَدَّثُونَ عَنْهُ شَهِيدًا حَاضِرًا وَلَيْسَ شَاهِدًا! شَاهِدُكُم مَا شَافْشِ حَاجَة! وَقَالَ بَعْضُهُمْ: إِنَّ هَذِهِ الشَّهَادَةَ شَهَادَةُ تَحَمُّلٍ، لَا يَسْتَلْزِمُ إِيمَانَ الشَّهِيدِ حِيْنَ الشَّهَادَةِ، فَيَجُوزُ أَنْ تَكُونَ الآيَةُ مَكِّيَةً، وَالمُرَادُ بِها عَبْدُ اللهِ بْنُ سَلَامٍ أَوْ غَيْرُهُ مِنْ عُلَمَاءِ الْيَهُودِ وَالنَّصَارَى وَإِنْ لَمْ يُؤْمِنُوا حِينَ نُزُولِ الآيَةِ!

وَلَقَدْ شَرحْنَا الفَرقَ بينَ الشَّاهِدِ والشَّهِيْد. لَدى عُلَمَاءِ المُسْلِمين: هُوَ أَيْضًا شَاهِدْ مَا شَافْ حَاجَه!؟ هَذَا اسْمُهُ "التَّدْجِيلُ فِي عِلْمِ التَّجْهِيلِ".

فَكَمَا ذَكَرْنَا أَعْلَاه، الكَافِرُ لَيْسَ لَهُ عِنْدَهُم شَهَادَةٌ، إنَّمَا شَهَادَةٌ فِي إفْسَادِ الدِّينِ عِنْدَهُم، تُقْبَلُ مِنْ مَيِّتٍ، أَوْ شَخْصٍ مَا زَالَ فِي عَالَمِ الذَّرِّ! إن الَّذِين يَعْتَقِدُون أَنَّ مَا جَاءَ في هَذَا البحثِ حَتَّى الآنَ غَيْرُ كَافٍ لَهُمْ لِيَسْتَمِرّوا مَعَنَا، فَإنَّ الآتِيَ عَلَى صِدْقِهِ وَصَوابِ حُجَجِهِ، لَنْ يَكْفِيهُم!

التَّدْجِيلُ فِي عِلْمِ التَّجْهِيلِ!

لَمْ وَلَنْ يُؤمِنوا وَلَو أَحْرَقَتِ الحَقِيقَةُ أَجْفَانَهُم!

إنَّ عُنْوانَ هَذا البَحثِ" :الصُّحْبَةُ فِي القُرآنِ..."

رَجاءً إقْرَأوا مَا يَلِي: وَلَو نَزَّلَنَا عَلَيكَ كِتَبا فِي قِرطَاسٍ فَلَمَسُوهُ بِأَيدِيهِم لَقَالَ الَّذِينَ كَفَرُواْ إِن هَذَا إِلَّا سِحر مُبِين (7) مَن هُمْ وَأَينَ كَانَ هَؤُلَاءِ الَّذِينَ قَالوا؟!

وَلَقَدِ استُهزِئَ بِرُسُلٍ مِّن قَبلِكَ فَحَاقَ بِالَّذِينَ سَخِرُواْ مِنهُم مَّا كَانُواْ بِهِ يَستَهزِءُونَ (10) قُل سِيرُواْ فِي الأَرضِ ثُمَّ انظُرُواْ كَيفَ كَانَ عَقِبَةُ المُكَذِّبِينَ (11). مَنْ هُمْ وَأَينَ كَانَ هَؤُلَاءِ الَّذِينَ قَالُوا؟

وَمِنهُم مَّن يَستَمِعُ إِلَيكَ وَجَعَلنَا عَلَىٰ قُلُوبِهِم أَكِنَّةً أَن يَفقَهُوهُ وَفِي ءَاذَانِهِم وَقرا وَإِن يَرَواْ كُلَّ ءَايَة لَّا يُؤمِنُواْ بِهَا حَتَّى إِذَا جَاءُوكَ يُجَدِلُونَكَ يَقُولُ الَّذِينَ كَفَرُواْ إِن هَٰذَا إِلَّا أَسَطِيرُ ٱلأَوَّلِينَ (25). مَنْ هُمْ وَأَينَ كَانَ هَؤُلَاءِ الَّذِينَ يَسْتَمِعونَ إِلى الرَّسُولَ؟ (صَحَابَةٌ، صَحَابَةٌ، صَحَابَةٌ.)

قَد نَعلَمُ إِنَّهُ لَيَحزُنُكَ الَّذِي يَقُولُونَ فَإِنَّهُم لَا يُكَذِّبُونَكَ وَلَكِنَّ ٱلظَّلِمِينَ بِـَٔايَتِ اللَّهِ يَجحَدُونَ (33) مَنْ هُمْ وَأَينَ كَانَ هَؤُلَاءِ الَّذِينَ يُكَذِّبون الرَّسُولَ؟ !وَكَذَّبَ بِهِ قَومُكَ وَهُوَ الحَقُّ قُل لَّستُ عَلَيكُم بِوَكِيلٍ. 66

عُمَرُ بنُ الخَطَّابِ أَكْثَرُ عِلْمًا مِنْ رَسُولِ اللهِ!

قَبْلَ أَنْ أَدْخُلَ وَأُدْخِلَكُم مَعِي – أَيُّهَا القُرَّاءُ الأَكَارِمُ – فِي تَفَاصِيلَ هِيَ أَعْظَمُ وَأَسْوَأُ وَأَدْهَى، أَتَمَنَّى أَنْ تَسْأَلُوا مُعْظَمَ عُلَمَاءِ المُسْلِمِينَ، كَيْفَ أَصْبَحَ عُمَرُ بنُ الخَطَّابِ أَكْثَرَ عِلْمًا من رَسُولِ اللهِ؟! طَبْعًا إِنَّ الذي يُصَحِّحُ أَخْطَاءَكَ أَكْثَرَ مِنْ عِشْرِينَ مَرَّةٍ بِمُبَارَكَةٍ مِنَ العِزَّةِ الإِلَهِيَّةِ يَكُونُ أَعْلَمَ مِنْكَ، وَأَعْلَى مِنْكَ دَرَجَاتٍ؟! هَذِهِ شَهَادَةُ أَهْلِ الأَهْوَاءِ، شَهَادَةُ الصَّحَابَةِ وَإِنَّهَا خِطَابِيَّةٌ. وَقَدْ رَفَضَ الشَّافِعِي –وَهُو إِمَامٌ عِنْدَ مُسْلِمِيّ مَذَاهِبِ السَّقِيفَةِ – الشَّهَادَةَ الخِطَابِيَّةَ الَّتِي قَالَ فِيهَا الشَّافِعِيُّ: أَقْبَلُ شَهَادَةَ أَهْلِ الأَهْوَاءِ إِلَّا الخِطَابِيَّةَ! هَؤُلَاءِ الصَّحَابَةُ مِن أَهْلِ الأَهْوَاءِ لَم يَتْرُكُوا وَسِيلَةً أَو فِكْرَةً أَوِ اسْتِنْتَاجًا لِلتَّعْمِيَةِ والتَّشْتِيتِ لِيُبْعِدوا الشَّاهِدَ الحَقِيقِيَّ الَّذِي أَشْهَدَهُ اللهُ عَلى صِحَّةِ رِسَالَةِ رَسُولِهِ المُصْطَفى !

فِي المُقَابِلِ أَجْمَعَ المُسْلِمُونَ صَحَابَةً عَلى أَنَّ اللهَ خَالَفَ رَسُولَهُ الأَعْظَمَ الأَكْرَمَ فِي مُنَاسَبَاتٍ قَدْ تَصِلُ إِلى ثَلَاثِينَ مَرَّةً! وَلَا يَزَالُ هَؤُلَاءِ المُنَافِقُونَ يُرَدِّدُونَ فِي صَلواتِهِمْ: (أَشْهَدُ أَنَّ مُحَمَّدًا رَسُولُ اللهِ!) وَلِكَيْ نُوَضِّحَ الصُّورَةَ أَكْثَرَ، إِقْرَأوا هَذِهِ العَنْعَنَاتِ:

1. عَنِ بْنِ عُمَرَ، قَالَ: قَالَ عُمَرُ: " وَافَقْتُ رَبِّي فِي ثَلَاثٍ: فِي مَقَامِ إِبْرَاهِيمَ، وَفِي الْحِجَابِ، وَفِي أُسَارَى بَدْرٍ "رَوَاهُ مُسْلِمٌ (2399)

2. قَالَ الْحَافِظُ بْنُ حَجَرٍ رَحِمَهُ اللهُ تَعَالى وَلَيْسَ فِي تَخْصِيصِهِ الْعَدَدَ بِالثَّلَاثِ، مَا يَنْفِي الزِّيَادَةَ عَلَيْهَا، لِأَنَّهُ حَصَلَتْ لَهُ الْمُوَافَقَةُ فِي أَشْيَاءَ غَيْرَ هَذِهِ، مِنْ مَشْهُورِهَا قِصَّةُ أَسَارَى بَدْرٍ، وَقِصَّةُ الصَّلَاةِ عَلَى الْمُنَافِقِينَ، وَهُمَا فِي الصَّحِيحِ.

هَذَا بَعْضٌ مِن صِفَاتِ الْفَاسِدِينَ الْمُنَافِقِينَ الْكَافِرِينَ الَّذِينَ صَاحَبُوا الرَّسُولَ! كَيْفَ اسْتَطَاعَ الْمُسْلِمونَ تَصْنِيفَ الرِّجَالِ؟ بَعْدَ أَكْثَرَ مِن مِئَتَيْ عَامٍ، كَيْفَ عَلِمَ الْمُصَنِّفُونَ مَن مِنْهُمُ الصَّادِقُ، وَمَنْ الْكَاذِبُ؟! آيَاتُ الْقُرْآنِ الْكَرِيمِ لَم تَتْرُكْ كَلِمَةً شَنِيعَةً إِلاَّ وَرَمَتْهُمْ بِهَا:

...فَلَا تُطِعِ الْمُكَذِّبِينَ (8) وَدُّواْ لَوْ تُدْهِنُ فَيُدهِنُونَ (9) وَلَا تُطِع كُلَّ حَلَّاف مَّهِينٍ (10) هَمَّاز مَّشَّاءٍ بِنَمِيم (11) مَّنَّاع لِّلْخَيرِ مُعْتَدٍ أَثِيمٍ (12) عُتُلّ بَعدَ ذَلِكَ زَنِيمٍ (13) ... القلم.

يَقُولُ اللهُ: وَمَا كَانَ لِمُؤْمِنٍ وَلَا مُؤْمِنَةٍ إِذَا قَضَى اللهُ وَرَسُولُهُ أَمْرًا أَن يَكُونَ لَهُمُ الْخِيَرَةُ مِنْ أَمْرِهِمْ وَمَن يَعْصِ اللَّهَ وَرَسُولَهُ فَقَدْ ضَلَّ ضَلَالًا

مُبِينًا (36) ... يَدَّعِيْ عُلَمَاءُ مَذَاهِبِ سَقِيْفَةِ بَنِي سَاعِدةَ أَنَّ اللهَ خَالَفَ رَسُولَهُ وَأَنْزَلَ قُرْآنًا يُوَافِقُ عُمَرَ!

ثَبَتَ فِي الصَّحِيْحِ أَنَّ عُمَرَ قَدْ وَافَقَهُ رَبُّهُ فِي عِدَّةِ أُمُورٍ، فَقَدْ أَخْرَجَ الْبُخَارِيْ فِيْ صَحِيْحِهِ عَنْ أَنَسٍ قَالَ: قَالَ عُمَرُ: وَافَقْتُ رَبِّي، أو وَافَقَنِي رَبِّي:

1. قُلْتُ يَا رَسُولَ اللهِ، لو اتخذنا من مقام إبراهيم مصلًّى فنزلت {واتخذوا من مقام إبراهيم مصلًّى}

2. يا رسول الله، لو أمرت نساءك أن يحتجبن، فإنه يكلّمهن البرُّ والفاجر فنزلت آية الحجاب!

3. وَصَحَّحَ التَّرمِذِيّ مِنْ حَدِيْثِ بِنِ عَمْرَ: " أَنَّهُ قَالَ مَا نَزَلَ بِالنَّاسِ أَمْرٌ قَطُّ، فَقَالُوا فِيْهِ، وَقَالَ فِيْهِ عُمَرُ؛ إِلَّا نَزَلَ الْقُرْآنُ فِيْهِ عَلَى نَحْوِ مَا قَالَ عُمَرُ." وَهَذَا دَالٌّ عَلَى كَثْرَةِ مُوَافَقَتِهِ! وَأَكْثَرُ مَا وَقَفْنَا مِنْهَا بِالتَّعْيِينِ عَلَى خَمْسَةَ عَشَرَ، لَكِنَّ ذَلِكَ بِحَسَبِ الْمَنْقُولِ" إِنْتَهَى مِنْ "فَتْحِ الْبَارِي.(1 - 505) .

وَأَخْرَجَ مُسْلِمٌ، قَالَ عُمَرُ: وَافَقْتُ رَبِّي فِيْ ثَلَاثٍ، فِي مَقَامِ إِبْرَاهِيْمَ، وَفِي الْحِجَابِ، وَفِي أَسَارَى بَدْرٍ.) هَذَا مُخْتَصَرُ الْمُخْتَصَرِ مِمَّا أَفَكَهُ عُلَمَاءِ مَذَاهِبِ السَّقِيْفَةِ.

إِنْ إِسْتَطَعْتَ أَيُّهَا الْقَارِىءُ الْكَرِيْمُ أَنْ تَطَّلِعَ عَلَى مَجَارِي الْبُخَارِي، أَوْ أَنْ تَفْحَصَ خَزَّانَات وَاحْوَاضُ مَذَاهِبِ السَّقِيْفَةِ الآسِنَةِ، لَشَكَرْتَ اللهَ وَشَكَرْتَنِي. أَللهَ وَرَسُولَهُ وَكُلُّ مَا هُوَ خَيْرٌ فِي هَذَا الْكَوْنُ بَرَاءٌ مِمَّا تَتَعَبَّدُ بِهِ هَذِهِ الْمَخْلُوقَات! يَقُولُ هَؤُلَاءِ الأَفَّاكُونَ أَنَّ الْقُرَآنَ مَوجُودٌ كَامِلٌ فِي اللَّوحِ الْمَحْفُوظِ. الَّذِي هُوَ أَدَاةٌ حَفِظَ اللهُ بِهَا قَوَانِيْنَ الْكَوْنِ قَبْلَ أَنْ يَخْلُقُهُ، وَهُوَ مُسْتَوْدَعٌ لِمَشِيْئَتِهِ. وَمَا فِيْ الْكِتَابِ هُوَ تَقْدِيْرٌ عَامٌّ لِكُلِّ مَا هُوَ كَائِنٌ إِلَى يَوْمِ الْقَيَامَةِ.

يَقُوْلُ اللهُ: ﴿وَعِنْدَهُ مَفَاتِحُ الْغَيْبِ لَا يَعْلَمُهَا إِلَّا هُوَ وَيَعْلَمُ مَا فِي الْبَرِّ وَالْبَحْرِ وَمَا تَسْقُطُ مِنْ وَرَقَةٍ إِلَّا يَعْلَمُهَا وَلَا حَبَّةٍ فِي ظُلُمَاتِ الْأَرْضِ وَلَا رَطْبٍ وَلَا يَابِسٍ إِلَّا فِي كِتَابٍ مُبِينٍ﴾ الأنعام 59. ﴿بَلْ هُوَ قُرْآنٌ مَجِيدٌ. فِي لَوْحٍ مَحْفُوظٍ﴾. (وَمَا مِنْ غَائِبَةٍ فِي السَّمَاءِ وَالْأَرْضِ إِلَّا فِي كِتَابٍ مُبِينٍ). إِلَى كَثِيْرٍ مِن الآيَاتَ الَتِي تَحَدَّثَتْ عَن الكِتَابِ الَّذِي لَم يُفَرِّطُ اللهُ فِيهِ مِنْ شَيْء. أَلْفَارِقُ هُنَا أَيُّهَا النَّاسُ، أَنَّ رَبَّ عُمَرَ -نَبِيُّ الْعُمَرِيَّةِ- كَانَ أَكْثَرَ طَاعَةً لِعُمَرَ، مِنْ خَالِقِ هَذَا الْكَوْنِ مَعَ نَبِيِّهِ الْمُصْطَفَى! قُرْآنُ الْمُصْطَفَى فِيهِ مَا كَانَ ويَكُونُ وَمَا سَوْفَ يَكُونْ! أَمَّا كِتَابُ الْعُمَرِيَّةِ إعْتِبَاطِيٌّ فِيهِ مَا يَكُونْ! أَلنَّبِيُّ عُمَرُ يَطْلُب فَيُعْطَى! أَلَم أَقُلْ لَكُم إِنَّ هَذَا دِيْن وَذَاكَ دِيْن، وَإِن تَشَابَهَتْ أَو تَقَارَبَتِ النَّعَمَات. وَهَذَا لَيْسَ جَدِيْدًا عَلَى إِلَهِ الْعُمَرِيَّةِ. إِنَّهُ إِلَهُ عَصْرِي يَسْتَجِيْبُ لِإقْتِرَاح

مُوسَى فَيْبَدِّلُ عَدَدَ صَلَوَاتِ العُمَرِيَّةِ مِنْ خمسين إلى خمسَةٍ، وَيُوافِقُ نَبِيَّهُ عُمَرْ فَيَأتِي بأوامِرَ جَدِيْدَةٍ عِنْدَ رَغْبَةِ نَبِيِّهِ عُمَرْ.

وَمَسَّ فِي اللغةِ العَرَبِيَّةِ تُصْبِحُ لَمَسَ إلى آخِرِهِ مِنَ البِدَعْ الضَّالَّةِ الَّتِي إبْتَدَعَهَا نَبِيُّهُمْ عُمَر وَأتْبَاعِهِ.

الحَقِيقَةُ هِيَ الدَّوَاءُ المُرُّ، لِهَذَا السَّبَبِ لَا يَسْتَطِيعُ الكَثِيرُونَ تَذَوُّقَهُ!

إِنَّ مَا جَاءَ فِي هَذَا البَحْثِ مِنْ حَقَائِقَ لِمَنْ لَا يُرِيدُ أَنْ يَعْلَمَ مَا هِيَ الحَقِيقَةُ، لَا فَائِدَةَ فِيهِ. لَأَنَّ مُدْمِنِي الْعَقَائِدِ لَيْسَ لَهُمْ قُدْرَةٌ عَلَى الفَصْلِ بَيْنَ الصَّحِيحِ وَالسَّقِيمِ؟! فَالفَائِدَةُ الحَقِيقِيَّةُ وَالقُدْرَةُ عَلَى الإِنْتِفَاع بِالأَشْيَاءِ وَتَسْخِيرِهَا لِسَعَادَةِ الإِنْسَانِ، مَبْنِيَّةٌ أَوَّلاً عَلَى مَعْرِفَةِ حَقِيقَتِها، ثُمَّ العَمَلِ فِي ضَوْءِ تِلْكَ البَصِيرَةِ الَّتِي لَنْ تَخْذُلَ صَاحِبَهَا، وَمَعَ ذَلِكَ فَإِنَّ الوُصُولَ لِلْحَقِيقَةِ لَيْسَ طَرِيقاً سَهْلاً مَفروشاً بالوُرُودِ. الحَقِيقَةُ، لَيْسَتْ بِبَسَاطَةٍ مَا هُوَ مُتَمَاسِكٌ أَوْ حَتَّى مَفْهُومٌ، وَيُمْكِنُ لِمَجْمُوعَةٍ مِنَ النَّاسِ مَعاً تَشْكِيلَ مُؤَامَرَةٍ عَلَى أَسَاسِ مَجْمُوعَةٍ مِنَ الأَكَاذِيبِ حَيْثُ أَنَّهُمْ جَمِيعاً مُتَّفِقُونَ عَلَى أَنْ يَقُولُوا القِصَّةَ الكَاذِبَةَ نَفْسَها، وَلَكِنَّ هَذَا لَا يَجْعَلَ العَرْضَ الَّذِي قَدَّمُوهُ حَقِيقَةً. الحَقِيقَةُ لَيْسَتْ مَا يَجْعَلُ النَّاسَ يَشْعُرُونَ بِالإِرْتِيَاحِ! وَلِسُوءِ الحَظِّ يُمْكِنُ أَيْضًا لِلْأَخْبَارِ السَّيِّئَةِ أَنْ تَكُونَ حَقِيقَةً. الحَقِيقَةُ لَيْسَتْ مَا تَقُولُهُ الأَغْلَبِيَّةُ بِالْإِجْمَاعِ، فَإِنَّمَا يُمْكِنُ أَنْ تَتَوَصَّلَ إِلَيْهِ أَغْلَبِيَّةُ النَّاسِ مِنَ اسْتِنْتَاجٍ يَكُونُ خَاطِئاً. وَالحَقِيقَةُ لَيْسَتْ مَا هُوَ شَامِلٌ، فَالعَرْضُ المُفَصَّلُ الطَّوِيلُ يُمْكِنُ أَنْ يُؤَدِّي إِلَى نَتِيجَةٍ خَاطِئَةٍ.

وَلَا يَتِمُّ تَعْرِيفُ الْحَقِيقَةِ مِنْ خِلَالِ مَا يُنْوَى بِهِ، فَيُمْكِنُ لِلْنَوَايَا الْحَسَنَةِ A أَنْ تَكُونَ خَاطِئَةً. الْحَقِيقَةُ هِيَ لَيْسَتْ كَيْفَ نَعْرِفُ؛ الْحَقِيقَةُ، هِيَ مَا نَعْلَمُهُ يَقِينًا وَمَا نَعْرِفُهُ بِالْعِلْمِ وَالتَّجْرِبَةِ وَالْمُمَارَسَةِ. وَالْحَقِيقَةُ هِيَ لَيْسَتْ مُجَرَّدَ مَا يُعْتَقَدُ بِهِ، فَالْكَذِبُ الذِي نُؤْمَنُ بِهِ، لَا يَزَالُ كَذِباً. وَلَيْسَ مَا يُثْبَتُ عَلَناً يَجِبُ أَنْ يَكُونَ حَقِيقَةً، الْحَقِيقَةُ يُمْكِنُ أَنْ تَكُونَ مَعْرُوفَةً عِنْدَ بَعْضِ الْخَاصَّةِ.

أَسْتَسْمِحُكَ أَيُّهَا الْقَارِئُ الْكَرِيمُ. عِنْدَمَا تَقْرَأُ هَذَا الَّذِي أَمَامَكَ، ثُمَّ تَسْتَوْضِحُهُ وَتَسْتَجْلِيهِ وَتَسْتَكْشِفُ صِدْقَهُ، هَلْ يَبْقَى مَعْنًى أَو قِيمَةٌ لِشَهَادَتَي الإِسْلامِ؟!

1.أَشْهَدُ أَنْ لَا إِلَهَ إِلَّا اللهُ!

أ. أَيُّ إِلَهٍ هَذَا الَّذِي يَبْعَثُ رَسُولًا لِلْعَالَمِينَ لِيَهْدِيَهُمْ وَيُعَلِّمَهُمْ وَيُزَكِّيَهُمْ، ثُمَّ يَبْعَثُ عُمَرَ لِيُصَحِّحَ أَخْطَاءَ رَسُولِهِ؟!

ب. أَيُّ إِلَهٍ هَذَا الَّذِي يُغَيِّرُ عَدَدَ الصَّلَوَاتِ مِن خَمْسِينَ صَلاةً إِلَى خَمْسٍ بَعْدَ تَدَخُّلِ مُوسَى فِي إِقْنَاعِ هَذَا الَّذِي اسْمُهُ مُحَمَّدٌ لِاسْتِجْدَاءِ هَذَا الَّذِي يُسَمُّونَهُ اللَّهَ، خَمْسَ مَرَّاتٍ؟ مَشْكُورٌ مُوسَى عَلَى عِلْمِهِ بِأَنَّ النَّاسَ لَا يُطِيقُونَ الصَّلَاةَ خَمْسِينَ مَرَّةً! فَكَانَ مُوسَى أَعْلَمُ مِن هَذَا الإِلَهِ، وَمِن هَذَا الرَّسُولِ!؟

ت. أَيُّ إِلَهٍ هَذَا الَّذِي يَتْرُكُ عَرْشَهُ إِذَا مَضَى شَطْرُ اللَّيْلِ، أَوْ ثُلْثَاهُ، يَنْزِلُ (الإِلَهُ) إِلَى السَّمَاءِ الدُّنْيَا، فَيَقُولُ: هَلْ مِنْ سَائِلٍ يُعْطَى؟ هَلْ مِنْ دَاعٍ يُسْتَجَابُ لَهُ؟ هَلْ مِنْ مُسْتَغْفِرٍ يُغْفَرُ لَهُ؟ حَتَّى يَنْفَجِرَ الصُّبْحُ! إِيُّ صُبْحٍ يَا بْنَ عَاصِمٍ، يَا تَرْمَذِيُّ، يَا أَبَا هُرَيْرَةَ؟! صُبْحُ الصِّينِ؟ أَمْ صِبْحُ مَكَّةَ؟ أَمْ صِبْحُ البَرَازِيلِ؟ لَإِنْ قُلْتُم كُلَّ صُبْحٍ، أَقُلْ لَكُمْ إِلَهُكُمْ عَالِقٌ إِلَى الأَزَلِ حَيْثُ هُوَ فِي السَّمَاءِ الدُّنْيَا يَسْمَعُ عَوِيْلَكُمْ. لَو بَقِي عَلَى عَرْشِهِ فِي السَّمَاءِ العُلْيَا لَمَا سَمِعَكُمْ! أَعْتَقِدُ أَنَّهُ أَطْرَشُ! والعِيَاذُ بِاللهِ العَلِيُّ العَظِيمِ!

ث. أَيُّ إِلَهٍ يَسْتَشْهِدُ عَلَى صِدْقِ رَسُولِهِ أُنَاسًا بِحَاجَةٍ إِلَى مَنْ يَشْهَدُ لَهُم بِصِدْقِ إِيْمَانِهِم؟ إِنَّ مُجَرَّدَ التَّفْكِيرِ فِي هَذِهِ الإِحْتِمَالِيَّةِ كُفْرٌ وَإِهَانَةٌ لِرَسُولِ اللهِ! المُتَعَبِّدُ يَشْهَدُ عَلَى صِدْقِ المَعْبُودِ! هَزُلَتْ!

2.أَشْهَدُ أَنَّ مُحَمَّدًا رَسُولُ الله.

أ. أَيُّ مُحَمَّدٍ هَذَا؟ أَلَّذِي يُخْطِئُ وَيُصِيبُ؟! فَيَأْتِي عُمَرُ لِيُصَحِّحَهُ!

ب. أَلَّذِي يُفْتِي بِمَا لَا يَعْلَمُ، كَمَا حَدَثَ فِي حَادِثَةِ أَبْرِ (تَلْقِيحِ) النَّخْلِ؟ إِبْحَثُوا عَنْ قِصَّةِ أَبْرِ النَّخْلِ، أَيْ تَلْقِيحِهِ!

ت. أَم الَّذِي يَهْجُرُ، فَيَرْفُضُ عُمَرُ وَشِلَّتُهُ، كِتَابَهُ!؟

السَّقِيفَةُ!

ألسَّقِيْفَةُ، بِاخْتِصَارٍ شَدِيدٍ: هِي سَقِيْفَةُ بَنِي سَاعِدةَ الَّتِي أجْتَمَعَ فِيْهَا بَعْضٌ مِمَّن يَدعُونَهُم صَحَابَةَ رَسُولِ اللهِ لإعْلانِ الإنْقِلابِ على رِسَالَةِ اللهِ الإسْلامِيَّةِ وَعَلى رَسُولِهِ! وَقَدْ تَمَّ فِي هَذِهِ السَّقِيفَةِ الإنْقِلابُ، وَتَمَّ اسْتِيلاءُ المُهَاجِرِيْنَ الَّذِينَ جَاؤوا مِنْ خَارِج مَدِيْنَةِ رَسُولِ الله على دَوْلَةِ رَسُولِ اللهِ واسْتُبْعِدَ الأنْصَارُ وَمَعَهُم أهْلُ البَيْتِ. هَذَا مُلَخَّصُ مَا حَصَلَ... وَنَتَائِجُ هَذَا الإنْقِلابِ يَحْصُدُهَا النَّاسُ حَتَّى هَذِهِ الأيَامِ، وَمَا بَعْدَهَا... مَا بَالُكُمْ كَيْفَ، تَسْأَلونَ؟

1. إسْتَبْعَدَ المُتَآمِرونَ على الإنْقِلابِ، ألأنْصَارَ أصْحَابَ البِلادِ الَّذِين فَتَحوا بُيوتَهُم لِلَّذِين هَاجَروا إلَيْهِمْ، وَشَارَكُوهُم في أمْوَالِهِم وَأرْزَاقِهِم! لَمْ يَكُ مِنْ قَبِيْلِ المُصَادَفَةِ غِيَابُ "الأنْصَارِ وَآلِ البَيْتِ" عَنْ لَائِحَةِ الوُلَاةِ، في حِقْبَتَيْ أبِي بَكْرٍ وَعمَرَ وَأيضًا في حِقْبَةِ عُثْمان، وَحُضُورِهِمْ في لَائِحَةِ الوُلَاةِ في ولَايَةِ أمِيْرِ المُؤْمِنينَ عَلِيّ بْنِ أبي طَالِبٍ. في حِقْبَتَيْ أبِي بَكْرٍ وَعُمَرَ، لَمْ تَطُلِ التَّعْيِيْنَاتُ لِمَنَاصِبِ الوُلَاةِ صُفُوْفَ الأنْصَارِ وَآلِ البَيْتِ! وَالمُلْفُتُ لِلْنَظَرِ أَنَّ عُمَرَ، عَلَى كَثْرَةِ وُلَاتِهِ في مُخْتَلَفِ أصْقَاعِ الدَّوْلَةِ الَّتِي سَمُّوهَا إسْلامِيَّةً، البَالِغ عَدَدَهُمْ ثَلاثُوْنَ وَالِيَا.

طِيلَةَ العَشرِ سَنَواتٍ الَّتِي قَضَاهَا عُمَرُ فِي المَحْكُومِيَّةِ، لَا نَجِدُ وَالِيًا مِن الأَنْصَارِ سِوى (عَمِيْرُ) بِنِ سَعْدٍ الأَوْسِيِّ الأَنْصَارِيّ... إِنَّ مَا قَد بَنَاهُ الرَّسُولُ مِنْ مَبَادِئَ وَقِيَمٍ دِينِيَّةٍ وَإِجْتِمَاعِيَّةٍ وَإِقْتِصَادِيَّةٍ وَحُقُوقِيَّةٍ، بَدَأَ التَّخَلِّي عَنْهَا تَدْرِيجِيًا بِالتَّدْجِيلِ والتَّزْوِيرِ، وَفِي خَلْقِ البَدَائِلِ سَعْيًا لِلعَوْدَةِ إلى مَجَاهِلِ الجَاهِلِيَّةِ. التَّارِيْخُ أَمَامَكُم. قَلَبَ المُتَآمِرُونَ "جَعْلَ اللهُ" الَّذِي يَقول: وَنُرِيدُ أَن نَّمُنَّ عَلَى الَّذِينَ اسْتُضْعِفُواْ فِى ٱلْأَرْضِ وَنَجْعَلَهُمْ أَئِمَّةً وَنَجْعَلَهُمُ ٱلْوٰرِثِينَ، "شُورَى عَقِيمة" ثُمَّ نَصَبوا أَبَا بَكرٍ، فَجَعَلوهَا وِصَايَةً، فَأَوْصى أَبو بَكرٍ بِهَا إلى عُمَر عَلى مَبْدَأ طَارَت الشُّورى. ثُمَّ إِنْتَقَلَ بِهَا ـ مَا يَسَمُّونَهَا خِلافَة (حِكِّلِي تَحِكِّلَك) يُعَيِّنُهُم عُمَر. خَدِيعَةٌ، عُيِّنَ بِهَا عُثْمَانُ! رَسُولِ الله إلى **حُكَمَاء** فَانْتَقَلَ الحُكْمُ إلى الشَّجَرَةِ المَلعُونَةِ فِي القُرآنِ. فَسَقَطَ مَا بَقِيَ مِن الشَّرِيعَةِ الإسلامِيَّةِ!

2. طَبْعًا كَانَ مِنَ الطَّبِيعِيّ أَنْ يَرفُضَ أَهْلُ الأرضِ ـأهلُ المَدِيْنَة- هَذَا الإنْقِلابَ. رَفَضَ أَهْلُ المَدِيْنَةِ وَمَعَهُم كَثِيْرٌ مِنَ المُسْلِمِينَ التَّعَاوُنَ مَع سُلْطَةِ الإنْقِلاب. كَيْفَ لا وَخُطْبَةُ رَسُولِ الله العَصْمَاءُ المُسَمَّاةُ بِخُطْبَةِ الوَدَاعِ فِي غَدِيرِ خُمْ، الَّتِي بَايَعَ فِيْهَا عُمُومُ الحَاضِرينَ إمَامَ المُتَّقِينَ وَسَيِّدَ الوَصِيِّيْنَ ٱلإمَامَ الأمِينَ ٱلَّذِي عِنْدَهُ عِلْمُ الكِتَاب، أَبُو الحَسَنِيْنِ عَلِيُّ بِنُ أبِي طَالِبٍ، لَا تَزَالُ تَرُنُّ فِي آذَانِهِم!

3. فِي خُطْبَةِ الوَدَاعِ، وَقَفَ سَيِّدُ الكَونينِ، وَشَفِيْعُ الأُمَمْ۞، وَخَاتَمُ الأَنْبِيَاءِ والمُرْسَلِينَ، وَحَبِيْبُ إلَهِ العالَمينَ مُوَدِّعًا مَنْ صَحِبَهُ فِي حَجِّهِ المَيْمونِ، وَلِيُعْلِنَ لِلنَّاسِ إنَّ الدِّيْنَ لَا يُحْفَظُهُ إِلَّا المُؤمِنُونَ، ثُمَّ سَلَّم وِلَايَةَ وِإمَامَةَ وَقِيَادَةَ أُمَّةِ المُؤْمِنِينَ مِنَ المُسْلِمِينَ، إلى أمِيْرِ المُؤمِنِينَ عَلِيٌّ!

4. إِخْتَرْتُ لَكَ أَيُّهَا القَارِئُ الكَرِيمُ عَيِّنَةً مِن هَذِهِ الخُطْبَةِ مِن مَصَادِرِ مَذَاهِبِ السَّقِيفَةِ: يَقُولُ الإِمَامُ مُسْلِم فِي صَحِيحِهِ: "وَعَن زَيدِ بْنِ أَرْقَمَ قَالَ: قَامَ رَسُولُ اللهِ (صَلَّى اللهُ عَلَيْهِ وَآلِهِ وَسَلَّمَ) يَوْمًا فِينَا خَطِيبًا بِمَاءٍ يُدْعَى "خُمًّا" بَيْنَ مَكَّةَ وَالمَدِينَةِ، فَحَمَدَ اللهَ وَوَعَظَ وَذَكَرَ، ثُمَّ قَالَ: ‐لَمْ يَقُلْ **أَيُّهَا المُؤْمِنُونَ أَو أَيُّهَا المُسْلِمُونَ ‐أَلَا أَيُّهَا النَّاسُ** أَمَّا بَعْدُ فَإِنَّمَا أَنَا بَشَرٌ يُوشِكُ أَنْ يَأْتِيَ رَسُولُ رَبِّ فَأُجِيبَ، وَأَنَا تَارِكٌ فِيكُم ثَقَلَيْنِ، أَوَّلُهُمَا كِتَابُ اللهِ . . . . ثُمَّ قَالَ وَأَهْلَ بَيْتِي... "وَلِهَذَا يَقُولُ بْن حَجَرٍ كَمَا تَقَدَّمَ ‐ "إِنَّ حَدِيثَ الغَدِيرِ صَحِيحٌ لَا مِرْيَةَ فِيهِ، وَلَا يُلْتَفَتُ لِمَن قَدَحَ فِي صِحَّتِهِ وَلَا لِمَن رَدَّهُ". صَحِيحُ مُسْلِمٍ: ج 7 ‐ ص 122.

أَيُّهَا القَارِئُ الكَرِيمُ، لَمْ أَنْقُلْ إِلَيْكَ هَذَا النَّصَّ مِن مَا يُسَمَّى صَحِيحَ مُسْلِمٍ لِأُثْبِتَ لَكَ صِحَّةَ الحَدِيثِ! فَأَنَا أُومِنُ أَنَّ الكُتُبَ الَّتِي يُسَمُّونَهَا صِحَاحًا، وَمَعَهَا جَمِيعُ التَّفَاسِيرِ وَالكُتُبِ الَّتِي أُسِّسَت عَلَى عَقَائِدِ إِنْقِلَابِيِّي السَّقِيفَةِ، لَا يُوجَدُ فِيهَا شَيءٌ صَحِيحٌ؟! أَوَّلًا مَاذَا صَحَّحَ وَأَكَّدَ حَدِيثُ الغَدِيرِ؟! طَبْعًا الَّذِي ذَكَرَهُ مُسْلِمٌ حَدِيثٌ مَبْتُورٌ، وَمُرَكَّبٌ بِطَرِيقَةٍ خَبِيثَةٍ تُسْتَصْغَرُ فِيهَا عُقُولُ النَّاسِ! هَذَا الَّذِي قَالَه: ((وَأَنَا تَارِكٌ فِيكُم ثَقَلَيْنِ، أَوَّلُهُمَا كِتَابُ اللهِ... ثُمَّ قَالَ وَأَهْلَ بَيْتِي...))

هَذَا نِفَاقٌ هَذَا دَجَلٌ هَذِهِ تَوْرِيَةٌ! هَذَا النَّصُّ الذِي بَتَرَهُ هَذَا المُغْرِضُ... قَالَ رَسُولُ اللهِ: إِنِّي تَارِكٌ فِيكُم الثَّقَلَيْنِ مَا إِنْ تَمَسَّكْتُم بِهِمَا لَنْ تَضِلُّوا؛

كِتَابَ اللهِ وَعِتْرَتِي أَهْلَ بَيْتِي، وَأَنَّهُمَا لَنْ يَفْتَرِقَا حَتَّى يَرِدَا عَلَيَّ الْحَوْضَ! هَذَا كَلَامُ رَسُولِ اللهِ بِأَمْرٍ مِنَ الْعِزَّةِ الإلهية. أَمَّا مَا جَاءَ مِنْ قِبَلِ الْمُنَافِقِينَ، فَجَاءَ بِأَمْرٍ مِنْ أَرْبَابِهِمُ الشَّيَاطِينِ! وَأَخْرَجَ الْحَافِظُ النِّسَائِيُّ فِيْ الْخَصَائِصِ: عَنْ زَيْدِ بِنْ أَرْقَمَ قَالَ: لَمَّا رَجَعَ النَّبِيُّ (صَلَّى اللهُ عَلَيْهِ وَآلِهِ وَسَلَّمَ) مِنْ حُجَّةِ الْوَدَاعِ، وَنَزَلَ غَدِيرَ خُمٍّ أَمَرَ بِدَوْحَاتٍ فَقُمِمْنْ ثُمَّ قَالَ: كَأَنِّيْ دُعِيْتُ فَأَجَبْتُ وَإِنِّيْ تَارِكٌ فِيْكُمُ الثَّقَلَيْنِ أَحَدُهُمَا أَعْظَمُ مِنَ الآخَرِ، كِتَابُ اللهِ وَعِتْرَتِي أَهْلَ بَيْتِي، فَانْظُرُوْا كَيْفَ تَخْلُفُونِي فِيْهِمَا، فَإِنَّهُمَا لَنْ يَفْتَرِقَا حَتَّى يَرِدَا عَلَيَّ الْحَوْضَ!... ((يَا رَسُولَ اللهِ، وَيَا حَبِيْبَ اللهِ! أَوَّلُوا كِتَابَ اللهِ لِيَسْتَولوا عَلَى الْحُكْمِ، وَلِنَفْسِ السَّبَبِ لَمْ يَتْرُكوا أَحَدًا مِنْ عِتْرَتِكَ إِلَّا سَمّوه بِالزَّعَافِ أَوْ قَتَلُوه! وَيَنْتَظِرونَ مِنْكَ الشَّفَاعَةَ!)). ثُمَّ قَالَ: إِنَّ اللهَ مَوْلَايِ وَأَنَا وَلِيُّ كُلِّ مُؤمِنٍ: ثُمَّ أَخَذَ بِيَدِ عَلِيٍّ (رَض) فَقَالَ: مَنْ كُنْتُ وَلِيَّهُ، فَهَذَا وَلِيُّهُ، اللَّهُمَّ وَالِ مَنْ وَالَاهُ وَعَادِ مَنْ عَادَاهُ . . . فَقُلْتُ لِزَيْدٍ: سَمِعْتَهُ مِنْ رَسُولِ اللهِ (صَلَّى اللهُ عَلَيْهِ وَآلِهِ وَسَلَّمَ) قَالَ: نَعَمْ، وَإِنَّهُ مَا كَانَ فِي الدَّوْحَاتِ أَحَدٌ إِلَّا وَرَآهُ بِعَيْنِهِ وَسَمِعَهُ بِأُذُنَيْهِ. النِّسَائِيُّ: الخَصَائِصُ – ص 39 – 40- 41.

وَفِي ذَخَائِرِ الْعُقْبَى لِلْمُحِبِّ الطَّبَرِيِّ، عَنْ الْبَرَاءِ بِنْ عَازِبٍ أَنَّهُ قَالَ: كُنَّا عِنْدَ النَّبِيِّ (صَلَّى اللهُ عَلَيْهِ وَآلِهِ وَسَلَّمَ) فِي سَفَرٍ فَنَزَلْنَا بِغَدِيرِ خُمٍّ، فَنُودِيَ فِيْنَا، الصَّلَاةُ جَامِعَةٌ، وَكُسِحَ لِرَسُولِ اللهِ (صَلَّى اللهُ عَلَيْهِ وَسَلَّمَ)

تَحْتَ شَجَرَةٍ فَصَلَّى الظُّهْرَ وَأَخَذَ بِيَدِ عَلِيٍّ، وَقَالَ: اللَّهُمَّ مِنْ كُنْتُ مَوْلَاهُ، فَعَلِيٌّ مَوْلَاهُ، اللَّهُمَّ وَالِ مَنْ وَالَاهُ، وَعَادِ مَنْ عَادَاهُ. قَالَ: فَلَقِيَهُ عُمَرُ بَعْدَ ذَلِكَ، فَقَالَ: "هَنِيئًا لَكَ يَا بْنَ أَبِي طَالِبٍ، أَصْبَحْتَ وَأَمْسَيْتَ مَوْلَى كُلِّ مُؤْمِنٍ وَمُؤْمِنَةٍ". أَخْرَجَهُ أَحْمَدُ فِي مُسْنَدِهِ، وَأَخْرَجَهُ فِي المَنَاقِبِ◌ مِنْ حَدِيثِ عُمَرَ وَزَادَ بَعْدَ قَوْلِهِ، وَعَادِ مَنْ عَادَاهُ وَانْصُرْ مَنْ نَصَرَهُ، وَأَحِبَّ مَنْ أَحَبَّهُ". قَالَ شُعْبَةُ أَوْ قَالَ: وَأَبْغُضْ مَنْ بَغْضَهُ!!!

وَهَلْ هُنَاكَ بُغْضٌ أَكْثَرُ فُحْشًا وَتَفَحُّشًا مِنَ الَّذِي يُحَرِّقُ دَارَ أَبْنَةِ رَسُولِ اللهِ ـ الزَّهْرَاء ـ وَهِيَ فِي دَاخِلِهِ؟! فَعَلَهَا عُمَرُ، وَتَفَاخَرَ مُثَقَّفُو أَحْفَادِ نُزَلَاءِ السَّقِيفَةِ وَأَتْبَاعُهُم بِالثَّأْرِ مِنْ رَسُولِ اللهِ، وَكَرِيمَتِهِ، وَصُهْرِهِ، وَوَصِيِّهِ! فَجَاءَ الخَسِيسُ حَافِظٌ إِبْرَاهِيْم يَفْتَخِرُ بِفَاحِشَةِ سَيِّدِهِ يُهَنِّئَهُ:

حَسبُ القَوافِي وحَسبِي حين أُلْقِيها

أَنِّي إلى ساحَةِ الفاروقِ أُهْدِيها

وقَولَةٍ لعَلِيٍّ قالَها عُمَرُ

أكرِم بسامِعِها أعظِم بمُلقِيها!

حَرَّقتُ دارَكَ لا أبقي عليكَ بها

إن لم تُبايِع وبنتُ المصطفى فِيها

أَيُّهَا الْقَارِئُ الْكَرِيمُ، أَعْذُرْنِي لَقَدْ تَعَمَّدْتُ أَنْ أَنْعَت هَذَا الْخَسِيسَ بِفِعْلَتِهِ، وَسَوْفَ تَرَى وَتَسْمَعُ رَدَّةَ فِعْلِ أَتْبَاعِ مَذَاهِبِ السَّقِيفَةِ عَلَى كَلِمَتِي هَذِهِ الَّتِي هِيَ حَقٌّ، وَالَّتِي لَمْ تَقْتُلْ أَوْ تُحَرِّقْ أَحَدًا! وَلَكِنَّ جَمِيعَ أَئِمَّةِ مَذَاهِبِ السَّقِيفَةِ بَلَعُوا أَلْسِنَتَهُمْ، وَأَبْدُوا بَشَائِرَهُمْ وَغَبْطَتَهُمْ وَفَخْرَهُمْ بِمَا فَعَلَ نَبِيُّهُمْ عُمَرُ فِي دَارِ رَسُولِ رَبِّ الْعَالَمِينَ! رَجَاءً رَاجِعُوا كِتَابَ: **أَلنَّقْلُ مَفْسَدَةٌ لِلْعَقْلِ!**

وَعَنْ زَيْدِ بْنِ أَرْقَمَ قَالَ: اسْتَشْهَدَ الْإِمَامُ عَلِيُّ بْنُ أَبِي طَالِبٍ النَّاسَ، فَقَالَ: أَنْشُدُ اللهَ رَجُلًا سَمِعَ النَّبِيَّ (صَلَّى اللهُ عَلَيْهِ وَآلِهِ وَسَلَّمَ) يَقُولُ: "مَنْ كُنْتُ مَوْلَاهُ فَعَلِيٌّ مَوْلَاهُ، أَللَّهُمَّ وَالِ مَنْ وَالَاهُ، وَعَادِ مَنْ عَادَاهُ، فَقَامَ سِتَّةَ عَشَرَ رَجُلًا فَشَهِدُوا. الْمُحِبُّ الطَّبَرِيُّ: ذَخَائِرُ الْعُقْبَى.   76

وَقَبْلَ أَنْ أَخْتُمَ سَرْدَ حَدِيثِ الثَّقَلَيْنِ، بِصِيَغِهِ ((الْمُخْتَلِفَة)) - الَّتِي وَرَدَتْ فِي كُتُبِ مَذَاهِبِ نُزَلَاءِ السَّقِيفَةِ - بِهَدَفِ التَّشْوِيشْ عَلَى الْحَقِيقَةِ، وَالتَّضْلِيلِ وَالتَّجْهِيلِ، وَمِنْ أَجْلِ التَّقْلِيلِ مِنْ قِيمَةِ هَذَا الْحَدِيثِ! فَقَدْ جَاءَ الْحَدِيثُ أَيْضًا بِلَفْظِ: ((كِتَابَ اللهِ، وسُنَّتِي))، أو: ((... وسُنَّةَ نبِيِّهِ)). جَاءَ عَنْ جَمْعٍ مِنَ الصَّحَابَةِ مِنْهُمْ: عُمَرُ بْنُ الْخَطَّابِ، وَعَبْدُ اللهِ بْنُ عُمَرَ، وَعَبْدُ اللهِ بْنُ عَبَّاسٍ، وَأَبُو هُرَيْرَةَ، وَأَبُو سَعِيدٍ الْخُدْرِيُّ، وَأَنَسُ بْنُ مَالِكٍ، وَعَمْرُو بْنُ عَوْفٍ الْمُزَنِيِّ، وَنَاجِيَةُ بْنُ جُنْدُبٍ، (رَضِيَ اللهُ عَنْهُمْ أَجْمَعِينْ)، بِأَلْفَاظٍ مُخْتَلِفَة...

إِلَى الَّذِينَ يُرَوِّجُونَ إِلَى سُنَّةِ مَذَاهِبِ السَّقِيْفَةِ فِي لَفْظِ (وَسُنَّتِي أَوْ سُنَّةُ نَبِيِّهِ)، هَذَا وَهْمٌ وَظَنٌّ وَكَذِبٌ وَضَلَالٌ: أَوَّلُ أَئِمَّتِهِمْ، أَبُو بَكْرٍ وَأَيْضًا نَبِيُّهُمْ عُمَرُ، حَرَّقَا مَا كَانَ لَدَيْهِمْ مِنْ أَحَادِيْثِ رَسُولِ الله:

مُسْنَدُ الصِّدِّيْقِ (ر): قَالَ الْحَافِظُ عِمَادُ الدِّينِ بْنُ كَثِيْرٍ فِي مُسْنَدِ الصِّدِّيْقِ: الْحَاكِمُ أَبُو عَبْدِ اللهِ النَّيْسَابُورِيِّ، حَدَّثَنَا: بَكْرُ بْنُ مُحَمَّدٍ الصَّرِيْفِيْنِيُّ بْـﹺﹺﹺﹺﹺﹺﹺﹺﹺﹺمَرْوَ، حَدَّثَنَا: مُوسَى بْنُ حَمَّادٍ، ثَنَا: الْمُفْضَّلُ بْنُ غَسَّانَ، ثَنَا: عَلِيُّ بْنُ صَالِحٍ، حَدَّثَنَا: مُوسَى بْنُ عَبْدِ اللهِ بِن حَسَنٍ، عَنْ إِبْرَاهِيمَ بْنِ عَمْرٍو، عَنْ عُبَيْدِ اللهِ التَّيْمِيِّ، حَدَّثَنَا: الْقَاسِمُ بْنُ مُحَمَّدٍ، قَالَ: قَالَتْ عَائِشَةُ:

جَمَعَ أَبِي الْحَدِيثَ عَنْ رَسُولِ الله (ص) فَكَانَتْ خَمْسُمَائَةَ حَدِيْثٍ، فَبَاتَ لَيْلَةً يَتَقَلَّبُ كَثِيْرًا، قَالَتْ: فَغَمَّنِي، فَقُلْتُ: أَتَتَقَلَّبُ لِشَكْوَى أَوْ لِشَيْءٍ بَلَغَكَ، فَلَمَّا أَصْبَحَ، قَالَ: أَيْ بُنَيَّةُ هَلُمِّي الْأَحَادِيثَ الَّتِي عِنْدَكِ فَجِئْتُهُ خَشِيْتُ أَنْ أَمُوتَ وَهِيَ عِنْدَي فَيَكُوْنُ بِهَا، فَدَعَا بِنَارٍ فَأَحْرَقَهَا، وَقَالَ فِيهَا أَحَادِيْثُ عَنْ رَجُلٍ ائْتَمَنْتَهُ وَوَثَقْتُ بِهِ وَلَمْ يَكُنْ كَمَا حَدَّثَنِي، فَأَكُوْنُ قَدْ تَقَلَّدْتُ ذَلِكَ، وَقَدْ رَوَاهُ الْقَاضِي أَبُو أُمَيَّةَ الْأَحْوَصُ بْنُ الْمُفْضِلِ بْنِ عَنْ رَجُلٍ ائْتَمَنْتَهُ وَوَثَقْتُ بِهِ وَلَمْ يَكُنْ غَسَّانَ الْغِلَابِي عَنْ، عَنْ، عَنْ،

؟ يَا مُؤْمِنِي مَذَاهِبِ السَّقِيْفَةِ! عَنْ أَيِّ رَجُلٍ يَتَحَدَّثُ إِمَامُكُم إِكَمَا حَدَّثَنِي وَنَبِيُّكُم أَبُو بَكْرٍ؟ وَمَاذَا كَانَ رَأْي أُمِّكُم عَائِشَةَ فِي وَصْفِ أَبِيهَا لِرَسُولِ

الله؟ هَذَا الَّذِي تَأْتَمِنُوهُ عَلَى قَوْلٍ قَالَهُ أَوْ سُنَّةٍ سَنَّهَا، لَا يُمْكِنُ أَنْ يَكُونَ رَسُولُ اللهِ الْخَالِقُ الْبَارِئُ، وَلَنْ يَكُونَ أَبُو بَكْرٍ خَلِيفَةً لَهُ. رَسُولُكُم – الَّذِي صَدَّقَهُ صِدِّيقُهُ – لَا يُؤْتَمَنُ! وَرَسُولُ اللهِ الصَّادِقُ الأَمِينُ! وَأُمُّكُم عَائِشَةُ لَا شَكَّ فِي أَنَّهَا أُمُّ مُؤْمِنِي مَذَاهِبِ السَّقِيفَةِ! وَلَيْسَتْ أُمَّ مُؤْمِنِيْ أُمَّةِ مُحَمَّدٍ! هَذَا مَا جَاءَتْ بِهِ كُتُبُكُم إِنْ كُنْتُم تَقْرَؤُونَ!

يَقُولُ اللهُ: فَلَا أُقْسِمُ بِالْخُنَّسِ (15) الْجَوَارِ الْكُنَّسِ (16) وَاللَّيْلِ إِذَا ذِي (19)إِنَّهُ لَقَوْلُ رَسُولٍ كَرِيمٍ (18) عَسْعَسَ (17) وَالصُّبْحِ إِذَا تَنَفَّسَ وَمَا صَاحِبُكُمْ (21)مُطَاعٍ ثَمَّ أَمِينٍ (20)قُوَّةٍ عِنْدَ ذِي الْعَرْشِ مَكِينٍ بِمَجْنُونٍ (22) وَلَقَدْ رَآهُ بِالْأُفُقِ الْمُبِينِ (23) وَمَا هُوَ عَلَى الْغَيْبِ (26).. فَأَيْنَ تَذْهَبُونَ (25) بِضَنِينٍ (24) وَمَا هُوَ بِقَوْلِ شَيْطَانٍ رَجِيمٍ؟

لَابُدَّ هَنَا مِنَ التَّسَاؤُلِ وَالسُّؤَالِ؟! سُنَّةُ مَن؟ وَدِينُ مَن؟ وِمِن أَيْنَ جَاءَتْ سُنَّةُ أَصْحَابِ مَذَاهِبِ الَّذِين تَآمَرُوا فِي السَّقِيفَةِ؟ هَذَا إِمَامُهُم أَبُو بَكْرٍ، الَّذِي لَقَّبُوه بِالصِّدِّيقِ لِتَصْدِيقِهِ الرَّسُولَ، يَشْكُّ فِي صِدْقِ الرَّسُولِ! كَيْفَ إِسْتَوى هَذَا لَهُ وَلَكُمْ؟ بِالْأَخَصِّ الْأَسَاتِذَةُ، عُلَمَاءُ اللُّغَةِ! مَا بَالُكُم كَيْفَ تَحْكُمُونَ؟! قُلْ مَن رَّبُّ السَّمَاوَاتِ وَالْأَرْضِ قُلِ اللهُ قُلْ أَفَاتَّخَذْتُم مِّن دُونِهِ أَوْلِيَاءَ لَا يَمْلِكُونَ لِأَنْفُسِهِمْ نَفْعًا وَلَا ضَرًّا قُلْ هَلْ يَسْتَوِي الْأَعْمَى وَالْبَصِيرُ أَمْ هَلْ تَسْتَوِي الظُّلُمَاتُ وَالنُّورُ أَمْ جَعَلُوا لِلَّهِ شُرَكَاءَ خَلَقُوا كَخَلْقِهِ فَتَشَابَهَ الْخَلْقُ عَلَيْهِمْ قُلِ اللَّهُ خَالِقُ كُلِّ شَيْءٍ وَهُوَ الْوَاحِدُ الْقَهَّارُ.

(16) ... ﴿وَإِذَا قِيلَ لَهُمُ اتَّبِعُوا مَا أَنزَلَ اللَّهُ قَالُوا بَلْ نَتَّبِعُ مَا أَلْفَيْنَا عَلَيْهِ آبَاءَنَا أَوَلَوْ كَانَ آبَاؤُهُمْ لَا يَعْقِلُونَ شَيْئًا وَلَا يَهْتَدُونَ (170) وَمَثَلُ الَّذِينَ كَفَرُوا كَمَثَلِ الَّذِي يَنْعِقُ بِمَا لَا يَسْمَعُ إِلَّا دُعَاءً وَنِدَاءً صُمٌّ بُكْمٌ عُمْيٌ فَهُمْ لَا يَعْقِلُونَ﴾. (171) ...

هَذَا الْفِكْرُ التَّجْهِيلِيُّ لَمْ يَتْرُكْ شَيْئًا إِلَّا وَحَوَّرَهُ وَزَوَّرَهُ. الَّذِينَ يُسَمَّونَ عُلَمَاءَ يَسْتَمِيتونَ فِي تَعْطِيلِ الْعَقْلِ لِصَالِحِ النَّقْلِ الْمُحَوَّرِ الْمُزَوَّرِ. وَبِكُلِّ وَقَاحَةٍ يَتَسَاءَلُ سُفَهَاؤُهُم: هَلْ يُمْكِنُ أَنْ نَقُودَ حَيَاتَنَا بِعُقُولِنَا بَعِيدًا عَنِ الْوَحْيِ؟ إِبْحَثْ أَيُّهَا الْقَارِئُ الْكَرِيمُ عَنْ هَذَا الْعُنْوَانِ؟! وَأَيْضًا إِبْحَثْ عَنْ عُنْوَانٍ، النَّقْلُ مُقَدَّمٌ عَلَى الْعَقْلِ!

كَيْفَ نَقُودُ حَياتَنَا بِعُقُولِنَا بَعِيدًا عَنِ الوَحْيِ؟
النَّقْلُ مُقَدَّمٌ عَلَى العَقْلِ!

إِنَّ هَذِهِ المَخْلُوقَاتِ الَّتِي تُؤْمِنُ بِسُلْطَانِ النَّقْلِ أَوِ التَّقْلِيدِ عَلَى العَقْلِ، عُقُولُهَا فِي إِجَازَةٍ أَوْ أَنَّهَا مَخَدَّرَةٌ! فَالنَّقْلُ وَتَقْلِيدُ غَيْرِ المُطَهَّرِ هُوَ اتِّبَاعُ الإِنْسَانِ غَيْرَهُ فِيمَا يَقُولُ أَوْ يَفْعَلُ، مُعْتَقِدًا أَنَّ الحَقِيقَةَ فِيهِ، مِنْ غَيْرِ نَظَرٍ أَوْ تَأَمُّلٍ أَوْ تَفَكُّرٍ فِي الدَّلِيلِ، إِنَّ هَذَا المُتَّبَعْ۞، جَعَلَ قَوْلَ المُتَّبَعِ أَوْ فِعْلَهُ قِلَادَةً فِيْ عُنُقِهِ، أَوْ رَسَنًا فِي أَنْفِهِ، كَالبَهَائِمِ. وَالنَّقْلُ وَالتَّقْلِيدُ هُمَا قُبُولُ قَوْلِ الغَيْرِ بِلَا حُجَّةٍ وَلَا دَلِيلٍ، أَوْ حَتَّى تَفْكِيرٍ...

كَيْفَ يَرْضَى مُثَقَّفُو وَأَسَاتِذَةُ عُلُومِ اللُّغَةِ العَرَبِيَّةِ وَقَوَاعِدِهَا أَنْ يُعَطِّلُوا عُقُولَهُم، وَيُسَاقُوا كَالخِرْفَانِ وَرَاءَ أَعْرَابٍ جَهَلَةٍ، ذَهَبُوا إِلَى مَصِيرِهِم **هَلْ يُمْكِنُ أَنْ نَقُودَ**: مُنْذُ أَكْثَرَ مِنْ أَلْفِ عَامٍ؟! يَسْأَلُ ضَالٌّ مُضَلِّلًا **حَيَاتَنَا بِعُقُولِنَا بَعِيدًا عَنِ الوَحْيِ؟!** وَحْيُ مَنْ؟! وَحْيُ بْنِ تَيْمِيَّةَ الَّذِي رَأَى رَبَّهُ: "رَأَيْتُ رَبِّي فِي المنامِ فِي صورةِ شابٍّ مُوَقَّرٍ فِي خَضِرٍ، عَلَيْهِ نَعْلَانِ مِنْ ذَهَبٍ، وَعَلَى وَجْهِهِ فَرَاشٌ مِنْ ذهبٍ.

أَشْفَقُ عَلَى المَسَاكِينِ أَلَّذِينَ تَعَلَّمُوا فَكَّ الحَرْفِ وَظَنُّوا أَنَّهُم أَصْبَحُوا مُتَعَلِّمِينَ وَعُلَمَاءَ، وَمَعَهُم أَيْضًا الجَهَلَةُ الَّذِينَ حُشِروا فِي زَرَائِبِ **هَلْ يُمْكِنُ**: المَذَاهِبِ! مَخْلُوقَاتٌ تَقْرَأُ وَتَفْقَهُ بِعُقُولِ غَيْرِهَا! إِنَّ مَقُولَةَ

أَنْ نَقُودَ حَيَاتَنَا بِعُقُولِنَا بَعِيدًا عَنِ الوَحْيِ؟ يَنْضَحُ مِنْهَا السُّمُّ الَّذِي يُوحِي أَنَّ مَا جَاءَ بِهِ أَئِمَّةُ الضَّلَالِ مِنْ تَفَاسِيرَ مُضَلِّلَةٍ لِلْقُرْآنِ، وَأَنَّ مَا وَضَعُوهُ وَصَنَّفُوهُ مِنْ أَحَادِيثَ رَسُولِ اللهِ، وَحْيًا! هَلْ يَكُونُ هَذَا وَحْيًا وَإِنْ كَانَ خُرَافَةً، أَوْ خَالَفَ قَوَاعِدَ اللُّغَةِ وَالعَقْلِ؟! وَحْيٌ يَجِبُ تَصْدِيقُهُ وَالعَمَلُ بِهِ؟! هَذَا إِنْ مَرَّ عَلَى السُّذَّجِ، كَيْفَ يَمُرُّ عَلَى مَنْ يَدَّعُونَ العِلْمَ؟

عُلَمَاءُ النَّفْسِ الأَسَاتِذَةُ الَّذِينَ يُحَاضِرُونَ فِي الجَامِعَاتِ وَالكُلِّيَاتِ مِنَ الأَعْرَابِ، كَيْفَ يُفَسِّرُونَ هَذِهِ الظَّاهِرَةَ: جُمُوعٌ حَاشِدَةٌ فِي مُصَلَّى لِأَتْبَاعِ نُزَلَاءِ السَّقِيفَةِ، يَتَشَدَّقُونَ: صَلُّوا عَلَى حَبِيبِكُمُ النَّبِيِّ؛ صَلَّ اللهُ بَعْدَهَا يَصْعَدُ الخَطِيبُ إِعَلَيْهِ وَسَلَّم، صَ، صَ، صَ، صَ اللهُ عَلَيْهِ وَسَلَّم يَبْدَأُ الخَطِيبُ فِي إِلْقَاءِ قَصِيدَةِ حَافِظِ إِبْرَاهِيمَ، االمِنْبَرَ! صَلُّوا عَلَيْهِ تُرْفَعُ التَّكْبِيرَاتُ، وَعِنْدَمَا يَنْهَقُ بِالْبَيْتِ التَّالِي:

حَرَّقْتُ دَارَكَ لَا أُبْقِي عَلَيْكَ بِها   إِنْ لَمْ تُبَايِعْ وَبِنْتُ المُصْطَفَى فِيهَا

يَضِجُّ المَكَانُ بِالتَّصْفِيقِ الحَارِّ، وَيَقِفُ الجَمِيعُ، وَالكُلُّ مُغْتَبِطٌ مَزْهُوٌّ فَخُورٌ مُنْتَشٍ، يَنْهَقُونَ بِأَعْلَى الأَصْوَاتِ: تَكْبِير! تَكْبِير!! إِنَّ الَّذِي يُشَكِّكُ أَوْ يُحَاوِلُ أَنْ يُقَلِّلَ مِنْ أَهَمِّيَةِ هَذَا التَّصَرُّفِ مُنَافِقٌ مُضَلِّلٌ كَذَّابٌ. هَذِهِ حَقِيقَةُ هَذِهِ المَذَاهِبِ الَّتِي (**تَجَامَعَتْ**) فِي الزَّرِيبَةِ ثُمَّ أَنْجَبَتْ مَا يُولَدُ فِي الزَّرَائِبِ.

إِنَّ الَّذِينَ يَسْتَنْكِرُونَ هَذَا التَّوصِيفَ مُضَلَّلُون، وَكَانَ أَجْدَرَ بِهِمْ أَنْ

يَسْتَنْكِرُوا الفِعْلَ، وَلَكِنَّهُم خَرَجُوا مِنْ دِيْنِ اللهِ وَرَسُولِهِ! فَالسَّاكِتُ عَنِ الحَقِّ شَيْطَانٌ أَخْرَسُ! إِنَّ نِتَاجَ هَذِهِ المَذَاهِبِ نِتَاجُ مَا أُجْتُرَّ فِي الزَّرِيْبَةِ، لاَ يَصْلُحُ لِلإسْتِهْلاَكِ الإِنْسَانِيِّ!

هَذِهِ المَخْلُوقَاتُ تَنْهَقُ فِي القَتْلِ تَكْبِيْرٌ! فِي الإغْتِصَاب! تَكْبِيْرٌ! فِي تَفْجِيرِ المَسَاجِدِ والكَنَائِسِ وَدُورِ العِبَادَةِ، وَالأَمَاكِنِ الحَضَارِيَّةِ وَالثَّقَافِيَّةِ تَكْبِيْرٌ، تَكْبِيْرٌ! يَعْتَبِرُونَ الأَمَاكِنَ الَّتِي يُفَجِّرُونَهَا لَيْسَتْ مِنْ أَساسِيَّاتِ المُجْتَمَعَاتِ البَشَرِيَّةِ أَوِ الإِنْسَانِيَّةِ! هَؤُلاءِ المُكَبِّرُونَ يَتَعَبَّدُونَ وَيُكَبِّرُونَ إِلَهًا أَطْرَشَ (والعِيَاذُ بِاللهِ)، وَيَتَّبِعُونَ نَبِيًّا سَاذِجًا بَسِيطًا يُخْطِئُ وَيُصِيْبُ (حَاشَا رَسُولَ اللهِ)، وَيَؤُمُّهُم قَادَةُ زَرَائِبَ! مَبْرُوكٌ عَلَيْكُم سَعْيُكُم! بِالعَقْلِ أَعْلَمُ أَنَّ لا أَحَدَ مِنَ المَخْلُوقَاتِ يُرِيْدُ أَو يُحِبُّ أَنْ يُنَافِسَكُم عَلَى جَنَّتِكُم الَّتِي تَتَسَابَقُونَ إِلَيْهَا بِالقَتْلِ وَالتَّحْرِيقِ وَالتَّدْمِيرِ، حَتَّى قَتْلِ كَرِيْمَةِ المُصْطَفَى سَيِّدَةِ نِسَاءِ العَالَمِيْنَ، وَبَعْلِهَا، وَأَبْنَائِهَا، وَأَحْفَادِهَا! وَإِلَى يَوْمِنَا هَذَا، لَمْ يَسْلَمْ مِنْ أَحْفَادِهَا أَحَدٌ! جَنَّتُكُم الَّتِي وَعَدَكُم إِيَّاهَا أَئِمَّتُكُم، لَا نُنَافِسُكُم عَلَيْهَا! نَحْنُ نَكْفُرُ بِكُم، وَنُهَنِّئُكُم عَلَى مَا أَنْتُم فِيْهِ، وَلَكِنَّنَا نُرِيْدُ أَنْ نَتَعَايَشَ مَعَكُم، وَلَكِنْ بِمَا أَمَرَ القُرآنُ الَّذِي تَدَّعُونَ أَنَّهُ الوَحْيُ الذِي بِهِ تَهْتَدُونَ! عَامِلُونَا بِمَا أَمَرَكُم القُرآنُ فِي هَذِهِ الآيَةِ المُبَارَكَة: بِسْمِ اللهِ الرَّحْمَنِ الرَّحِيْمِ، قُلْ يَأَيُّهَا الكَّفِرُونَ (1) لَا أَعبُدُ مَا تَعبُدُونَ (2) وَلَا أَنتُم عَبِدُونَ مَا أَعبُدُ (3) وَلَا أَنَا عَابِدٌ مَا عَبَدتُّم (4) وَلَا أَنتُم عَبِدُونَ مَا أَعبُدُ (5) لَكُم دِينُكُم وَلِيَ دِينِ (6)! يُمْكِنُ لِعُلَمَائِكُم

أَنْ يُلاحِظُوا أَنَّ آيَةَ بِسْمِ اللهِ الرَّحْمَنِ الرَّحِيمِ لَمْ أُرَقِّمْهَا. لِأَنَّ هَذِهِ الآيَةُ لَا تَعْتَبِرُونَهَا مِنَ سُوَرِ القُرْآنِ، إحْتَرَمْتُ عَقَائِدَكُمْ! لِأَنَّ اسْمَ اللهِ يُرْعِبُكُمْ!

هَذِهِ الآيَاتُ وَاضِحَاتٌ تَقُولُ لَكُمْ أنَّ هَنَاكَ مَنْ لَا يَتَّفِقُ مَعَكُم مِن النَّاسِ لَهُم دِينُهُم وَلَكُم دَيْنُكُم!! كَفَى عَرْبَدةً دَعُوا الخَلْقَ لِلخَالِقِ، عِيْشُوا فِي زَرَائِبُكُم، وَاجْتَرُّوا مَا طَابَ لَكُم مِن عَنْعَنَاتِ أَنْبِيائِكُم وَأَئِمَّتِكُم! وَارْفَعُوا أَبْدِيَكُم عَنْ هَذَا الدِّينِ! لَفَظَكُم النَّاسُ، وَاشْتَدَّتِ العَدَاوَةُ وَالبَغْضَاءُ بَيْنَكُم وَبَيْنَ سُكَّانِ العَالَمِ! مِلْيَارَانِ مِنَ المَخْلُوقَاتِ تُعَدُّونَ، وَقِيمَتُكُم بَيْنَ الأُمَمِ أَقَلُّ مِن مِلْيَارَيْ طَيْرٍ مِنَ الدَّجَاجِ! فَقَطْ فِي هَذَا العَصْرِ، دَمَّرْتُم إِيْرَانَ وَالعِرَاقَ، وَأَنْتُم تُقَاقُونَ فَرَحًا كَالفِرَاخِ؛ تَكْبِيْرْ! ثُمَّ ذَبَحْتُم سُكَّانَ الكُوَيْتِ الَّذِين قَاقُوا تَكْبِيْرًا مَعَكُم وَشَارَكُوكُم وَدَعَمُوكُم فِي جَمِيع مَا سَبَقَ، وَمَا تَلَى مِن مَجَازِرَ فِي بَاقِي دُوَلِ الأعْرَابِ! وَمِن قَبْلُ دَمَّرْتُم لُبْنَانَ! وَمِن بَعْدُ دَمَّرْتُمُ العِرَاقَ، وَقَضَيْتُم عَلَى مَلَايِينِ القَتْلَى وَالشُّهَداءِ، (قَالَ الرَّسُولُ عَنِ العِرَاقِ أَنَّهُ أَرْضٌ مُبَارَكَةٌ وَمِنْ أَعْظَمِ مَا اخْتَارَهُ اللهُ مِن أَرْضِهِ). وَحِينَ دَمَّرْتُمُ العِرَاقَ، عَرْبَدْتُم تَكْبِيْرْ!

وَمِنْ بَعْدُ أَحْرَقْتُمْ سُورِيَا الَّتِي ذَكَرَهَا رَسُولُ اللهِ: (إِنِّي رَأيتُ كَأَنَّ عَمُودَ الكِتَابِ انتُزِع مِن تَحتِ وِسَادَتِي، فَأَتْبَعْتُهُ بِصَرِي، فَإِذَا هُوَ نُورٌ سَاطِعٌ، عُمِدَ بِهِ إِلَى الشَّامِ، أَلَا وَإِنَّ الإِيمَانَ إِذَا وَقَعَتِ الفِتَنُ، بِالشَّامِ! تَكَالَبَتْ عَلَى سُورِيَا وُحُوشُ الكَوْنِ، وَأَنْتُم مَعَهُم تَنْبُحُونَ: تَكْبِيْرْ!

ثُمَّ جَاءَ مِنْ بَعْدِ سُورِيَا لِيبِيَا المَظْلُومَةُ تَكَالَبَ عَلَى لِيبِيَا شُذَّاذُ الآفَاقِ وَمِنْ بَيْنِهِمْ أَنْتُمْ أَيُّهَا الأَعْرَابُ الَّذِينَ رَقَصُوا فَوقَ جَثَثِ شُهَدَائِهَا يُغَنُّونَ سَكْرَى مِنَ النَّشْوَةِ بِكُلِّ اللُّغَاتِ، حَتَّى اللُّغَةِ التُّرْكِيَّةِ، تَكبِير! اَللَّائِحَةُ تَطُولُ وَيَسْتَمِرُّ غِنَاءُ الدَّوَاجِنِ عَلَى جُثَثِ المَظْلُومِينَ، (تَكْبِير) فِي كُلِّ بُقْعَةٍ مِنَ الأرضِ دَخَلَتْها جَحَافِلُ جُيُوشِ الزَّرِيبَةِ، تَكبِير! تَكبِير مَن؟ *إِنْ قُلْتُمُ اللهَ، كَذَبْتُمْ!*

إِنَّ اللهَ مَصْدَرُ الحَيَاةِ وَمَنْبَعُ الرَّحْمَةِ وَالحُبِّ! أَمَّا أَنْتُمْ!؟ ... فَأَنْتُمْ!! عَلَيْهِ وَسَلَّمَ! اللهُ وَرَسُولُهُ بُرَآءٌ مِنْكُمْ! وَمَا أَرْسَلْنَاكَ (تُصَاصُونَ) وَعِنْدَمَا إِلا كَافَّةً لِلنَّاسِ بَشِيرًا وَنَذِيرًا وَلَكِنَّ أَكْثَرَ النَّاسِ لا يَعْلَمُونَ! وَمَا أَرْسَلْنَاكَ إِلَّا مُبَشِّرًا وَنَذِيرًا! وَمَا أَرْسَلْنَاكَ إِلا رَحْمَةً لِلْعَالَمِينَ! أَيْنَ أنْتُمْ أَيُّهَا **المُصَاصُونَ** مِن رَحْمَةِ اللهِ وَرَسُولِهِ!

أَيُّهَا القَارِئُ الكَرِيمُ، لَا أَدْرِي إِنْ كُنْتُ قَدْ أَطَلْتُ... وَاللهِ لَعَذَرْتَنِي لَو اطَّلَعْتَ عَلَى قَلْبِي وَعَلَى حَجْمِ الحُزْنِ وَالأَسَى عَلَى مَا حَلَّ بِالخَلْقِ مِنْ ظُلْمٍ وَقَتْلٍ وَتَنْكِيلٍ مُنْذُ اخْتَطَفَ أَعْدَاءُ اللهِ رِسَالَةَ المَحَبَّةِ وَالسَّلامِ الَّتِي جَاءَ بِهَا رَسُولُ الإِنْسَانِيَّةِ، وَحَوَّلُوهَا وَحُوشُ الزَّرِيبَةِ إِلَى سُنَّةٍ بَهِيمِيَّةٍ. القَوِيُّ يَغْزُو الضَّعِيفَ. حَتَّى أَحْرَقَتْ نِيرَانُ غَدرِ انَ هَؤُلَاءِ كُلَّ شَيءٍ! فَبَاتُوا أَحْقَرَ مَن يَدُبُّ عَلَى رِجْلَيْنِ...

أَلتَّارِيْخُ الْخَفِيُّ لِلْأَحَادِيْثِ! "يَدَّعُونَ" مَنْعَ الرَّسُوْلِ كِتَابَةَ السُّنَّةِ، وَلَكِنَّهُم يَكْتُبُون!

لَمْ يَشَأِ النَّبِيُّ أَنْ تَكُوْنَ بَيْنَ النَّاسِ صُحُفٌ فِيْهَا كَلَامٌ غَيْرَ كَلَامِ اللهِ! لَوْ كَانَ هَذَا الْكَلَامُ هُوَ كَلَامَ رَسُوْلِ اللهِ شَخْصِيًّا؟! وَعَلَيْهِ، كَيْفَ وَلِمَاذَا جَرَى تَدْوِيْنُ الْحَدِيْثِ؟! وَمَا هُوَ تَارِيْخُ هَذَا التَّدْوِيْنِ الَّذِي يَخْفَى عَلَى كَثِيْرِيْنَ مِنَ النَّاسِ؟!

جَاءَ فِي ((صَحِيْحِ)) مُسْلِمٍ، عَنْ أَبِي سَعِيْدٍ الْخُدْرِيِّ، أَنَّ النَّبِيَّ قَالَ: لَا تَكْتُبُوا عَنِّي، وَمَنْ كَتَبَ عَنِّي غَيْرَ الْقُرْآنِ فَلْيَمْحُهُ! هَلْ كَانَ هَذَا الْمُسَمَّى مُسْلِمًا، مُسْلِمًا؟! يَقُوْلُ رَسُوْلُ اللهِ لَا تَكْتُبُوا عَنِّي غَيْرَ الْقُرْآنْ۝، وَهَذَا - الْمُسَمَّى مُسْلِمًا - يَنْشُرُ عَنْ۝ الرَّسُوْلِ مَا هُوَ غَيْرُ الْقُرْآنِ!! وَيَدَّعِي مُسْلِمُو مَذَاهِبِ السَّقِيْفَةِ أَنَّ فِي ((صَحِيْحِ مُسْلِم)) سُنَّةَ اللهِ وَرَسُوْلِهِ!!؟ أَيِّ إِلَهٍ وَأَيَّ رَسُوْلٍ؟! يَدَّعِي أَبُو سَعِيْدٍ الْخُدْرِيِّ (كَمَا يَزْعَمُوْنَ) أَنَّ النَّبِيَّ نَهَى عَنْ كِتَابَةِ سُنَّتِهِ! وَعُلَمَاءُ مَذَاهِبِ السَّقِيْفَةِ يَكْتُبُوْنَ؟!

مُسْلِمٌ، الْمُسْتَغْرِبُ هَذَا، هُوَ أَبُو الْحُسَيْنِ مُسْلِمُ بْنُ الْحَجَّاجِ۝ بْنِ مُسْلِمِ بْنِ وَرْدِ بْنِ كُوشَاذَ الْقُشَيْرِيِّ النَّيْسَابُوْرِيِّ (206 هـ - 25 رَجَب 261 هـ) / (822 م - 6 يُولْيُو 875 م)، هُوَ مِنْ أَهَمِّ عُلَمَاءِ الْحَدِيْثِ النَّبَوِيِّ عِنْدَ أَهْلِ السُّنَّةِ وَالْجَمَاعَةِ لِمَذَاهِبِ السَّقِيْفَةِ، وَهُوَ مُصَنِّفُ كِتَابِ

كُتُبِ الْحَدِيثِ بَعْدَ صَحِيحٍ {أَصَحَّ} ((صَحِيحُ مُسْلِمٍ)) الَّذِي يُعْتَبَرُ ثَانِيَ الْبُخَارِيِّ، أَلْمُصَنَّفِ أَصَحَّ الْكُتُبِ!؟

يَا سَلَامُ! كَيْفَ تُصَنَّفُ صِحَّةُ الْكُتُبِ؟ أَيُّهَا النَّاسُ، هَلْ الْحَقِيقَةُ تُصَنَّفُ؟ ثُلُثُ الْحَقِيقَةِ، نِصْفُهَا، رُبْعُهَا!؟ وَمَنْ يُصَنِّفُهَا؟ وَكَيْفَ هَذَا إِذَا كَانَ زَعْمُهُم أَنَّ الرَّسُولَ قَدْ نَهَى عَنِ النَّقْلِ عَنْهُ، صَحِيحًا كَمَا يَدَّعُون، كَيْفَ تَجَرَّؤُوا عَلَى مَعْصِيَةِ الرَّسُولِ، وَاللَّهُ يَقُولُ: قُلْ أَطِيعُوا اللهَ وَأَطِيعُوا الرَّسُولَ فَإِن تَوَلَّوْا فَإِنَّمَا عَلَيْهِ مَا حُمِّلَ وَعَلَيْكُم مَّا حُمِّلْتُمْ وَإِن تُطِيعُوهُ تَهْتَدُوا وَمَا عَلَى الرَّسُولِ إِلَّا الْبَلَاغُ الْمُبِينُ (54). أَشْهَدُ أَمَامَ اللهِ أَنَّ الرَّسُولَ قَدْ بَلَّغَ، وَأُشْهِدُ التَّارِيخَ أَنَّ كُلَّ مَن شَارَكَ فِي مُؤَامَرَاتِ السَّقِيفَةِ لَم يَهْتَدِ، وَقَدْ عَصَى اللهَ وَالرَّسُولَ!

وَجَاءَ فِي سُنَنِ التِّرْمِذِيِّ، ((وُلِدَ الْمُسْتَعْرِبُ التِّرْمِذِيِّ فِي الْعَقْدِ الْأَوَّلِ مِنَ الْقَرْنِ الثَّالِثِ الْهِجْرِيِّ، فِي سَنَةِ 209 هـ. فِي تِرْمِذَ وَإِلَيْهَا يُنْسَبُ، وَتِرْمِذُ مَدِينَةٌ عَظِيمَةٌ وَاسِعَةٌ فِي خُرَاسَانَ.)) يَقُولُ التِّرْمِذِيِّ عَنْ أَبِيْ سَعِيدٍ الْخُدْرِيِّ أَيْضًا، ((وَقَدْ وُلِدَ أَبُو سَعِيدٍ سَعْدُ بْنُ مَالِكِ بْنِ سِنَانَ بْنِ ثَعْلَبَةَ بْنِ عُبَيْدِ بْنِ الْأَبْجَرِ خَذْرَةُ بْنُ عَوْفِ بْنِ الْحَارِثِ بْنِ الْخَزْرَج قَبْلَ هِجْرَةِ النَّبِيِّ مُحَمَّدٍ إِلَى يَثْرِب بِعَشْرِ سِنِيْنَ، وَهُوَ مِنْ شُهَدَاءِ غَزْوَةِ أُحُدَ.)) هَذَا يَعْنِي إِنْ صَدَقَ الرَّاوِي، أَنَّهُ بَيْنَ الرَّاوِي وَالْمَرْوِيِّ عَنْهُ قَرْنَانِ أَوْ أَكْثَرَ مِنَ الزَّمَنِ، أَنَّهُ قَالَ: اسْتَأْذَنَّا النَّبِيَّ ۞ فِي الْكِتَابَةِ فَلَمْ يَأْذَنْ

لَنَا!؟ وَلَكِنَّهُمْ كَتَبُوا عَنْ، عَنْ، عَنْ، عَنْ، زِيَادَةً فِي مَعْصِيَةِ النَّبِيِّ، وَإِمْعَانًا فِي التَّزْوِيرِ!

وَيَنْقُلُ المُسْتَعْرِبُ ((الإِمَامُ أَحْمَدُ بْنُ حَنْبَلٍ أَلَّذِي وُلِدَ فِي رَبِيعِ الأَوَّلِ سَنَةَ 164 هـ، أَلَّذِي قِيلَ أَنَّهُ وُلِدَ فِي مَنْطَقَةِ مَرْوَ بِخُرَسَانَ مَشْرِقِ الدَّوْلَةِ الإِسْلَامِيَّةِ، وَقِيلَ أَنَّهُ وُلِدَ فِي بَغْدَادَ وَكَانَتْ أُمُّهُ حَامِلاً بِهِ لَمَّا وَصَلَتْ إِلَى مَدِينَةِ السَّلَامِ، وَهَذَا القَوْلُ هُوَ الرَّاجِحُ عِنْدَ جُمْهُورِ المُؤَرِّخِينَ.))

أَحْمَدُ بْنُ حَنْبَلٍ يَقُولُ فِي مُسْنَدِهِ ((عَنْ أَبِي هُرَيْرَةَ فِي صَحِيحِ البُخَارِيِّ، أَصْدَقُ الكُتُبِ بَعْدَ القُرآنِ – فِي النَّفَقَاتِ – وُجُوبُ النَّفَقَةِ عَلَى الأَهْلِ وَالعِيَالِ – حَدِيثٌ رَقْمُ: 4963. – يَقُولُ عَنْ أَبِي هُرَيْرَةَ: حَدَّثَنَا عُمَرُ بْنُ حَفْصٍ حَدَّثَنَا أَبِي حَدَّثَنَا الأَعْمَشُ حَدَّثَنَا أَبُو صَالِحٍ قَالَ حَدَّثَنِي أَبُو هُرَيْرَةَ (ر) قَالَ: قَالَ النَّبِيُّ (ص) أَفْضَلُ الصَّدَقَةِ مَا كَانَ عَنْ ظَهْرِ غِنِيٍّ، وَاليَدُ العُلْيَا خَيْرٌ مِنَ اليَدِ السُّفْلَى، وَابْدَأْ بِمَنْ تَعُولُ، تَقُولُ المَرْأَةُ إِمَّا أَنْ تُطْعِمَنِي وَإِمَّا أَنْ تُطَلِّقَنِي، وَيَقُولُ العَبْدُ أَطْعِمْنِي وَاسْتَعْمِلْنِي، وَيَقُولُ الإِبْنُ أَطْعِمْنِي، إِلَى مَنْ تَدَعُنِي؟ فَقَالُوا يَا أَبَا هُرَيْرَةَ، أَسَمِعْتَ هَذَا مِنْ رَسُولِ اللهِ (ص)؟ قَالَ لَا هَذَا مِنْ كِيسِ أَبِي هُرَيْرَةَ!

أَسْأَلُ أَيُّهَا القَارِئُ الكَرِيمُ وَأُرِيدُكَ أَنْ تَسْأَلَ مَعِي، عُلَمَاءَ مَذَاهِبِ السَّقِيفَةِ: هَلْ مَازَالَ حَدِيثُ أَبِي هُرَيْرَةَ: مَنْ أَكَلَ مِنْ بَصَلٍ عَكَّا كَأَنَّمَا

زَارَ مَكَّة، فَاعِلًا؟ إِنْ قُلْتُم نَعَمْ سَارِعُوا إِلَى عَكَّا وَكُلُوا وَأَطْعِمُوا مِن بَصَلِهَا؟!

عَنْ أَبِي هُرَيْرَةَ: أَنَّ النَّبِيَّ حِينَ سَمِعَ مِنْهُمْ مَا يَكْتُبُونَهُ غَضِبَ وَقَالَ: "أَكِتَابٌ غَيْرَ كِتَابِ اللهِ؟ امْحَضُوا كِتَابَ اللهِ، وَأَخْلِصُوه". قَالَ أَبُو هُرَيْرَةَ: فَجَمَعْنَا مَا كَتَبْنَا فِي صَعِيدٍ وَاحِدٍ، ثُمَّ أَحْرَقْنَاهُ بِالنَّارِ.

يَا أَبَا هُرَيْرَةَ، إِذَا كَانَ الرَّسُولُ قَدْ غَضِبَ وَنَهَاكُمْ يَا نُزَلَاءَ الزرِيْبَة عَنِ التَّحَدُّثِ عَنْهُ، وَحَرَّقَ أَبُو بَكْرٍ وَعُمَرُ وَعُثْمَانُ وَأَنتَ أَيْضًا، حَرَّقْتُمْ سُنَّةَ الرَّسُولِ؛ إِذًا هِيَ سُنَّةُ مَنْ، هَذِهِ السُّنَّةُ الَّتِي جَعَلَتْ مِنَ الشَّيَاطِين أَنْبِيَاءَ وَمَلَائِكَةُ يُضَاهُونَ قُدْسِيَّةَ الرَّسُولِ وَالرِّسَالَةِ؟! فَقَدْ رَوَى أَبُو هُرَيْرَةَ فِي كُتُبِ هَذِهِ السُّنَّةِ: 5,374 حَدِيثًا... سَتَلْقَوْنَهَا مِنَ اللهِ!!!

أَمَرَ الرَّسُولُ بِكِتَابَةِ السُّنَّةِ، وَكَانُوا يُحَرِّقُونَهَا!؟

بِالرَّغْمِ مِنْ نَهْيِ النَّبِيِّ الْوَاضِحِ - فِي سُنَّةِ مَذَاهِبِ السَّقِيْفَةِ - عَنْ كِتَابَةِ أَحَادِيْثِهِ، إِلَّا أَنَّ هُنَاكَ رِوَايَاتٍ - فِي سُنَّةِ نُزَلَاءِ السَّقِيْفَةِ - مُؤَيِّدَةٌ لِلتَّدْوِيْنِ!

فَقَدْ رَوَى - صَاحِبُ أَصْدَقِ كِتَابٍ بَعْدَ الْقُرْآنِ، كَمَا تَدَّعِي سُنَّةُ نُزَلَاءِ السَّقِيْفَةِ - الْبُخَارِيُّ، أَنَّ النَّبِيَّ خَطَبَ فِيْ فَتْحِ مَكَّةَ، فَطَلَبَ رَجُلٌ مِنَ النَّبِيِّ أَنْ يَكْتُبُوا لَهُ الْخُطْبَةَ، فَقَالَ النَّبِيُّ: اكْتُبُوا لِأَبِي شَاهٍ.

وَأَيْضاً فِي الْبُخَارِيُّ، عَنْ أَبِي هُرَيْرَةَ أَنَّ عَبْدَ اللهِ بِنَ عَمْرٍ وَأَكْثَرُ حَدِيْثاً مِنْهُ، لِأَنَّهُ كَانَ يَكْتُبُ! يَا سَلَامُ، هَذِهِ الْمَعْلُومَاتُ الْمُتَضَارِبَةُ يَجِبُ أَنْ تُكْتَبَ بِالذَّهَبِ عَلى أَبْوَابِ مَسَاجِدِ جَمِيعِ أَهْلِ السُّنَّةِ وَالْجَمَاعَةِ!

أَعْذُرِنِي أَيُّهَا الْقَارِىءُ الْكَرِيْمُ، عِنْدَمَا يَخْطُرُ بِبَالِي، أَوْ أَقْرَأُ أَسْمَاءَ أَصْنَامِ نُزَلَاءِ السَّقِيْفَةِ، وَغْضَبُ لِرَسُولِ الإِنْسَانِيَةِ، وَفِي كَثِيْرٍ مِنَ الأَحْيَانِ أُحَاوِلُ أَنْ أَفَتِّشَ لِنُزَلَاءِ السَّقِيْفَةِ عَنْ عُذْرٍ. يَأْتِي الْعُذْرُ أَقْبَحَ مِنَ الذَّنْبِ...

وَقَالَ الْعَسْقَلَانِيُّ: وَيُسْتَفَادُ مِنْهُ أَنَّ النَّبِيَّ أَذِنَ فِي كِتَابَةِ الْحَدِيْثِ عَنْهُ، وَجَاءَ فِي الْمُسْتَدْرَكِ عَلَى الصَّحِيْحَيْنِ عَنْ عَبْدِ اللهِ بِنِ عَمْرٍو، أَنَّهُ سَأَلَ النَّبِيَّ أَنْ يَكْتُبَ مَا يَسْمَعُهُ مِنْهُ فِي كُلِّ أَحْوَالِهِ، فَأَجَابَ النَّبِيُّ: نَعَمْ، إِنَّهُ لَا يَنْبَغِي لِي أَنْ أَقُوْلَ إِلَّا حَقّاً. وَعَلَّقَ الْمُفَكِّرُ أَحْمَدُ أَمِين فِي كِتَابِهِ

"فَجْرُ الإِسْلَامِ" قَائِلًا: أَرَادَ بَعْضُ الْعُلَمَاءِ التَّوْفِيقَ بَيْنَ هَذِهِ الأَحَادِيثَ الْمُتَضَارِبَةَ فَقَالُوا:

إِنَّ النَّهْيَ عَنِ الْكِتَابَةِ كَانَ وَقْتَ نُزُولِ الْقُرْآنِ خِشْيَةَ الْتِبَاسِ الْقُرْآنِ بِالْحَدِيثِ. لَكِنْ مُحَمَّدَ رَشِيدُ رِضَا دَافِعٌ عَنْ أَنَّ النَّبِيَّ لَمْ يَأْمُرْ بِتَدْوِينِ السُّنَّةِ، وَقَالَ: أَقْوَى هَذِهِ الأَخْبَارِ مِنْ حَيْثُ صِحَّتِهَا حَدِيثُ أَبِي سَعِيدٍ الْخُدْرِيِّ عَنِ الرَّسُولِ النَّاهِي عَنِ الْكِتَابَةِ، وَلَا تُعَارِضُهُ بَقِيَّةُ الأَخْبَارِ، وَلَا تَقُومُ حُجَّةٌ لِضَعْفِهَا، وَإِنْقِطَاعِ أَسَانِيدِهَا. لَكِنَّ الشَّيْخَ مُحَمَّدًا أَبَا زَهْوَ يَعْتَبِرُ أَنَّ حَدِيثَ أَبِي سَعِيدٍ مَوْقُوفٌ عَلَيْهِ وَلَيْسَ مِنْ كَلَامِ الرَّسُولِ، قَالَ: "حَتَّى إِذَا ذَهَبْنَا إِلَى أَنَّ هَذَا الْحَدِيثَ مَرْفُوعٌ إِلَى النَّبِيِّ فَالَّذِي نَمِيلُ إِلَيْهِ وَنَسْتَظْهِرُهُ هُوَ أَنَّ آخِرَ الأَمْرَيْنِ مِنْ رَسُولِ الله هُوَ الإِذْنُ بِكِتَابَةِ الْحَدِيثِ!؟ (هَذِهِ طَبْخَةٌ الْمَقْلُوبَة).

يَا سَلَام. تَصْفِيقٌ حَارٌّ هَذَا وَاقِعُ إِسْلَامِ السَّقِيفَةِ! أَيُّهَا الْقَارِئُ الْكَرِيمُ. هَلْ نَهَى الرَّسُولُ عَنْ كِتَابَةِ مَا يَقُولُهُ، وَلِمَاذَا؟ أَمْ صَرَّحَ بِالْكِتَابَةِ، وَلِمَاذَا؟ أَمْ لَمْ يُصَرِّحْ أَوْ يَنْهَ وَلِمَاذَا؟ طَبْعًا، إِنَّهَا سُنَّةُ اللِّي مَا فِهِمْش حَاجَه!

ماشاء الله

أَبُو بَكْرٍ يُحَرِّقُ كُتُبَ الأَحَادِيثِ!

تُشِيرُ أَخْبَارٌ كَثِيرَةٌ مُنْتَشِرَةٌ بَيْنَ ثَنَايَا كُتُبِ التَّارِيخِ القَدِيمَةِ إِلَى أَنَّ رَفْضَ كِتَابَةِ الأَحَادِيثِ اسْتَمَرَّ بَعْدَ وَفَاةِ النَّبِيِّ، فِي عَهْدِ الخُلَفَاءِ الرَّاشِدِينَ، مَا يُضَعِّفُ حُجَّةَ القَائِلِينَ بِأَنَّ النَّبِيَّ عَادَ وَسَمَحَ بِكِتَابَةِ كَلَامِهِ مِنْ غَيْرِ القُرْآنِ. فَقَدْ نَهَى الخَلِيفَةُ الأَوَّلُ أَبُو بَكْرٍ عَنْ كِتَابَةِ الحَدِيثِ. رَوَتْ عَائِشَةُ، حَسْبَمَا جَاءَ فِي "تَذْكَرَةِ الحُفَّاظِ" لِلْإِمَامِ الذَّهَبِيِّ، أَوْرَدَ المُحِبُّ الطَّبَرِيُّ (ت 694 هـ) فِي (الرِّيَاضِ النَّضِرَةِ). وَفِي (كَنْزِ العُمَّالِ فِي مُسْنَدِ الصِّدِّيقِ). وَقَدْ رَوَاهُ القَاضِي أَبُو أُمَيَّةَ الأَحْوَصُ بْنُ المُفَضَّلِ بْنِ غَسَّانِ الغُلَابِيِّ، عَنْ أَبِيهِ: أَنَّ أَبَا بَكْرٍ جَمَعَ عَنِ النَّبِيِّ خَمْسَمِئَةِ حَدِيثٍ، ثُمَّ بَاتَ لَيْلَتَهُ يَتَقَلَّبُ، وَلَمَّا أَصْبَحَ قَالَ لِعَائِشَةَ: أَيْ بُنَيَّةُ هَلُمِّي الأَحَادِيثَ الَّتِي عِنْدَكِ فَجِئْتُهُ بِهَا فَدَعَا بِنَارٍ فَحَرَقَهَا فَقُلْتُ: لِمَ أَحْرَقْتَهَا؟ قَالَ: خَشِيتُ أَنْ أَمُوتَ وَهِيَ عِنْدِي فَيَكُونُ فِيهَا أَحَادِيثُ عَنْ رَجُلٍ قَدْ إِئْتَمَنْتُهُ وَوَثَقْتُ بِهِ وَلَمْ يَكُنْ كَمَا حَدَّثَنِي فَأَكُونُ قَدْ نَقَلْتُ ذَاكَ...

يَا أَبَا أُمَيَّةَ يَا أَحْوَصُ! سَيِّدُكَ أَبُو بَكْرٍ لَمْ يُحَرِّقْ مَا جَمَعَ مِنْ أَحَادِيثِ الرَّسُولِ إِسْتِجَابَةً لِأَمْرِ الرَّسُولِ! لَوْ كَانَ سَبَبُ التَّحْرِيقِ مَنْعَ الرَّسُولِ، لَمَا جُمِعَتْ مِنْ أَصْلِهِ!؟ يَا أَحْوَصُ! سَيِّدُكَ وَإِمَامُ هَذِهِ السُّنَّةِ ـأَبُو بَكْرٍـ حَرَّقَ سُنَّةَ رَسُولِ اللهِ، لِأَنَّهُ كَفَرَ بِرَسُولِ اللهِ وَشَكَّكَ فِي صِدْقِ رَسُولِ اللهِ! صِدِّيقُكَ "بَحّ" "بَحّ" لَمْ يَبْقَ صِدِّيقًا!

وَمَا يُؤَكِّدُ هَذِهِ الرِّوَايَةَ أَنَّ أَبَا بَكْرٍ مِنَ الرُّوَاةِ المُقِلِّينَ عَنِ النَّبِيِّ، رَغْمَ كَوْنِهِ أَكْثَرَ الصَّحَابَةِ مُلَازَمَةً لَهُ (كَمَا يَدَّعُونَ). قَالَ النَّوَوِيُّ الَّذِي ((وُلِدَ فِي قَرْيَةِ نَوَى، وَهِيَ قَرْيَةٌ مِنْ قُرَى حَوْرَانَ فِي سُورِيَا عَامَ 631 هـ)): رَوَى "الصِّدِّيقُ" عَنْ رَسُولِ الله مِئَةَ حَدِيثٍ وَاثْنَيْنِ وَأَرْبَعُونَ حَدِيثًا. اتَّفَقَ البُخَارِيُّ وَمُسْلِمٌ مِنْهَا عَلَى سِتَّةٍ، وَانْفَرَدَ البُخَارِيُّ بِأَحَدَ عَشَرَ، وَمُسْلِمٌ بِحَدِيثٍ وَاحِدٍ وَسَبَبُ قِلَّةِ رِوَايَاتِهِ مَعَ تَقَدُّمِ صُحْبَتِهِ، وَمُلَازَمَتُهُ النَّبِيَّ؛ أَنَّهُ تَقَدَّمَتْ وَفَاتُهُ قَبْلَ انْتِشَارِ الأَحَادِيثِ، وَاعْتِنَاءِ التَّابِعِينَ بِسَمَاعِهَا، وَتَحْصِيلِهَا وَحِفْظِهَا! عَنْ أَبِي مَلِيْكَةَ: (((أَنَّ أَبَا بَكْرٍ جَمَعَ أَصْحَابَ رَسُولِ الله فَقَالَ: إِنَّكُمْ تُحَدِّثُونَ عَنْ رَسُولِ اللهِ أَحَادِيثَ تَخْتَلِفُونَ فِيهَا، فَمَنْ يَجِيءُ مِنْ بَعْدِكُمْ يَكُونُوا أَشَدَّ اخْتِلَافاً، فَمَنْ جَاءَكُمْ يَسْأَلُكُمُ الحَدِيثَ عَنْ رَسُولِ اللهِ، فَقُولُوا: عِنْدَنَا كِتَابُ اللهِ، فَأَحِلُّوا حَلَالَهُ وَحَرِّمُوا حَرَامَهُ)). وَأَمَّا مَا ادَّعَاهُ السُّيُوطِيُّ مِنْ انْفِرَادِ أَبِي بَكْرٍ بِحَدِيثٍ: (مَا دُفِنَ نَبِيٌّ إِلاَّ حَيْثُ قُبِضَ)، فَأَصْلُهُ ادِّعَاءُ عَائِشَةَ انْفِرَادَ أَبِيهَا بِهَذَا العِلْمِ، وَإِلاَّ فَالْوَاقِعُ يُكَذِّبُهُ! حَيْثُ لَمْ يَحْضَرْ أَبُو بَكْرٍ دَفْنَ النَّبِيِّ، بَلْ تَرَكَهُ وَأَسْرَعَ إِلَى سَقِيفَةِ بَنِي سَاعِدَةَ يُنَازِعُ عَلَى السُّلْطَانِ؟! هَلْ عَرَفْتَ لِمَاذَا كَانَ أَبُو بَكْرٍ مِنَ الرُّوَاةِ المُقِلِّينَ؟ لِأَنَّهُ لَمْ يُؤْمِنْ أَبُو بَكْرٍ سَاعَةً وَاحِدَةً. لَا تَتَعَجَّلْ أَيُّهَا القَارِئُ الكَرِيمُ. بَعْدَ قَلِيلٍ سَيَأْتِيكَ الخَبَرُ اليَقِينِ!

عُمَرُ، مِنْ مَنْعِ الرِّوَايَةِ؛ إِلَى حَبْسِ الرُّوَاةِ!

كَانَ عُمَرُ بِنُ الخَطَّابِ أَشَدَّ رَفْضاً مِنْ أَبِي بَكْرٍ لِرِوَايَةِ الأَحَادِيثِ وَتَنَاقُلِهَا عَلَى أَلْسِنَةِ النَّاسِ. جَاءَ فِي تَقْيِيدِ العِلْمِ لِلْخَطِيبِ، أَنَّ بِنَ الخَطَّابِ أَرَادَ أَنْ يَكْتُبَ السُّنَنَ، فَاسْتَشَارَ فِيهَا أَصْحَابَ رَسُولِ اللهِ، فَأَشَارَ عَلَيْهِ عَامَّتُهُمْ بِذَلِكَ، وَبَعْدَ شَهْرٍ قَالَ: إِذَا أُنَاسٌ مِنْ أَهْلِ الكِتَابِ قَبْلَكُمْ قَدْ كَتَبُوا مَعَ كِتَابِ اللهِ كُتُبًا، فَأَكَبُّوا عَلَيْهَا وَاتْرُكُوا كِتَابَ اللهِ، وَإِنِّي وَاللهِ لَا أُلْبِسُ كِتَابَ اللهِ بِشَيْءٍ أَبَداً. وَتَرَكَ عُمَرُ كِتَابَةَ السُّنَنِ. لَمْ يَكْتَفِ "النَّبِيُّ" عُمَرُ بِمَا اهْتَدَى إِلَيْهِ مِنْ "أَهْلِ الكِتَابِ" عَدَمِ كِتَابَةِ السُّنَنِ، بَلْ أَحْرَقَ -عُمَرُ- الكُتُبَ الَّتِي جُمِعَتْ فِيهَا الأَحَادِيثُ... جَاءَ فِي "تَقْيِيدِ العِلْمِ" لِلْخَطِيبِ أَنَّ عُمَرَ بِنَ الخَطَّابِ، بَلَغَهُ أَنَّهُ قَدْ ظَهَرَ فِي أَيْدِي النَّاسِ كُتُبٌ فَاسْتَنْكَرَهَا عُمَرُ وَكَرِهَهَا، وَطَلَبَ مِنَ النَّاسِ رُؤْيَتَهَا، فَظَنُّوا أَنَّهُ يُرِيدُ أَنْ يَنْظُرَ فِيهَا وَيُقَوِّمَهَا عَلَى أَمْرٍ لَا يَكُونُ فِيهِ اخْتِلَافٌ، فَأَتَوْهُ بِكُتُبِهِمْ فَأَحْرَقَهَا بِالنَّارِ، ثُمَّ قَالَ: أُمْنِيَةٌ كَأُمْنِيَةِ أَهْلِ الكِتَابِ. وَمَنَعَ عُمَرُ الرُّوَاةَ مِنْ تَنَاقُلِ الأَحَادِيثِ. وَجَاءَ فِي "مُخْتَصَرِ تَارِيخ دِمَشْق" لِابْنِ مَنْظُورٍ وَفِي "البِدَايَةِ وَالنِّهَايَةِ" لِابْنِ كَثِيرٍ أَنَّ عُمَرَ بِنَ الخَطَّابِ قَالَ لِأَبِي هُرَيْرَةَ: لَتَتْرُكَنَّ الحَدِيثَ عَنْ رَسُولِ اللهِ أَوْ لَأُلْحِقَنَّكَ بِأَرْضِ دُوسَ! وَقَالَ لِكَعْبٍ: لَتَتْرُكَنَّ الحَدِيثَ أَوْ لَأُلْحِقَنَّكَ بِأَرْضِ القَرَدَةِ.

وَجَاءَ فِي "تَذْكِرَةِ الحُفَّاظِ" لِلْإِمَامِ الذَّهَبِيِّ أَنَّ عُمَرَ حَبَسَ ثَلَاثَةً: إِبْنَ مَسْعُودٍ وَأَبَا الدَّرْدَاءِ وَأَبَا مَسْعُودٍ الأَنْصَارِيَّ؛ فَقَالَ: قَدْ أَكْثَرْتُمُ الحَدِيثَ عَنْ رَسُولِ اللهِ.

وَجَاءَ فِي كِتَابِ الإرْشَادِ لِأَبِي يَعْلَى الْخَلِيلِيُّ أَنَّ عُمَرَ بِنَ الْخَطَّابِ حَبَسَ جَمَاعَةً وَمِنْهُمْ أَبُو هُرَيْرَةَ وَقَالَ: أَقِلُّوا الرِوَايَةَ عَنْ رَسُولِ اللهِ، وَكَانُوا فِي حَبْسِهِ إِلَى أَنْ (قُتِلْ) مَاتَ.

كِبَارُ الصَّحَابَةِ يَمْتَنِعُوْنَ عَنْ رِوَاية الحَدِيْثِ!

كَانَ عُثْمَانُ بْنُ عَفَّانَ مِنْ كِبَارِ الصَّحَابَةِ، وَكَانَ يَخْشَى الحَدِيْثَ عَنِ النَّبِيِّ. جَاءَ فِي "الطَّبَقَاتِ الكُبْرَى" لِابْنِ سَعْدٍ: وَقَفَ عُثْمَانُ بْنُ عَفَّانَ عَلَى مِنْبَرٍ وَقَالَ: لَا يَحِلُّ لِأَحَدٍ يَرْوِي حَدِيْثًا لَمْ يُسْمَعْ بِهِ فِي عَهْدِ أَبِي بَكْرٍ وَلَا عَهْدِ عُمَرَ، فَإِنَّهُ لَمْ يَمْنَعْنِي أَنْ أُحَدِّثَ عَنْ رَسُوْلِ اللهِ أَلَّا أَكُوْنَ مِنْ أَوْعَى أَصْحَابِهِ عَنْهِ، إِنِّي سَمِعْتَهُ يَقُوْلُ: مَنْ قَالَ عَلَيَّ مَا لَمْ أَقُلْ فَقَدْ تَبَوَّأَ مَقْعَدَهُ مِنَ النَّارِ... وَتَرَكَ كِبَارُ الصَّحَابَةِ أَيْضاً الحَدِيْثَ عَنِ النَّبِيِّ... رَوَى البُخَارِيُّ عَنِ السَّائِبِ بْنِ يَزِيْدَ أَنَّهُ صَحِبَ مِنْ كِبَارِ الصَّحَابَةِ وَلَمْ يَسْمَعْهُمْ يُحَدِّثُوْنَ عَنِ النَّبِيِّ، ثُمَّ قَالَ: إِلَّا أَنِّي سَمِعْتُ طَلْحَةَ يُحَدِّثُ عَنْ يَوْمِ أُحَدٍ... وَقَالَ الحَافِظُ بْنُ حِجْرٍ فِي شَرْحِ الحَدِيْثِ: قَالَ بْنُ بَطَّالٍ وَغَيْرُهُ: كَانَ كَثِيْرٌ مِنْ كِبَارِ الصَّحَابَةِ لَا يُحَدِّثُوْنَ عَنْ رَسُوْلِ اللهِ خِشْيَةَ المَزِيْدِ وَالنُّقْصَانِ... أَمَّا العَسْقَلَانِيُّ، فَقَالَ: كَرِهَ جَمَاعَةٌ مِنَ الصَّحَابَةِ وَالتَّابِعِيْنَ كِتَابَةَ الحَدِيْثِ وَاسْتَحَبُّوا أَنْ يُؤْخَذَ عَنْهُمْ حِفْظًا كَمَا أَخَذُوا حِفْظاً، لَكِنْ لَمَّا قَصُرَتِ الهِمَمُ وَخَشِيَ الأَئِمَّةُ ضَيَاعَ العِلْمِ؛ دَوَّنُوْهُ... (يَا سلَام! عِلْمُ مَاذَا؟!) وَقَالَ الشَّيْخُ مَحْمُوْدٌ أَبُو رَيَّةَ فِي كِتَابِهِ أَضْوَاءٌ عَلَى السُّنَّةِ المُحَمَّدِيَّةِ: كَانَ الخُلَفَاءُ الرَّاشِدُيْنَ وَكِبَارُ الصَّحَابَةِ وَأَهْلُ الفُتْيَا مِنْهُمْ يَتَّقُوْنَ الرِّوَايَةَ عَنِ النَّبِيِّ وَيَهَابُوْنَهَا، بَلْ كَأَنُوا يَرْغَبُوْنَ عَنْها، إِذْ كَانُوا يَعْلَمُوْنَ أَنَّهُمْ لَا يَسْتَطِيْعُوْنَ أَنْ يُؤَدُّوا كُلَّ مَا سَمِعُوهُ عَنِ النَّبِيِّ عَلَى وَجْهِهِ الصَّحِيْحِ! **اَيَا شَيْخُ يَا أَبُو رَيَّةَ: هَلْ اِسْتَطَاعُوا أَنْ يُؤَدُّوا مَا قَرَأُوهُ فِي القُرْآن عَلَى وَجْهِ الصَّحِيْح؟**

لِمَاذَا يَا شِيخُ بَلَعْتَ لِسَانَكَ؟ مَا الَّذِي لَا يَسْتَطِيعُونَ تَأْدِيَتَهُ؟! إِذَا كَانَ يَا شِيخُ صُحْبَةُ السُّوءِ هَذِهِ عَصَتِ الرَّسُولَ، وَقَدْ بَدَا لَكَ هَذَا وَسَكَتَّ وَصَمَتَّ عَنْ هَذِهِ الْمَعَاصِي؛ هَلْ بَقِيَ لَكَ مَشْيَخَةٌ؟ كُلُّ مَا خَرَجَ مِنَ السَّقِيفَةِ بَاطِلٌ، وَمَشْيَخَتُكَ أَيْضًا بَاطِلَةٌ! أَحْزَنُ عَلَى الضُّعَفَاءِ وَالسُّفَهَاءِ وَالْجُهَلَاءِ، الْمُضَلَّلِينَ بِنِفَاقِ أَئِمَةِ السَّقِيفَةِ، وَأَدْعُو اللهَ أَنْ يَجْعَلَ لَهُم مَخْرَجًا مِنْ دَوَاهِي وَضَلَالِ السَّقِيفَةِ وَعُلَمَاءِ وَمَشَايِخِ السَّقِيفَةِ. وَأَنْ يُعَجِّلَ اللهُ فَرَجَهُ عَلَى الْعَالَمِينَ وَيُخَلِّصَ النَّاسَ مِن غَيِّكُمْ، بِظُهُورِ وَلِيِّهِ الْمُنْتَظَرِ، وَعَوْدَةِ السَّيِّدِ الْمَسِيحِ عَجَّلَ اللهُ فَرَجَهُمَا... أَلَا تَسْتَحِي يَا شِيخُ أَنْتَ وَمَنْ يَتَعَبَّدُونَ بِالتَّوْرِيَةِ تَضْلِيلًا لِلنَّاسِ؟ مَا الَّذِي لَا يَسْتَطِيعُونَ تَأْدِيَتَهُ؟ نَفْسُ الْعُذْرِ أَطْلَقَهُ النَّوَوِيُّ! يَا ابَا رَيَّةَ، مَتَى كَانَتْ مَعْصِيَةُ الرَّسُولِ عُذْرًا؟ لِمَاذَا لَا يَكُونُ فِيكُم رَجْلٌ يُفْصِحُ عَمَّا لَمْ يَسْتَطِع صَحَابَةُ السُّوءِ تَأْدِيَتَهُ؟ وَنَفْسُ السُّؤَالِ لِلنَّوَوِيُّ وَإِلَى كُلِّ مَن عَلى مِلَّتِكَ وَمِلَّةِ النَّوَوِيِّ؟ هَلْ دَعَاكُمُ الرَّسُولُ لِلْكُفْرِ؟ الرَّسُولُ أَرَادَ أَنْ يَكْتُبَ كِتَابًا لَنْ تَضِلُّوا بَعْدَهُ أَبَدًا! فَرَفَضْتُمُوهُ؟! قَالَ الرَّسُولُ: إِنِّي تَارِكُ فِيكُم الثَّقَلَيْنِ، كِتَابَ اللهِ وَعِتْرَتِي أَهْلَ بَيْتِي، مَا إِنْ تَمَسَّكْتُمْ بِهِمَا لَنْ تَضِلُّوا بَعْدِي أَبَدًا! تَرَكَ لَهُمْ وَلَكَ الثَّقَلَانِ حِرزًا لَكُم مِنَ الضَّلَالِ! الثَّقَلُ الأَوَّلُ أَوَّلْتُمُوهُ وَحَرَّفْتُمُوه؛ وَالثَّقَلُ الثَّانِي قَتَّلْتُمُوه وَحَرَّقْتُمُوه! "كِتَابَ اللهِ وَعِتْرَتِي أَهْلَ بَيْتِي!"

وَرَأَى مُحَمَّدُ رَشِيْدُ رِضَا، أَنَّ الصَّحَابَةَ لَمْ يُرِيدُوا أَنْ يَجْعَلُوا الأَحَادِيثَ دِينًا عَامًّا كَالْقُرْآنِ، وَلَوْ فَهِمُوا عَنِ النَّبِيِّ أَنَّهُ يُرِيدُ ذَلِكَ لَكَتَبُوا وَلَأَمَرُوا بِالْكِتَابَةِ، وَلَجَمَعَ الرَّاشِدُونَ مَا كُتِبَ وَضَبَطُوا مَا وَثَقُوا بِهِ، وَأَرْسَلُوهُ

إِلَى عُمَّالِهِمْ لِيُبَلِّغُوهُ وَيَعْمَلُوا بِهِ...أَيْنَ الرُّشْدُ يَا رَشِيدُ؟ إِلَّمْ يُرِيْدُوا أَنْ يَجْعَلُوا أَحَادِيْثَ الرَّسُولِ دِيْنًا، كَيْفَ أَصْبَحَتْ عَنْعَنَاتُ الْمَوْتَى سُنَّةً وَدِيْنًا؟!

لَكِنْ مُصْطَفَى السِّبَاعِي يُعَارِضُ هَذَا التَّوَجُّهَ وَيَقُولُ: يُرَدُّ هَذَا الْأَمْرُ إِلَى الْخَوْفِ (خَوْفٌ مَنْ؟) مِنَ اخْتِلَاطِ بَعْضِ أَقْوَالِ النَّبِيِّ بِالْقُرْآنِ، وَلَا يَرَى فِي هَذِهِ الْأَخْبَارِ تَعَارُضاً، فَالنَّهْيُ (نَهْيُ مَنْ؟) هُوَ نَهْيٌ عَنِ التَّدوِيْنِ الرَّسْمِيِّ كَمَا يُدَوَّنُ الْقُرْآنُ، وَأَمَّا الْإِذْنُ (إِذْنُ مَنْ؟) فَهُوَ سَمَاحٌ (سَمَاحُ مَنْ؟) بِتَدْوِيْنِ نُصُوصٍ مِنَ السُّنَّةِ لِظُرُوفٍ أَوْ مُلَابَسَاتٍ، أَوِ السَّمَاحُ لِبَعْضِ الصَّحَابَةِ بِكِتَابَةِ السُّنَّةِ لِأَنْفُسِهِمْ... (إِيْه يَا سِي سِبَاعِي! هِيَّه قَعْدِةْ تَبْصِيِر يَا بِيه؟! بُصْ كُوِيِّس فِي الفِنْجَان، يَا رَاجِلْ دِي سُنَّةُ اللهِ ورَسُولِه!

إِذَا كَانْ أَسْيَادُكَ الكُبَارْ دُولْ اللِي بِتْسَمِّيْهُمْ رَاشْدِين، مَا اتْسَمَحْلُهُمْش! حَ يِسْمَح لِمِينْ يَا سِبَاعِي؟! إِخْصَ عَلِيْك يَا سِبَاعِي مَعْذِرَةٌ مِنَ الْقُرَّاءِ الْأَكَارِمِ! إِنَّ فِي الْإِسْتِهْزَاءِ مِنْ هَؤُلَاءِ الْمُهَرِّجِيْنَ الْمَأْجُورِيْنَ، رَحْمَةً وَبَرَكَةً وَرِضَى، وَيَجِبُ أَنْ يُضْرَبُوا بِالْجَزْمِ، لِتَسْخِيْفِهِمْ وَلِإِسْتِهْزَائِهِمْ بِعُقُوْلِ النَّاسِ!

بَيْنَ أَبِي هُرَيْرَةَ وَعَائِشَةَ!

إِذَا كَانَ كِبَارُ الصَّحَابَةِ أَقَلُّوا فِي الحَدِيثِ عَنِ النَّبِيِّ كَمَا سَبَقَ وَأَشَرْنَا، فَمِنْ أَيْنَ أَتَتْ كُلُّ هَذِهِ الأَحَادِيثُ؟ كَانَ أَكْثَرَ الصَّحَابَةِ رِوَايَةً عَنِ الرَّسُولِ سِتَّةٌ يَتَقَدَّمُهُمْ أَبُو هُرَيْرَةَ وَتَتَوَسَّطُهُمْ عَائِشَةَ. فَمَا كَانَ رَأْيُ كُلِّ مِنْهُمَا فِي الآخَرِ؟ جَاءَ فِي "مُخْتَصَرِ تَارِيخ دِمَشْقَ" لِابْنِ مَنْظُورٍ أَنَّ رَجُلَيْنِ مِنْ بَنِي عَامِرٍ دَخَلَا عَلَى عَائِشَةَ فَقَالَا لَهَا: إِنَّ أَبَا هُرَيْرَةَ يَقُولُ: إِنَّ الطِّيَرَةَ ((الشّؤم)) فِيْ الدَّارِ وَالمَرْأةِ وَالفَرَسِ. فَغَضِبَتْ عَائِشَةُ مِنْ **كَذَبَ** وَالَّذِي أَنْزَلَ الفُرْقَانَ عَلَى أَبِي القَاسِمِ ذَلِكَ غَضَباً شَدِيداً، وَقَالَتْ مَا قَالَهُ. إِنَّمَا قَالَ: كَانَ أَهْلُ الجَاهِلِيَّةِ يَتَطَيَّرُونَ مِنْ ذَلِكَ! يَا عَائِشَةُ! يَا أُمَّ مُؤمِنِي أَتْبَاعِ السَّقِيفَةِ! تَسْتَشْهِدِينَ بِأَيِّ أَبِي قَاسِمٍ! حَرَّقَ أَبُوكِ بِحُضُورَكِ أَحَادِيثَ لِرَسُولِ اللهِ، لِأَنَّهُ يُؤمِنُ أَنَّ خَيْرَ خَلْقِ اللهِ لَا يُؤتَمَن، بِدُونِ أَيِّ اعْتِرَاضٍ مِنْكِ! فَالسُّكُوتُ عَلَامَةُ الرِّضَى! وَعِندَمَا أَصْبَحَ الحِلْفَانُ بِاسْمِ رَسُولِ اللهِ مُفِيدًا وَمُلَائِمًا وَمُنَاسِبًا لِدِفَاعِكِ عَنْ نَفْسِكِ، تَذَكَّرْتِ قُدْسِيَّةَ رَسُولِ اللهِ! وَفِي كُلِّ الأَحْوَال، الصُّورَةُ وَصَلَت لِمَن يَسْتَعْمِلُ عَقْلَهُ! أَبُو هُرَيْرَةَ كَذَبَ بِلَفْظِ عَائِشَةَ، بَلْ إِنَّهُمَا حِينَ التَقَيَا وَجَّهَا لِوَجْهٍ اتَّهَمَتْهُ عَائِشَةَ بِأِخْتِلَاقِ الأَحَادِيثِ، لَكِنْ بَدَلاً مِنْ أَنْ يُدَافِعَ أَبُو هُرَيْرَةَ عَنْ نَفْسِهِ بَادَرَ بِحَمْلِ الكَلَامِ عَلَيْهَا... جَاءَ فِي كِتَابِ "فَتْحُ البَارِي شَرْحُ صَحِيحِ البُخَارِي" لِابْنِ حَجَرٍ العَسْقَلَانِيِّ: قَالَتْ عَائِشَةُ لِأَبِي هُرَيْرَةَ إِنَّكَ لَتُحَدِّثُ عَنِ النَّبِيِّ حَدِيثاً مَا سَمِعْتُهُ مِنْهُ، قَالَ: شَغَلَكِ

عَنْهُ يَا أَمَةُ، ألمِرْآةُ وَالمَكْحَلَةُ وَمَا كَانَ يَشْغَلُنِي عَنْهُ شَيْءٌ!!!! أُمُّكُمْ يَا مَنْ تَرَبَّيْتُمْ عَلَى عَبَقِ السَّقِيفَةِ، نَادَاهَا سَيِّدُكُم أَبُو هُرِيْرَةَ: يَا أَمَةُ! إذَا عَائِشَةُ هِيَ أُمٌّ مَنْ!؟

التَّدْوِينُ، وَالوَضْعُ، وَالسِّيَاسَةُ!

لَمْ يَكُنِ التَّدْوِينُ الَّذِي بَدَأَ مُتَأَخِّراً فِي القَرْنِ الثَّانِي الهِجْرِيِّ، قَبْلَ البُخَارِيِّ وَبَعْدَ مَوْتِ الصَّحَابَةِ وَأَغْلَبِ التَّابِعِينَ، سِوَى أَمْرٍ مِنْ حُكَّامِ بَنِي أُمَيَّةَ. فَالشِّهَابُ الزُّهْرِيُّ –وَيُعَدُّ أَوَّلَ مَنْ دَوَّنَ الحَدِيثَ– أُكْرِهَ عَلَى ذَلِكَ. جَاءَ فِي جَامِعِ بَيَانِ العِلْمِ لِابْنِ عَبْدِ البَرِّ: قَالَ الزُّهْرِيُّ: كُنَّا نَكْرَهُهُ حَتَّى أَكْرَهَنَا عَلَيْهِ الأُمَرَاءُ، فَلَمَّا أَكْرَهُونَا عَلَيْهِ بَذَلْنَاهُ لِلنَّاسِ. تَبِعَهُ إِكْرَاهُ الحُكَّامِ الأُمَوِيِّينَ المُحَدِّثِينَ عَلَى تَدْوِينِ الحَدِيثِ، وَوَضْعِ الأَحَادِيثِ المَنْسُوبَةِ إِلَى النَّبِيِّ لِتَثْبِيتِ حُكْمِهِم.. قَالَ المُفَكِّرُ أَحْمَدُ أَمِينٍ فِي كِتَابِهِ "فَجْرُ الإِسْلَامِ": الخُصُومَةُ بَيْنَ عَلِيٍّ وَأَبِي بَكْرٍ (**تَنَاسَى المُفَكِّرُ عِدَاءَ عُمَرَ لِعَلِيٍّ**)، وَبَيْنَ عَلِيٍّ وَمُعَاوِيَةَ، وَبَيْنَ عَبْدِ اللهِ بْنِ الزُّبَيْرِ وَعَبْدِ المَلِكِ، ثُمَّ بَيْنَ الأُمَوِيِّينَ وَالعَبَّاسِيِّينَ، كُلُّ هَذِهِ كَانَتْ سَبَباً لِوَضْعِ كَثِيرٍ مِنَ الحَدِيثِ. أَيُّهَا المُفَكِّرُ الكَبِيرُ، هَلْ مَا اكْتَشَفْتَهُ أَثْبَتَ صِحَّةَ السُّنَّةِ؟ أَمْ أَنَّهُ عُذْرٌ إِلَى الَّذِينَ يَتَعَبَّدُونَ بِهَذِهِ السُّنَّةِ؟ هَلْ أَرَدْتَ أَنْ تَقُولَ أَنَّ هَذِهِ سُنَّةٌ بَاطِلَةٌ؟ أَمَّ أَنَّ وَضْعَ الأَحَادِيثِ أَيُّهَا المُفَكِّرُ لَا يُفْسِدُ سُنَّتَكَ؟!

أَيُّهَا المُفَكِّرُونَ فِي العَالَمِ، لَوْ قَرَأْتُمْ مَا كَتَبَهُ أَعْلَاهُ، المُسَمَّيَانِ مُفَكِّرَيْنِ: أَحْمَدُ أَمِينٍ وَأَبُو رَيَّةَ! مَا صِفَاتُ الشَّخْصِ المُفَكِّرِ النَّاقِدِ؟! لِكَيْ لَا أُتَّهُمَ بِالتَّجَنِّي عَلَى هَذَيْنِ النَّاقِدَيْنِ، سَأَلْتُ كُتُبَ اللُّغَةِ: فِي نِهَايَةِ المَطَافِ، يُمْكِنُ القَوْلُ إِنَّ المُفَكِّرَ النَّاقِدَ هُوَ شَخْصٌ يَتَمَتَّعُ بِالقُدْرَةِ عَلَى التَّحْلِيلِ

العَمِيقِ وَالنَّقْدِ البَنَّاءِ. وَفِي حَقِيقَةِ الأَمْرِ، المُفَكِّرُ النَّاقِدُ هُوَ شَخْصٌ مُهِمٌّ جِدًّا فِي المُجْتَمَعِ، لِأَنَّهُ يُسَاهِمُ فِي تَطْوِيرِ الفِكْرِ وَالمَعْرِفَةِ، وَيُسَاعِدُ كَذَلِكَ عَلَى إِتْخَاذِ القَرَارَاتِ المُهِمَّةِ فِي مُخْتَلَفِ المَجَالَاتِ... فَهَلْ مَا جَاءَ بِهِ هَذَانِ المُهَرِّجَانِ يَنُمُّ عَنْ قُدْرَةٍ عَلَى التَّحْلِيلِ العَمِيقِ وَالنَّقْدِ البَنَّاءِ، وَسَاهَمَ فِي تَطْوِيرِ الفِكْرِ وَالمَعْرِفَةِ؟!

هَذَانِ المُفَكِّرَانِ كَعُمُومِ مُدْمِنِي السَّقِيفَةِ وَالصُّحْبَةِ الخَبِيْثَةِ فِي الإِسْلَامِ، مَرْضَى كَمُدْمِنِي الخَمْرِ أَوِ المُخَدِّرَاتِ يَعْرِفُونَ المَرَضَ وَيَتَدَاوَوْنَ بِسُمُومِهِ. تَيَمُّنًا بِالَّذِي قَالَ نَشْوَةً: وَدَاوِنِي بِالَّتِي كَانَتْ هِيَ الدَّاءُ! يَعْلَمُونَ يَقِينًا أَنَّ الَّتِي يُسَمُّونَهَا، سُنَّةَ اللهِ وَرَسُولِهِ، هِيَ سُنَّةُ أَتْبَاعِ نُزَلَاءِ السَّقِيفَةِ. وَمُتَأَكِّدُونَ أَنَّ ثَالُوثَ الخِيَانَةِ، وَمَنْ لَفَّ لَفَّهُمْ، بَعْدَ أَنْ إِسْتُشْهِدَ الرَّسُولُ الأَعْظَمُ ۞ لَمْ يَبْقِ مِن السُّنَّةِ شَيئًا! هَذَا بِالرَّغْمِ مِنْ عِلْمِهِمْ بِنَجَاسَةِ، وَسَقَمِ وَتَزْوِيرِ إِسْلَامِ الزَّرِيبَةِ؛ يَكْتُبُ (المُفَكِّرُ) الأَوَّلُ كِتَابًا عَنْ فَجْرِ الإِسْلَامِ فِي عَهْدِ الصَّحَابَةِ وَمَا بَعْدَ الصَّحَابَةِ! كَيْفَ يَكُونُ هُنَاكَ فَجْرٌ فِي أُمَّةٍ إِغْتَالَتْ نَبِيَّهَا؟! طَبْعًا سَطَعَ فَجْرُ التَّزْوِيرِ! وَأَمَّا أَبُو رَيَّةَ هَذَا بِالرَّغْمِ مِنِ اعْتِرَافِهِ أَنَّ هَذَا الإِسْلَامَ طَغَتْ عَلَيْهِ السِّيَاسَةُ، وَطَغَى مَاؤُهُ فِي عَهْدِ مُعَاوِيَةَ، يَكْتُبُ كِتَابًا يُسَمِّيهِ: "أَضْوَاءٌ عَلَى السُّنَّةِ المُحَمَّدِيَّةِ"! يَا أَبَا رَيَّةَ، واللهِ لَوْ جِئْتَ بِأَدَقِّ مِجْهَرٍ فِي العَالَمِ ۞ بَاحِثًا عَمَّا تَرَكَ الرَّسُولُ فِي سُنَّةِ نُزَلَاءِ السَّقِيفَةِ وَأَتْبَاعِهِم، الَّتِي أَضَأْتَ عَلَيْهَا، لَن تَجِدَ أَيَّ ضَوْءٍ مُحَمَّدِي؟!

يَا رَجُلُ أَلَا تَسْتَحِي أَنْتَ وَأَمْثَالُكَ! أَدْمَنْتُمْ أَرِيجَ وَعَبَقَ الزَّرائِب وَنَجِسِهَا! وَلَكِنِ الْحَمْدُ لِلَّهِ، مُحَمَّدٌ وَآلُ بِيْتِهِ أَبْعَدَ اللهُ الرِّجْسَ عَنْهُمْ، وَطَهَّرَهُمْ تَطْهِيرًا. يَعْنِي مَهْمَا حَاوَلْتُمُ التَّمَرُّغَ وَالتَّقَرُّبَ، وَالتَّمَسُّحَ بِمَا تَعْتَقِدُونَ أَنَّهُ طُهْرٌ، هُوَ نِتَاجُ زَرِيبَةٍ! إِنَّ الَّذِينَ يُحَادُّونَ اللهَ وَرَسُولَهُ أُولَئِكَ فِي الْأَذَلِّينَ (20). وَهَلْ هُنَاكَ أَذَلُّ مِنَ الَّذِينَ يَتَمَسَّحُونَ بِنِتَاجِ الزَّرِيبَةِ وَيَعْتَقِدُونَ أَنَّهُم يَتَطَهَّرُونَ؟! أَيُّهَا الْقَارِئُ الْكَرِيمُ، لَقَدْ تَعَمَّدتُ أَنْ أَنْقُلَ مَا تَيَسَّرَ مِنْ أَرَاءِ مُفَكِّرِي وَعُلَمَاءِ مَا يُسَمُّونَهَا زُورًا سُنَّةَ رَسُولِ اللهِ، وَأَحْجَمْتُ عَنِ الْكَثِيرِ. خَوْفًا مِنَ الْإِطَالَةِ الْمُمِلَّةِ.

وَمَا وَرَدَ حَتَّى الْآنَ يَكْفِي أَنْ يَفْضَحَ مَا فِي كُتُبِ هَذَا التَّزْوِيرِ أَلاعقلاني، وَهَذَا التَّجْهِيلِ الْمُمَنْهَجِ، وَالتَّزْوِيرِ لِلْحَقَائِقِ الْمُدَمِّرِ لِلْعَقْلِ وَالفِكْرِ؛ أَنْ تُجْمَعَ هَذِهِ الْمُؤَلَّفَاتَ وَتُحْرَقَ، عَسَى أَنْ يَنْظُرَ اللهُ إِلَى الْمُضَلَّلِينَ السُّذَّجِ وَالجَهَلَةِ مِنْ أُمَّةِ السَّقِيفَةِ! أَلْمُفَكِّرَانِ السَّالِفَانِ الذِّكْرَ يَعْلَمَانِ أَنَّ سُنَّتَهُما مُزَوَّرَةٌ مُحَوَّرَةٌ وَمُسَيَّسَةٌ، وَإِنْ سَالْتُهُمَا بِمَاذَا تُؤْمِنَانِ؛ أَجَابَا بِسُنَّةِ رَسُولِ اللهِ! أيُّ رَسُولٍ؟

نَظْرَةٌ أُخْرَى إِلَى الحَدِيثِ!

تَحَدَّثَ نَصْرُ حَامِدٍ أَبُو زَيْدٍ فِي كِتَابِهِ -نَقْدُ الخِطَابِ الدِّينِيّ- عَنْ إِشْكَالِيَّةِ السُّنَّةِ، وَأَوْجَزَهَا حِينَ قَالَ: لَمْ تُدَوَّنْ إِلَّا مُتَأَخِّرَةً، وَخَضَعَتْ مِنْ ثُمَّ لِآلِيَّاتِ التَّنَاقُلِ الشَّفَهِيّ، الأَمْرُ الَّذِي يُقَرِّبُهَا إِلَى مَجَالِ النُّصُوصِ التَّفْسِيرِيَّةِ، مِنْ حَيْثُ أَنَّهَا رُوِيَتْ بِالمَعْنَى لَا بِلَفْظِ النَّبِيِّ. (هَذَا إِنْ صَدَقَتِ الرِّوَايَةُ) يَا أَبَا زَيْدٍ! أَمَّا الإِمَامُ مُحَمَّدُ عَبْدُو وَهُوَ مُفْتِي الدِّيَارِ المَصْرِيَّةِ الأَسْبَقُ فَكَانَ مَوْقِفُهُ وَاضِحاً مِنَ السُّنَّةِ النَّبَوِيَّةِ، وَهُوَ عَدَمُ قُبُولِ حَدِيثٍ يَتَعَارَضُ مَعَ القُرْآنِ أَوِ العَقْلِ أَوِ العِلْمِ، إِذْ أَعْتَبَرَ أَنَّ لَا إِعْتِرَاضَ عَلَى "الحَدِيثِ" الَّذِي يَتَوَافَقُ تَمَاماً مَعَ القُرْآنِ وِبُدُونِ أَنْ يُغَيِّرَ... أَوْ يُحَرِّفَ مَعْنَاهُ أَوْ يُضِيفَ أَيَّةَ أَحْكَامٍ مُخْتَلِفَةٍ أَوْ جَدِيْدَةٍ عَنْهُ

أَتَوَجَّهُ إِلَيْكَ أَيُّهَا القَارِئُ الكَرِيْمُ مِنْ خِلَالِ مُنَاجَاتِي لِرُوحِ الشَّيْخْ مُحَمَّدْ عَبْدَه. أَيُّهَا الشَّيْخُ الكَرِيْمُ أَتَمَنَّى أَنْ يَتَفَهَّمَ أَتْبَاعُكَ وَمَنْ يَعْتَقِدُ أَنَّكَ "إِمَامٌ" — لَا أَدْرِي إِنْ كُنْتَ تَغْتَبِطُ بِلَقَبِ إِمَامٍ -هَلْ كَانَتْ إِمَامَتُكَ جَعْلٌ مِن اللهِ؟ — الإِمَامَةُ جَعْلٌ مِنَ اللهِ، وَهَذَا مَا قَالَهُ القُرْآنُ! وَنُرِيدُ أَنْ نَمُنَّ عَلَى الَّذِينَ اسْتُضْعِفُواْ فِي الأَرْضِ وَنَجْعَلَهُمْ أَئِمَّةً وَنَجْعَلَهُمُ الْوَرِثِينَ...

وَجَعَلْنَاهُمْ أَئِمَّةً يَدْعُونَ إِلَى النَّارِ وَيَوْمَ الْقِيَامَةِ لَا يُنْصَرُونَ... هَؤُلَاءِ أَئِمَّةُ المُسْلِمِين! لَنْ أَسْأَلَ أَيْنَ مَوْقِعُكَ يَا شِيخْ مَحَمَّدْ مِنْ هَذِهِ المُقَارَبَةِ، أَوْ أَيْنَ مَوْقِعُكَ فِي هَذِهِ المُعَادَلَةِ، لِأَنِّي لَا أَعْتَرِفُ بِإِمَامَتِكَ! حَضْرَتُكُم،

يَا شَيْخُ تُسَمِّي مَا زَوَّرَهُ ــ عُلَمَاءُ مَذَاهِبِ السَّقِيفَةِ ــ سُنَّةَ اللهِ وَرَسُولِهِ! أَيُّ إِلَهٍ وَأيُّ رَسُولٍ؟!

أَيُّهَا الْقَارِىءُ الْكَرِيمُ، لَا تَسْتَغْرِبْ أَوْ تَسْتَهْجِنْ أَوْ تَسْتَنْكِرْ! كُتُبُ مَذَاهِبِ مُؤْتَمِرِي وَمُتَآمِرِي سَقِيفَةِ بَنِي سَاعِدَةَ أَعْلَنُ◌ْتَها صَادِحَةً صَارِخَةً مُدَوِّيَةً جَلِيَّةً وَاضِحَةً، وَالرَّسُولُ مَا زَالَ حَيًّا: إِنَّ الرَّجُلَ لَيَهْجُرُ، حَسْبُنَا كِتَابُ اللهِ! قَالَهَا نَبِيُّ السَّقِيفَةِ ــ إِمَامُكَ يَا شَيْخُ وَنَبِيُّكَ بْنُ الْخَطَّابِ ــ بِمُوَافَقَةِ الْكَثِيْرِ مِمَّنْ يُسَمَّونَهُم صَحَابَةً! وَقَدْ تَطَوَّعَ الْكَثِيْرُ مِنْ عُلَمَاءِ مَذَاهِبِ السَّقِيفَةِ فِي الدِّفَاعِ عَنْ رَزِيَّةِ نَبِيِّهِم وَإِمَامِهِم بْنِ الْخَطَّابِ... وَيَقِفُ ــ مَنْ يَعْتَقِدُونَ وَمَنْ يَدَّعُونَ أَنَّهُم مُسْلِمُونَ ــ يَقِفُونَ صَامِتِيْنَ! يَا شَيْخُ لَقَدْ أَفْتَيْتَ وَكُنْتَ وَاضِحاً فِي مَا تُسَمِّيْهِ "السُّنَّةَ النَّبَوِيَّةَ"، وَهُوَ عَدَمُ قُبُولِ حَدِيثٍ يَتَعَارَضُ مَعَ الْقُرْآنِ أَوِ الْعَقْلِ أَوِ العِلْمِ◌ْ... أَسْأَلُ سَمَاحَتَكُمْ يَا شَيْخُ، هَلْ أَبْقَى أَئِمَّتُكَ حَدِيثًا وَاحِدًا عَنْ رَسُولِ اللهِ إِلَّا حَرَّفُوهُ أَوْ زَوَّرُوهُ أَوْحَرَّقُوهُ؟ ثُمَّ عَنْ أيِّ قُرْآنٍ تَتَحَدَّثُ؟ إِنَّهُ لَقُرْآنٌ كَرِيمٌ (77) فِي كِتَابٍ مَّكْنُونٍ (78) لَا يَمَسُّهُ إِلَّا الْمُطَهَّرُونَ (79) تَنزِيلٌ مِّن رَّبِّ الْعَالَمِينَ (80) أَفَبِهَذَا الْحَدِيثِ أَنتُم مُّدْهِنُونَ (81) وَتَجْعَلُونَ رِزْقَكُمْ أَنَّكُمْ تُكَذِّبُونَ (82) ...

إِنْ قُلْتَ يَا شَيْخَ الْقُرْآنِ، الَّذِي وَرَدَ ذِكْرُهُ فِي الْآيَاتِ أَعْلَاهُ!؟ إِنَّهُ فِي كِتَابٍ مَّكْنُونٍ لَا يَمَسُّهُ إِلَّا الْمُطَهَّرُونَ ــتَعْلَم مَا مَعْنَى مَكْنُونٍ يَا شَيْخُ؟ ــ لَا تَسْتَطِيعُ الْوُصُولَ إِلَيْهِ؟! وَأَنْتَ يَا شَيْخُ بِالرُّغْمِ مِنَ الْهَالَةِ اللَّاهُوتِيَّةِ الَّتِي أُعْطِيتَ، لَنْ تَكُونَ مُطَهَّرًا، أَنْتَ بِالْكَادِ تَتَطَهَّرُ ثُمَّ تَنْجُسُ، ثُمَّ

تَتَطَهَّرُ وَتَنْجُسُ، وَكَذَا دَوَالَيْكَ يَا شَيْخُ. وَإِنْ كُنْتَ تَعْتَقِدُ أَنَّكَ تَحْمِلُ نُسْخَةً مِمَّا جَمَعَهُ عُثْمَانُ مِنْ آيَاتٍ سَمَّاهَا مُتَآمِرو السَّقِيفَة، "مُصْحَفَ عُثْمَانٍ"، وَمِن ثَمَّ أَوْكَلَ أُمَرَاءُ مُؤْمِني أَتْبَاعِ مَذَاهِبِ السَّقِيفَةِ تَفْسِيرَ هَذَا الْمُصْحَفِ إِلى وَعَّاظِ السَّلَاطِين مِنَ الْمُسْتَعْرِبِينَ، الذِين كَتَبُوا مَا سَمَّاهُ عُلَمَاءُ مَذَاهِبِ السَّقِيفَةِ، تَفَاسِيرَ الْقُرآنِ!

أَنْتَ أَيُّهَا الشَّيْخُ والَّذِين يُشَارِكُونَكَ هَذَا الفِكْرَ إِمَّا مُخَادِعُونَ أَوْ سُذَّجٌ!! الْقُرآنُ سَابِقُ الأزْمَانِ، وَتَفَاسِيرُهُ تُجَارِي وَتُبَارِي كُلَّ جَدِيدٍ عَلى مَدَى الْعُصُورِ! يَا شِيْخُ فِي الْقُرآنِ آيَاتٌ مُعْجِزَاتٌ فِي كُلِّ الْعُلُومِ، فَكَيْفَ أَوْكَلْتُمْ تَفْسِيرَهُ لِمَخْلُوقَاتٍ تَتَدَاوى بِبَوْلِ الْبَعِيرِ؟ أَوْدَعْتُمْ عِلْمَ الْقُرآنِ لِمَخْلُوقَاتٍ -أَتْبَاعُهَا- لَا تَزَالُ حَتَّى يَوْمِنَا هَذَا تُؤْمِنُ بِالشَّعْوَذَةِ والدَّجَلِ والْخُرَافَاتِ وَالأسَاطِيرِ!؟ سَلَفُكَ الصَّالِحُ حَمَلَ الْقُرآنَ 1400 سَنَةٍ والْقُرآنُ يَلْعَنُهُ، وَلَم يَفِدْ أَوْ يَسْتَفِدْ مِنْهُ النَّاسُ!

مُزَوِّرو مَعَانِيْ الآيَاتِ بِفَتَاوى الْقَتْلِ وَالْغَزْوِ والنَّهِبِ والْكَذِبِ! لِمَاذَا يَا شِيْخُ، عُلَمَاءُ مَذَاهِبِ السَّقِيفَةِ لَم يَكْتَشِفوا مَكْنُونَ هَذِهِ الآيَةِ: (أَوَلَمْ يَرَ الَّذِينَ كَفَرُوا أَنَّ السَّمَاوَاتِ والْأَرْضَ كَانَتَا رَتْقًا فَفَتَقْنَاهُمَا) [الأنبياء: 30] إِعْتِمَاداً مَبْدَأً (مَعْرِفَةُ الأَشْيَاءِ بِأَضْدَادِهَا) مَنِ الَّذِين كَفَرُوا؟ وَمِنِ الَّذِينَ آمَنُوا؟! الذِينَ آمَنُوا هُمُ الَّذِينَ رَأوا! أَلَّذِينَ رَأوا يَا شِيْخُ، هَلْ رَأَيْتَ يَا شِيْخُ، مَنْ رَأى مِنْ سَلَفِكَ يَا شَيْخُ أَوْ عَلِمَ أَوْ فَهِمَ أَوْ فَسَّرَ -

أَنَّ السَّمَاوَاتِ وَالْأَرْضَ كَانَتَا رَتْقًا فَفَتَقْنَاهُمَا ـ إِتَّقُوا اللهَ إِنْ كُنْتُمْ تَعْرِفُونَهُ؟! إِرْفَعُوا أَيْدِيَكُمْ عَنْ هَذَا الدِّينِ وَعَنِ التَّحَكُّمِ بِالنَّاسِ بِاسْمِ الْقُرْآنِ!؟ إِنَّ الْقُرْآنَ يَهْدِي لِلَّتِي هِيَ أَقْوَمُ... يَا عُلَمَاءَ مَذَاهِبِ السَّقِيفَةِ، طَالِعُوا تَفَاسِيرَ وَعَنْعَنَاتِ كُتُبِكُمْ، عَنْ تَفْسِيرِ هَذِهِ الْآيَةِ، (فَلَا أُقْسِمُ بِالْخُنَّسِ * الْجَوَارِ الْكُنَّسِ) التكوير: 14-15 أَوْ تَفْسِيرِ هَذِهِ الْآيَةِ: (وَالسَّمَاءِ وَالطَّارِقِ * وَمَا أَدْرَاكَ مَا الطَّارِقُ * النَّجْمُ الثَّاقِبُ) [الطارق: 1-3] وَغَيْرِهَا مِنَ الْآيَاتِ الْكَثِيرَةِ الَّتِي أَفْرَغْتُمُوهَا مِنْ لَا (نَافِيَةٌ) يَمَسُّهُ يَعْنِي :مُحْتَوَاهَا! أَعِيدُوا الْحَقَّ لِأَصْحَابِهِ! قَالَ اللهُ لَكُمْ (يُصِيبُهُ، يَسْتَحْوِذُ عِلْمَهُ، يَتَمَلَّكُهُ، يَعْلَمُهُ...) إِلَّا (حَرْفُ اسْتِثْنَاءٍ مُرَكَّبٍ مِنْ إِنَّ الشَّرْطِيَّةِ وَلَا النَّافِيَّةِ) الْمُطَهَّرُونَ (اسْمُ مَفْعُولٍ).

مَنْ مِنْ جَمِيعِ الَّذِينَ يَلْمَسُونَ الْقُرْآنَ مُطَهَّرٌ؟! أَنْتُم بِالْكَادِ (مُتَطَهِّرون) إِسْمُ فَاعِلٍ يَا شِيْخُ! حَتَّى طَهَارَتُكُم لَا وَلَنْ تَرْقَى إِلَى طَهَارَةِ الْمُطَهَّرِيْن الَّذِيْنَ يَلْمَسُونَ الْقُرْآنَ! أَيْنَ أَئِمَّتُكُمْ وَإِمَامَتُكُمْ، وَأَنْتُم لَا تَعْرِفُونَ الْفَرْقَ بَيْنَ اسْمِ الْفَاعِلِ وَاسْمِ الْمَفْعُولِ! طَالِعُوا كِتَابَ: النَّقْلُ مَفْسَدَةٌ لِلعَقْلِ! فِيْهِ بِالتَّفْصِيل شَرْحٌ لِآيَةِ التَّطْهِيْر!

يَا شِيْخُ أَلَمْ يَدُلُّكُمُ اللهُ وَرَسُولُهُ عَلَى الَّذِي عِنْدَهُ عِلْمُ الْكِتَابْ؟ أَتَّهِمُ اللهَ وَرَسُولَهُ بِالتَّقْصِيرِ يَاشِيْخُ؟ أَلَمْ يُرْشِدْكُمُ اللهُ وَرَسُولُهُ لِلْشَاهِدِ الشَّهِيْدِ فِي عَصْرِ رَسُولِ اللهِ الَّذِي شَارَكَ الرَّسُولَ عِلْمَ الْكِتَابِ! هَلْ تَعْلَمُ الَّذِي

شَارَكَ الرَّسُولَ عِلْمَ الكِتَابِ؟ لَعْنَةُ اللهِ عَلَى الْمُنَافِقِينَ! «قُلْ كَفَى بِاللهِ شَهِيداً بَيْنِي وَبَيْنَكُمْ وَمَنْ عِنْدَهُ عِلْمُ الْكِتَابِ» ... عِلْمُ أَيِّ كِتَابٍ، يَا شِيخُ؟! إقرأوا وَعُوا! إنَّهُ نُورُ اللهِ وَالكِتَابُ الْمُبِينُ لِكُلِّ مَا كَانَ وَيَكُونُ وَمَا سَوفَ يَكُونُ! هَلْ هُنَاكَ عَالِمٌ مِنْ عُلَمَاءِ مَذَاهِبِ السَّقِيفَةِ يَقْدِرُ أَنْ يَسْتَوعِبَ أَنَّ عِلْمَ الكِتَابِ فِي الآيَةِ هُوَ عِلْمُ الْقُرآنِ؟ ذَلِكَ أَدْنَى أَنْ يَأْتُوا بِالشَّهَادَةِ عَلَى وَجْهِهَا أَوْ يَخَافُوا أَنْ تُرَدَّ أَيْمَانٌ بَعْدَ أَيْمَانِهِمْ وَاتَّقُوا اللَّهَ وَاسْمَعُوا وَاللَّهُ لَا يَهْدِي الْقَوْمَ الْفَاسِقِينَ ﴿١٠٨ المائدة﴾. كَيْفَ إذَنْ يَشْهَدُ بِالعِلْمِ الأَقَلِّ عِلْمًا عَلَى الَّذِي أَعْلَمُ؟!

أُولَئِكَ الَّذِينَ طَبَعَ اللهُ عَلَى قُلُوبِهِمْ وَسَمْعِهِمْ وَأَبْصَرِهِمْ وَأُوْلَئِكَ هُمُ الْغَفِلُونَ.

خَتَمَ اللهُ عَلَى قُلُوبِهِمْ وَعَلَى سَمْعِهِمْ وَعَلَى أَبْصَارِهِمْ غِشَاوَةٌ وَلَهُمْ عَذَابٌ عَظِيمٌ.

ذَلِكَ بِأَنَّهُمْ ءَامَنُواْ ثُمَّ كَفَرُواْ فَطُبِعَ عَلَى قُلُوبِهِمْ فَهُمْ لَا يَفْقَهُونَ!

يَا أَهْلَ الْكِتَابِ قَدْ جَاءَكُمْ رَسُولُنَا يُبَيِّنُ لَكُمْ كَثِيرًا مِّمَّا كُنتُمْ تُخْفُونَ مِنَ الْكِتَابِ وَيَعْفُو عَن كَثِيرٍ قَدْ جَاءَكُم مِّنَ اللهِ نُورٌ وَكِتَابٌ مُّبِينٌ ﴿15 المائدة﴾.

يَا شَيْخُ حَدَّدْتَ شُرُوطَ عَدَمِ قُبُولِكَ حَدِيثًا يَتَعَارَضُ مَعَ الْقُرْآنِ أَوِ الْعَقْلِ أَوِ الْعِلْمِ! أَسْأَلُكَ وَأَسْأَلُ الَّذِينَ يَخُوضُونَ فِيمَا لَا يَعْلَمُونَ أَنْ يَتَّقُوا اللهَ فِي الْقُرْآنِ، لِأَنَّهُ لَا يَسْتَوِي الَّذِينَ يَعْلَمُونَ وَالَّذِينَ لَا يَعْلَمُونَ! لَقَدْ حَذَّرَكُمُ اللهُ يَا شَيْخُ فِي نَفْسِ آيَةِ التَّطْهِيرِ: أَفَبِهَذَا الْحَدِيثِ أَنْتُم مُّدْهِنُونَ (81) وَتَجْعَلُونَ رِزْقَكُمْ أَنَّكُمْ تُكَذِّبُونَ (82) ... تُشْرِكُ الْعَقْلَ يَا شَيْخُ فِي قُبُولِكَ الْحَدِيثَ! أَيُّ عَاقِلٍ يَقْبَلُ حَدِيثًا قَائِلُهُ وَشُهُودُهُ مَاتُوا قَبْلَ قَرْنَيْنِ مِنَ الزَّمَنِ؟! تَقْبَلُ شَهَادَةَ "مَا شَاف حَاجَه"؟

أَلَمْ أَقُلْ لَكَ يَا شَيْخُ أَنْتَ وَجَمِيعَ مِنْ نُصِّبُوا أَئِمَّةً مِنَ النَّاسِ، إِمَامَتُكُم كَاذِبَةٌ وَبَاطِلَةٌ إِلَّا إِذَا كَانَتْ جَعْلًا مِنَ اللهِ! إِنْ أَصْرَرْتَ يَا شَيْخُ وَمَعَكَ أَئِمَّةُ مَذَاهِبِ السَّقِيْفَةِ أَنَّ اللهَ جَعَلَكُمْ أَئِمَّةً، لا أَسْتَطِيعُ إِلَّا أَنْ أَقْبَلَ وَأُطِيعَ، وَأَسْأَلُكُم: هَلْ أَنْتُم مُطَهَّرُونَ، أَم أَنْتُم تَنْجُسُونَ وَتَتَطَهَّرُونَ؟! أَفَبِهَذَا الْحَدِيثِ أَنتُم مُّدْهِنُونَ (81) وَتَجْعَلُونَ رِزْقَكُمْ أَنَّكُمْ تُكَذِّبُونَ (82) ... أَلَمْ تَقْرَأ هَذِهِ الْآيَاتِ يَا شَيْخُ؟ مَنْ هُمُ الْمُدْهِنُونَ؟ مَا مَعْنَى الْمُدْهِنُونَ يَاشِيْخُ؟ الْكَذَّابُ وَالْمُنَافِقُ وَالْمُرَاوِغُ! وَهُوَ مِنَ الإِدْهَانِ الْخِدَاعِ، الْبَاطِنُ عَلَى خِلَافِ الظَّاهِرِ! وَيُمْكِنُ اسْتِخْدَامُ الْفِعْلِ "أَدْهَنَ" لِلإِشَارَةِ إِلَى إِظْهَارِ خِلَافِ مَا أَضْمَرَ بِقَصْدِ الْخِدَاعِ وَالْغِشِّ! أُنَاشِدُ عُلَمَاءَ الأَزْهَرِ، وَعُلَمَاءَ مَذَاهِبِ سَقِيْفَةِ بَنِي سَاعِدَة، بَلْ أَتَحَدَّاهُم أَنْ يُفَسِّرُوا لِلنَّاسِ آيَةَ التَّطْهِيرِ؟ هَلْ "لَا" الَّتِي قِبْلَ يَمَسُّهُ نَاهِيَةٌ أَمْ نَافِيَةٌ؟ وَهَل "يَمَسُّهُ" تَعْنِي

يَلْمَسُهُ؟ وَلِيَعْلَمِ النَّاسُ عِنْدَهَا مَنْ هُمُ الَّذِينَ خَاطَبَهُمُ اللهُ: أَفَبِهَذَا الْحَدِيثِ أَنتُم مُّدْهِنُونَ (81) وَتَجْعَلُونَ رِزْقَكُمْ أَنَّكُمْ تُكَذِّبُونَ (82). "لا" هِيَ نَافِيَة وَيَمَسُّهُ هِيَ كُلُّ شَيْءٍ إِلَّا يَلْمَسُهُ! وَلِمَنْ يُرِيدُ أَنْ يَتَعَرَّفَ عَلَى الآيَاتِ السَّالِفَةِ الذِّكْرِ، أَتَمَنَّى عَلَيْهِ أَنْ يُطَالِعَ: (النَّقْلُ مَفْسَدَةٌ لِلْعَقْلِ)

يَا شِيْخ مُحَمَّدْ عَبْدُوْ، أَنْتَ أَعْلَمُ مِنِّي فِي مَوضُوعِ العِلْمِ عِنْدَ عُلَمَاءِ مَذَاهِبِ السَّقِيْفَةِ! كَيْفَ وَأَيْنَ وَمَتَى وُلِدَ عِلْمُ دِينِ أَئِمَّةِ مَذَاهِبِ السَّقِيْفَةِ؟ دِينُ هَذِهِ المَذَاهِبِ وُلِدَ فِي سَقِيْفَةِ بَنِي سَاعِدَة، وَكَانَتْ حِيْنَهَا زَرِيْبَةً وَحَظِيْرَةٌ لِمَواشِي بَنِي سَاعِدة! عِلْمُ مَاذَا يَخْرُجُ مِن حَظَائِرِ المَوَاشِيْ يَا شِيْخُ؟! أَيُّهَا النَّاس عِنْدَمَا تُحْكَمُ الشُّعُوبُ بِعُنْعَنَةِ مَوتَى مَضَى عَلَى رِحِيلِهِمْ دُهُورٌ، وَتَرْضَى! يُصْبِحُ إِسْمُهَا: الأُمَّةَ الإِسْلامِيَّة! شَكْلُهَا، وَيُشَارُ إِلَيْهَا، وَيُعَدُّ أَفْرَادُهَا، وَيُفْعَلُ بِهِم كَمَا يُفْعَلُ بِالدَّجَاجِ وَالأغْنَامِ! وَعَدَدُهُم تَجَاوَزَ المِلْيَارَيْنِ!

قَالَ رَسُولُ اللهِ: «يُوشِكُ الأُمَمُ أَنْ تَدَاعَى عَلَيْكُمْ كَمَا تَدَاعَى الأَكَلَةُ إِلَى قَصْعَتِهَا». فَقَالَ قَائِلٌ: وَمِن قِلَّةٍ نَحْنُ يَوْمَئِذٍ؟ قَالَ: «بَلْ أَنْتُمْ يَوْمَئِذٍ كَثِيْرٌ، وَلَكِنَّكُمْ غِثَاءٌ كَغِثَاءِ السَّيْلِ، وَلَيَنْزَعَنَّ اللهُ مِنْ صُدُورِ عَدُوِّكُمُ المَهَابَةَ مِنْكُمْ، وَلَيَقْذِفَنَّ فِيْ قُلُوبِكُمُ الوَهَنَ. فَقَالَ قَائِلٌ: يَا رَسُولَ اللهِ، وَمَا الوَهَنُ؟ قَالَ: "حُبُّ الدُّنْيَا، وَكَرَاهِيَّةُ المَوتِ...

أَتْبَاعُ نُزَلَاءِ الزَّرِيبَةِ يَدَّعُونَ أَنَّهُم مُؤْمِنُونَ، وَاللهُ يَقُولُ: وَلَقَدْ أَرْسَلْنَا مِن قَبْلِكَ رُسُلًا إِلَى قَوْمِهِمْ فَجَاؤُوهُم بِالْبَيِّنَاتِ فَانتَقَمْنَا مِنَ الَّذِينَ أَجْرَمُوا وَكَانَ حَقًّا عَلَيْنَا نَصْرُ الْمُؤْمِنِينَ (47). فَهَلْ مَن يَقْرَأُ وَيَعِي؟! هَذَا قَانُونُ اللهِ وَوَعْدُهُ، وَلَا يُخْلِفُ اللهُ وَعْدَهُ! الإجْرَامُ وَالظُّلْمُ وَالقَتْلُ الَّذِي اقْتَرَفَهُ مُتَآمِرو وَمُؤسِّسو مَذَاهِبِ السَّقِيفَةِ لَمْ تَقْتَرِفْهُ شُعُوبٌ فِي تَارِيخِ الإِنْسَانِيَّةِ، وَمَا زَالُوا! لِهَذَا لَنْ يَرَوُا النَّصْرَ إِلَّا عَلَى بَعْضٍ. هَلْ سَجَّلَ التَّارِيخُ إِجْرَامًا يُوازِي إِجْرَامَهُم؟! أَيُّ أُمَّةٍ قَتَلَتْ رَسُولَهَا وَابْنَتَهُ وَأَحْفَادَهُ وَأَحْفَادَ أَحْفَادِهِ إِلَى هَذِهِ السَّاعَةِ؟! قَالَ عَمَّارُ بْنُ يَاسِرٍ يَوْمَ صِفِّينَ، وَذَكَرَ أَمْرَهُمْ وَأَمْرَ الصُّلْحِ، وَأَقْسَمَ فَقَالَ: "وَاللهِ مَا أَسْلَمُوا، وَلَكِنِ اسْتَسْلَمُوا وَأَسَرُّوا الْكُفْرَ، فَلَمَّا رَأَوْا عَلَيْهِ أَعْوَانًا أَظْهَرُوهُ". أَسْأَلُ اللهَ لَكَ يَا شَيْخُ مُحَمَّدْ عَبْدُو أَنْ يَحْشُرَكَ مَعَ مَنْ أَحْبَبْتَ وَمَعَ الَّذِينَ بِهِم إِلَى اللهِ تَقَرَّبْتَ وَبِالتَّرَضِّي عَلَيْهِم سَاهَمْتَ. وَأَنَا إِنْصَافًا مِنِّي أَمَامَ اللهِ أَدْعُو اللهَ وَأَسْتَجْدِيهِ أَنْ يَحْشُرَنِي مَعَ مَن رُوحِي لَهُمُ الفِدَاءُ. أَمَّا أَنْتَ أَيُّهَا القَارِئُ الكَرِيمُ فَاعْلَمْ أَنَّ اللهَ وَعَدَ الْمُؤْمِنِينَ عَلَى لِسَانِ حَبِيبِهِ، فَقَالَ لَهُ يَا حَبِيبَ اللهِ: ذَلِكَ الَّذِي يُبَشِّرُ اللهُ عِبَادَهُ الَّذِينَ آمَنُوا وَعَمِلُوا الصَّالِحَاتِ قُل لَّا أَسْأَلُكُمْ عَلَيْهِ أَجْرًا إِلَّا الْمَوَدَّةَ فِي الْقُرْبَى وَمَن يَقْتَرِف حَسَنَةً نَّزِدْ لَهُ فِيهَا حُسْنًا إِنَّ اللهَ غَفُورٌ شَكُورٌ. (23) أَيُّ أَجْرٍ دَفَعَهُ مُتَآمِرو السَّقِيفَةِ، وَالَّذِين يَتَعَبَّدُون بِالتَّرَضِّي عَلَيْهِم: لِرَسُولِ اللهِ؟ أَيْنَ أَجْرُ رَسُولِ اللهِ، يَا شَيْخُ مُحَمَّد؟!

1. إِغْتَصَبَ أَبُو بَكْرٍ (فَدَكَ) نِحْلَةَ الزَّهْرَاءِ مِنْ أَبِيهَا رَسُولِ اللهِ! وَإِذَا أَرَدْتُم أَن تَعْرِفُوا كَيْفَ تَنَاقَلَ مَنْ تُسَمَّونَهُم صَحَابَةَ (صَحَابَةُ مَنْ؟) مُلْكِيَّةَ فَدَكْ وَكَيْفَ تَمَّ إِغْتِصَابُ فَدَكْ، طَالِعُوا "النَّقْلُ مَفْسَدَةٌ لِلعَقْلِ". وَلَا أُرِيدُ أَن أُذَكِّرَكُم بِمَا فَعَلَ هَذَا الَّذِي سُمِّيَ بِالصِّدِّ٥٥٥يْقِ، بِسُنَّةِ رَسُولِ اللهِ، وَبِمَاذَا قَالَ هَذَا المُسَمَّى صِدِّيْقْ لِأُمِّكُم عَائِشَة عَن رَسُولِ اللهِ! قَالَ: خَشِيتُ أَنْ أَمُوتَ وَهِيَ عِنْدِي فَيَكُونُ فِيهَا أَحَادِيثُ عَن رَجُلٍ قَدْ إِئْتَمَنْتُهُ وَوَثِقْتُ بِهِ وَلَمْ يَكُنْ كَمَا حَدَّثَنِي فَأَكُونُ قَدْ نَقَلْتُ ذَاكَ!

2. تَحْرِيقُ بَيْتِ الزَّهْرَاءِ وَإِسْقَاطُ جَنِينِهَا، ثُمَّ اسْتِشْهَادُهَا عَلَى يَدَيْ نَبِيّ وَإِمَام وَشَفِيع أَئِمَّة وَعُلَمَاء مَذَاهِبِ السَّقِيفَةِ، بِأَمْرٍ مِنْ أَبِي بَكْرٍ شَرِيكِه فِي التَّآمُرِ! مَا فَعَلَهُ نَبِيُّ نُزَلَاءِ السَّقِيفَةِ اسْتَحَقَّ نَظْمَ قَصِيدَةٍ تُخَلِّدُ هَذِه الرَّزِيَّةَ الَّتِي يُفَاخِرُ أَتْبَاعُ مَذَاهِبِ السَّقِيفَة فِي إِلْقَائِهَا وَتَرْدِيدِهَا فِي حَفَلاتِهِم وَفِي مُنَاسَبَاتِهِم! يُفَاخِرُ الأَعْرَابِيُّ حَافِظُ إِبْرَاهِيمَ بِرَزِيَّة إِمَامِه بْنِ الخَطَّابِ حَشَرَهُ اللهُ مَعَهُ يَوْمَ القِيَامَةِ:

حَرَقْتُ دَارَكَ لا أَبْقِي عَلَيكَ بِها   إِن لم تُبايِعْ وبنتُ المصطفى فيها

3. ثُمَّ بَعْدَهَا إِسْتِشْهَادُ الإِمَامِ عَلِيٍّ، وِمِنْ بَعْدِ الغَدْرِ بِالإِمَام، قَتَلَ الكَفَرَةُ سِبْطَيْ رَسُولِ اللهِ، وَسَيِّدَيْ شَبَابِ أَهْلِ الجَنَّةِ، الحَسَنُ وَالحُسَيْنُ! وَمَا زَالَ أَتْبَاعُ وَمُحِبُّو مُتَآمِرِي السَّقِيْفَة وَالمُتَعِبِّدون بِمَذَاهِبِهِم، يَشْهَدُونَ أَنْ

لَا إِلَهَ إِلَّا الله وَأَنَّ مُحَمَّدًا رَسُولُ اللهِ! إِيُّ إِلَهٍ وَأَيُّ رَسُولٍ... طَالِعُوا: "أَلنَّقْلُ مَفْسَدَةٌ لِلْعَقْلِ"! آسِفْ عَلى التَّكْرَارِ...

يَا شِيخُ مُحَمَّدْ عَبْدُو! مُقَارَبَتُكَ فِي قُبُولِ الأَحَادِيثِ، لَمْ تَكُنْ مُوَفَّقَةً لِأَنَّهَا ثَرْثَرَةُ مَوتِي، وَجُمِعَتْ عَنْ ثَرْثَرَةِ مَوتَى وَيَنْقُصُهَا مُقَوِّمَاتُ الشَّهَادَةِ المَقْبُولَةِ عَقْلًا وَشَرْعًا؛ حَتَّى إِذَا مِنْ دُونِ جَدَلٍ سَلَّمْتُ لَكَ بِهَا. فَإِنَّ مُقَوِّمَاتِ إِثْبَاتِها الَّتِي اعْتَمَدْتَها جَمِيعَها مَشْكُوكٌ بِها. شُروطِ عَدَمُ قُبُولِكَ حَدِيثًا يَتَعَارَضُ مَعَ القُرْآنِ أَوِ العَقْلِ أَوِ العِلْمِ! لَا تَسْتَقِيْمُ:

1. أَلْقُرآنُ: أَلْقُرآنُ لَا يَنْطُقُ! وَجَمْعُهُ تَمَّ عَلى أَيْدِي أَعْدَاءِ القُرآنِ وَأَعْدَاءِ الرَّسُولِ. شَيْخِي إِبْحَثْ فِي السُّنَّةِ المُعْتَمَدَةِ عِنْدَ نُزَلَاءِ الزَّرِيبَةِ: كَيْفَ أَكَلَ دَاجِنٌ سُورَةً كَامِلَةً مِنَ القُرآنِ كَانَتْ حَدَّثَنَا أَبُو سَلَمَةَ يِحْيَى بِنُ خَلَفٍ، فِي غُرْفَةِ أُمِّكُمْ عَائِشَةَ... حَدَّثَنَا عَبْدُ الأَعْلَى، عَنْ مُحَمَّدٍ بِنِ إِسْحَقَ، عَنْ عَبْدِ اللهِ بِنِ أَبِي بَكْرٍ، عَنْ عُمْرَةَ، عَنْ عَائِشَةَ، وَعَنْ عَبْدِ الرَّحْمَنِ بِنِ القَاسِمِ عَنْ أَبِيهِ عَنْ عَائِشَةَ، قَالَتْ لَقَدْ نَزَلَتْ آيَةُ الرَّجْمِ: (الشَّيْخُ وَالشَّيْخَةُ فَارْجُمُوهُم البَتَّةَ)، وَرِضَاعَةُ الكَبِيرِ عَشْرًا، وَلَقَدْ كَانَ فِي صَحِيفَةٍ تَحْتَ سَرِيرِي، فَلَمَّا مَاتَ رَسُولُ اللهِ صَلَّى الله عَلَيْهِ وَسَلَّمَ وَتَشَاغَلْنَا بِمَوْتِهِ دَخَلَ دَاجِنٌ فَأَكَلَهَا... 27- (1453) وَحَدَّثَنَا إِسْحَاقُ بِنُ إِبْرَاهِيمَ الحَنْظَلِيِّ وَمُحَمَّدُ بِنُ

أَبِي عُمَرَ. جَمِيعًا عَنِ الثَّقَفِيِّ. قَالَ بِنُ أَبِي عُمَرَ: حَدَّثَنَا عَبْدُ الْوَهَّابِ الثَّقَفِيِّ عَنْ أَيُّوبَ، عَنْ بِنِ أَبِي مُلَيْكَةَ، عَنِ الْقَاسِمِ، عَنْ عَائِشَةَ؛ أَنَّ سَالِمًا مَوْلَى أَبِي حُذَيْفَةَ كَانَ مَعَ أَبِي حُذَيْفَةَ وَأَهْلِهِ فِي بَيْتِهِمْ. فَأَتَتْ (تَعْنِي ابنةُ بْنِ سُهَيْلٍ) النَّبِيَّ فَقَالَتْ: إِنَّ سَالِمًا قَدْ بَلَغَ مَا يَبْلُغُ الرِّجَالَ. وَعَقِلَ مَا عَقِلُوا. وَإِنَّهُ يَدْخُلُ عَلَيْنَا، وَإِن أَظُنُّ أَنَّ فِي نَفْسِ أَبِي حُذَيْفَةَ مِنْ ذَلِكَ شَيْئًا. فَقَالَ لَهَا النَّبِيُّ: "أَرْضِعِيهِ تُحَرِّمِي عَلَيْهِ، وُيَذْهَبْ الَّذِي فِي نَفْسِ أَبِي حُذَيْفَةَ" فَرَجَعَتْ فَقَالَتْ: إِنِّي قَدْ أَرْضَعْتُهُ، فَذَهَبَ الَّذِي فِي نَفْسِ أَبِي حُذَيْفَةَ! سَكَتَ الْكَلَام!

فَإِنَّ عَائِشَةَ كَانَتْ تُرْسِلُ لِمَنْ أَرَادَتْ أَنْ يَدْخُلَ عَلَيْهَا مِنْ الْكِبَارِ إِلَى أَحَدِ أَخَوَاتِهَا أَوْ بَنَاتِ إِخْوَانِهَا كَيْ يَرْضَعَ مِنْهُنَّ ثُمَّ بِذَلِكَ يُحَرَّمُ عَلَيْهَا! أَفْتَى مَشَايِخُ الْعُمَرِيَّةِ بِإِبَاحَةِ قِيَامِ الْمَرْأَةِ الْمُسْلِمَةِ إِرْضَاع زَمِيلِ⦿هَا الْمُجَاوِرِ لَهَا فِي مَكْتَبِ الْعَمَلِ أو الَّذِي يَخْلُو بِهَا فِي السَّيَّارَة أو في الْبَيْتِ لِكَيْ يَتَسَنَّى لَهَا أَنْ تَخْتَلِي بِهِ دُونَ مَانِعٍ شَرْعِيٍّ، وَيَتَيَسَّرَ لَهَا أَنْ تَنْزَعَ الْحِجَابَ فِي حَضْرَتِهِ. هَذَا قَلِيلٌ مِن كَثِيرٍ قَدْ نَأْتِي إِلَيْهِ لَاحِقًا، كَزَوَاجِ الْغُلْمَانْ!

لَنْ أُسْرُدَ أَلَّذِي هُوَ أَعْظَم! لِأَنَّ مِن يُرِيْدُ العِلْمَ عَلَيْهِ أن يَبحَثَ عَنهُ عِنْدَ الَّذِي عِنْدَهُ عِلْمُ الكِتَاب! فِي هَذَا المَوضُوع طَالِعُوا: (النَّقْلُ مَفسَدَةٌ لِلْعَقْل). أمَّا مُدْمِنو العَنْعَنَةِ فَبَيْنَهُم وَبَينَ العِلْمِ، زَرِيْبَةُ بَنِي سَاعِدِه!

2. أَلعَقْلُ: يَا شِيْخ جَعَلَ اللهُ لِلعُقَلَاءِ مَرْكِزًا وَمَقَامًا وَكَرَامَةً وَحُرِّيَّةً مُقَدَّسَةً وَقُدْرَةً عَلَى الإِخْتِيَارِ! مَنِعَ نُزَلَاءُ الزَّرِيْبَةِ وَأَتْبَاعُهُم مِنَ اسْتِعْمَالِ عُقُولِهِم خِدْمَةً لِلنَّقْلِ وَإِمْعَانًا فِي التَّجْهِيْلِ والسَّيْطَرةِ.

3. أَلعِلْم: وَهَنا الآفَةُ الكُبْرَى وَالجَرِيمَةُ القَاتِلَةُ! نُزَلَاءُ الزَّرِيْبَةِ مَنَعُوا عِلْمَ رَسُولِ اللهِ وَحَرَّقُوه لِيَسْهُلَ عَلَيْهِم تَحْرِيْفُهُ! عِنْدَمَا أَسْأَلُ يَا شِيْخ: سُنَّةُ مَنْ؟ أَعْلَمُ وَأُؤمِن أَنَّ اللهَ وَرَسُولَهُ بُرئَاءُ مِن سُنَّةِ نُزَلَاءِ الزَّرِيبَةِ وَأَتْبَاعِهِمْ! وَأَنَّ كُلَّ تَفْسِيْرٍ قَامَ بِهِ غَيْرُ مُطَهَّرٍ بَاطِلٌ!

4. أَللّهُمَّ أَشْهَدُ أَنّي أُؤمِنُ أَنَّكَ وَرَسُولَكَ بَلَّغْتُمُ الرِّسَالة كَامِلَةً شَامِلَةً مُكْتَمِلَةً صَادِقَةً مُصَدَّقَةً، وَجَعَلْتَها يَا إلهِي قَائِمَةً دَائِمَةً إلى يَوْمِ الدِّينِ! وَجَاءَ قَولُكَ وَقَولُكَ الحَقُّ، فِيهِ إنْذَارٌ وَبَلَاغٌ مُبِيْنٌ أَنَّ القُرْآنَ المُنْزَلَ مَكْنُونٌ، وَأَنَّ نُسْخَتَهُ النَّاطِقَةُ فَقَط، فِي قُلُوبِ وَعَلَى أَلْسُنِ المُطَهَّرِيْنَ الَّذِينَ كُلُّ مِنْهُم، قُرْآنٌ نَاطِقٌ:

إِنَّهُ لَقُرْآنٌ كَرِيْمٌ (77) فِي كِتَابٍ مَّكْنُونٍ (78) لَّا يَمَسُّهُ إِلَّا الْمُطَهَّرُون (79) تَنزِيْلٌ مِّن رَّبِّ الْعَالَمِينَ (80) أَفَبِهَذَا الْحَدِيثِ أَنتُم مُّدْهِنُونَ (81) وَتَجْعَلُونَ رِزْقَكُمْ أَنَّكُمْ تُكَذِّبُونَ. (82)

ثُمَّ لِكَيْ لَا يَكُونَ لِلْمَخْلُوقِ عَلَى الْخَالِقِ حُجَّةٌ، أَعْلَنْتَهَا يَا إِلَهِي لِلْكَوْنِ بِجَمِيعِ مَخْلُوقَاتِه: إِنَّمَا يُرِيدُ اللَّه لِيُذْهِبَ عَنْكُمُ الرِّجْسَ أَهْلَ الْبَيْتِ وَيُطَهِّرَكُمْ تَطْهِيرًا. (33). فَالْتَقَفَ الْمُدْهِنُونَ هَذِهِ الْآيَةَ وَغَيْرَهَا مِنْ آيَاتِ الْقُرآنِ، وَعَاثُوا فِيهَا تَأْوِيلًا وَتَزْوِيرًا! جَعَلُوا رِزْقَهُمْ فِي الْقُرآنِ تَأْوِيلًا وَتَزْوِيرًا وَكَذِبًا: أَنَّهُمْ يُكَذِّبُون! إِنَّهُم يُدْهِنُون! إِنَّهُم يَجْعَلُونَ رِزْقَهُم أَنَّهُمْ يَكَذِّبُونَ!

5. حَاشَا لِلَّهِ أَلَّا يُكْمِلَ رِسَالَتَه! وَلِكَيْ لَا يَتَهَوَّكَ الْمُتَهَوِّكُون، وَيَتَدَهْوَنَ الْمُدْهِنُون، أَظْهَرَ اللَّه حَقِيقَةَ الْمُطَهَّرِينَ! أَدْعُو عُلَمَاءَ مَذَاهِبِ السَّقِيْفَةِ لِيَسْمَعُوا كَلَامَ اللهِ! قَالَ اللَّه فِي كِتَابِهِ الْكَرِيمِ: إِنَّمَا يُرِيدُ اللَّه لِيُذْهِبَ عَنْكُمُ (1) الرِّجْسَ (2) أَهْلَ الْبَيْتِ (3) وَيُطَهِّرَكُمْ (4) تَطْهِير (5)!! أَيُّهَا الْقَارِىُ الْكَرِيمُ أَدْعُوكَ أَنْ تَبْحَثَ فِي كُتُبِ الْمُدْهِنِينَ عَنْ تَفْسِيرِ هَذِهِ الْآيَةِ الْكَرِيمَةِ، ثُمَّ إِقْرَأْ تَفْسِيرَهَا فِي كِتَابٍ (النَّقْلُ مَفْسَدَةٌ لِلْعَقْلِ).

رَجَاءً أَنْ تَعْتَمِدَ عَلَى كُلِّ مَا يُخَالِفُ مَا يَعْتَمِدُهُ عُلَمَاءُ مَذَاهِبِ السَّقِيْفَةِ، عِنْدَهَا تَكْتَشِفُ حَجْمَ الْجَرَائِمِ وَتَأْثِيرَهَا عَلَى الْإِنْسَانِيَّةِ، مُذْ انْقَلَبَ نُزَلَاءُ الزَّرِيبَةِ عَلَى اللهِ وَعَلَى وَرَسُولِه! إِنَّ كُلَّ الْجَرَائِمِ الَّتِي جَرَتْ عَلَى الْبَشَرِيَّةِ مُذْ اغْتِيلَ رَسُولُ اللهِ وَنُهِبَتْ حُكُومَتُهُ! يَحْمِلُ الْوِزْرَ الْأَكْبَرَ فِي أَسْبَابِ هَذَا الْفِسْقِ فِي الْعَالَمِ، هُمْ: نُزَلَاءُ الزَّرِيبَةِ! وَمَا أَرْسَلْنَاكَ إِلَّا

رَحْمَةً لِلْعَالَمِينِ! أَطْفَأُوهَا. أَطْفَأُوا نُورَ اللهِ واسْتَبْدَلُوهُ بِضَوْءٍ مِنَ الشَّيْطَانِ... يُرِيدُونَ لِيُطْفِئُوا نُورَ اللهِ بِأَفْوَاهِهِمْ وَاللهُ مُتِمُّ نُورَهُ وَلَوْ كَرِهَ الْكَافِرُونَ... إِنَّ الشَّيْطَانَ لَكُمْ عَدُوٌّ مُبِينٌ!

قَسَتِ الْقُلُوبُ وَلَمْ تَلِنْ لِهِدَايَةٍ

تَبًّا لِهَاتِيكَ الْقُلُوبِ الْقَاسِيَةِ!

سَرَقَ هؤُلَاءِ الْمُدْهِنُونَ الْقُرْآنَ، وَأَحْرَقُوا رِسَالَةَ اللهِ الْمُنْزَلَةَ عَلَى قَلْبِ حَبِيبِهِ وَغَيَّرُوهَا وَأَوَّلُوهَا واسْتَبْدَلُوهَا بِمَا يُمْلِي عَلَيْهِمُ الشَّيْطَانُ:

مَسَّ أَصْبَحَتْ لَمَسَ!

إِلَى اللَّيْلِ – فِي الصَّوْمِ- أَصْبَحَتْ إِلَى الْمَغْرِبِ!

لَا النَّافِيَةُ أَصْبَحَتْ لَا نَاهِيَةٌ!

خَلَطُوا بَيْنَ الْآلِ وَالأَهْلِ!

وَبَيْنَ الْفِعْلِ الْمَاضِي وَالْفِعْلِ الْمُضَارِعِ!

وَبَيْنَ اسْمِ الْفَاعِلِ وَاسْمُ الْمَفْعُولِ... إِلخْ.

وَالْمُصِيبَةُ الْكُبْرَى هِيَ فِي انْقِيَادِ أَسَاتِذَةٍ فِي عِلْمِ اللُّغَةِ الْعَرَبِيَّةِ وَرَاءَ هَذَا الْجَهْلِ. لِأَنَّهُ فِي فِقْهِ السَّقِيفَةِ، فَالنَّقْلُ لَهُ أَوْلَوِيَّةٌ عَلَى الْعِلْمِ وَالْعَقْلِ. وَبَعْدَ كُلِّ هَذَا، مَاذَا تَتَوَقَّعُونَ؟ فَكُلُّ إِنَاءٍ بِالَّذِي فِيهِ يَنْضَحُ! وَلِأَنَّ الْعَقْلَ مِيزَانُ الْعِلْمِ، وَالنَّقْلَ بَوَّابَةُ عِلْمِ التَّجْهِيلِ، تَلَقَّفَهَا الْمُغْرِضُونَ! طَمَسُوا

دِيْنَ المُصْطَفَى وَفَتَحُوا أَبْوَابَ عَقَائِدِ الشَّيْطَانِ، بِاسْمِ نَبِيٍّ سَمُّوهُ مُحَمَّدًا.

أَبُو بَكْرٍ يُحَرِّقُ مَا تَرَكَ الرَّسُولُ مِنْ سُنَّةٍ، وَيُجَاهِرُ بِأَنَّ الرَّسُولَ لَا يُؤْتَمَن، ثُمَّ يَغْتَصِبُ نِحْلَةَ ابْنَةِ الرَّسُولِ ـفَدَكـ مُسْتَنِدًا إلى حَدِيثٍ مُفْتَرى لَم يَقُلْهُ المُصْطَفَى، وَعُلَمَاءُ مَذَاهِبِ السَّقِيْفَة يُلَقِّبونَهُ: بِالصِّدِّيق! كَيْفَ يَكُونُ صِدِّيقًا؟! أَتَحَدَّى عُلَمَاءَ مَذَاهِبِ السَّقِيْفَةِ أَنْ يَأْتُونَ مِنْ مَا يُسَمُّونَهُ صِحَاحَ كُتُبِهِم بِمُنَاسَبَةٍ وَاحِدةٍ، نَادَى الحَبِيْبُ أَبَا بَكْرٍ بِالصِّدِّيْق!

أَمُتَهَوِّكُونَ فِيهَا يَا بْنَ الخَطَّابِ؟!

أَعْتَقِدُ أَنَّ مَا تَقَدَّمَ يَكْفِي، فَقَدْ ذَكَرْتُ الكَثِيرَ مِن قَرَائِنَ وَمِنْ أَمْثَالِ هَذَا التَّجَنِّي عَلَى اللَّهِ وَرَسُولِه، مِن أَتْبَاعِ مَذَاهِبِ السَّقِيفَةِ — سَقِيفَةِ بَنِي سَاعِدَة — فِي كِتَابٍ: " أَلْنَّقْلُ مَفْسَدَةٌ لِلعَقْلِ". إِنَّ المُؤَامَرَةَ الَّتِي حَاكَهَا نُزَلَاءُ السَّقِيفَةِ، جَاءت بِتَدْبِيرٍ وَمُسَاعَدَةٍ مِن بَعْضِ عُلَمَاءِ أَهْلِ الكِتَابِ، خُصُوصًا اليَهُود. لِهَذَا تَجِدُ فِي كُتُبِ مَذَاهِبِ مُؤْتَمِرِي وَمُتَآمِرِي مَذَاهِبِ السَّقِيفَةِ، تَبْجِيلٌ وَتَعْظِيمٌ لِأَدْوَارِ مَن يَعْتَقِدُونَ أَو يُؤَكِّدُونَ أَنَّهُم أَسْلَموا! فَالحَقِيقَةُ أَنَّهُ لَمْ يُسْلِمْ — (مِن اليَهُودِ فِي عَهْدِ رَسُولِ اللَّهِ إِلَّا اثْنَانِ: عَبْدُ اللَّهِ بْنُ سَلَامٍ وَمُخَيْرِيْقٌ مِنْ بَنِي النَّضِيرِ... وَلَقَدْ غَضِبَ رَسُولُ اللَّهِ مِن عُمَرَ فَقَالَ لَهُ: أَمُتَهَوِّكُونَ فِيْهَا يَا ابْنَ الخَطَّابِ۞ — لَوْ كَانَ مُوسَى أَخِي حَيًّا مَا وَسِعَهُ إِلَّا اتِّبَاعِي! وَالأَهْوَكُ وَالأَهْوَجُ وَاحِدٌ! وَالتَّهَوُّكُ السُّقُوطُ فِيْ هُوَّةِ الرَّدَى! وَقَدْ جَاءَ فِي كُتُبِ مَذَاهِبِ السَّقِيْفَةِ: قَالَ الإِمَامُ الأَلْبَانِي: " 1589 - (حَدِيثٌ: " أَنَّ النَّبِيَّ صَلَّى اللهُ عَلَيْهِ وَسَلَّمَ غَضِبَ حِينَ رَأى مَعَ عُمَرَ صَحِيفَةً فِيهَا شيءٌ مِنَ التَّوْرَاةِ وَقَالَ: أَفِيْ شَكٍّ أَنْتَ يَا ابْنَ الخَطَّابْ؟ أَلَمْ آتِ بِهَا بَيْضَاءَ نَقِيَّةً؟ لَوْ كَانَ أَخِي مُوسَى حَيًّا مَا وَسِعَهُ إِلَّا اتِّبَاعِي") صْ 2 / 6. حَسَنٌ. أَخْرَجَهُ أَحْمَدُ (3 / 387) مِنْ طَرِيقِ مُجَالِدٍ عَنِ الشَّعْبِيِّ عَنْ جَابِرِ بْنِ عَبْدِ اللهِ:

أَنَّ عُمَرَ بْنَ الْخَطَّابِ أَتَى النَّبِيَّ صَلَّى اللهُ عَلَيْهِ وَسَلَّمَ بِكِتَابٍ أَصَابَهُ مِنْ بَعْضِ أَهْلِ الْكِتَابِ فَقَرَأَهُ النَّبِيُّ (يَا عُلَمَاءَ مَذَاهِبِ السَّقِيْفَةِ، نَبِيُّكُمْ أُمِّيٌّ لَا يَعْرِفُ الْقِرَاءَةَ وَلَا الْكِتَابَةَ، مَتَى تَعَلَّمَ نَبِيُّكُمُ الْقِرَاءَةَ؟) صَلَّى اللهُ عَلَيْهِ وَسَلَّمَ فَغَضِبَ الرَّسُولُ فَقَالَ:

أَمُتَهَوِّكُونَ فِيهَا يَا ابْنَ الْخَطَّابِ، وَالَّذِي نَفْسِي بِيَدِهِ لَقَدْ جِئْتُكُمْ بِهَا نَقِيَّةً، لَا تَسْأَلُوهُمْ عَنْ شَيْءٍ فَيُخْبِرُوكُمْ بِحَقٍّ فَتُكَذِّبُوا بِهِ أَوْ بِبَاطِلٍ فَتُصَدِّقُوا بِهِ، وَالَّذِي نَفْسِي بِيَدِهِ لَوْ أَنَّ مُوسَى صَلَّى اللهُ عَلَيْهِ وَسَلَّمَ كَانَ حَيًّا مَا وَسِعَهُ إِلَّا أَنْ يَتَّبِعَني". (1 / 115) وَبْنُ أَبِي عَاصِمٍ فِي " السُّنَّةِ " (5 / 2) وَبْنُ عَبْدِ الْبِرِّ فِي "جَامِعِ بَيَانِ الْعِلْمِ" (2 / 42) وَالْهَرَوِيُّ فِي "ذَمِّ الْكَلَامِ" (67 2/4) وَالضِّيَاءُ الْمَقْدِسْيُّ فِي "الْمُنْتَقَى مِنْ مَسْمُوعَاتِهِ بِمرو" (33/2).

أَلَمْ يَقُلْ لَكُمُ النَّبِيُّ الْأَعْظَمُ: وَالَّذِي نَفْسِي بِيَدِهِ لَقَدْ جِئْتُكُمْ بِهَا نَقِيَّةً، لَا تَسْأَلُوهُمْ عَنْ شَيْءٍ فَيُخْبِرُوكُمْ بِحَقٍّ فَتُكَذِّبُوا بِهِ أَوْ بِبَاطِلٍ فَتُصَدِّقُوا بِهِ؟ لَقَدْ بَنَى مُتَآمِرُوا السَّقِيْفَةِ عَقَائِدَكُمْ عَلَى مَعْصِيَةِ اللهِ وَرَسُولِهِ!

كَعْبُ الأَحْبَارِ!

مَنْ هُوَ كَعْبُ الأَحْبَارِ؟ وَمِن كُتُبِ مَذَاهِبِ السَّقِيفَةِ: قَالَ الذَّهَبِيُّ رَحِمَهُ اللهُ: هُوَ كَعْبُ بنُ مَاتِعِ الحِمْيَرِيُّ، اليَمَانِيُّ، العَلَّامَةُ، الحَبْرُ، الَّذِي كَانَ "يَهُودِيّاً فَأَسْلَمَ بَعْدَ وَفَاةِ النَّبِيِّ صَلَّى اللهُ عَلَيْهِ وَسَلَّمَ، وَقَدِمَ المَدِينَةَ مِنَ اليَمَنِ فِي أَيَّامِ عُمَرَ رَضِيَ اللهُ عَنْهُ، فَجَالَسَ أَصْحَابَ مُحَمَّدٍ صَلَّى اللهُ عَلَيْهِ وَسَلَّمَ، فَكَانَ يُحَدِّثُهُم عَنِ الكُتُبِ الإِسْرَائِيلِيَّةِ، وَيَحْفَظُ عَجَائِبَ، وَيَأْخُذُ السُّنَنَ عَنِ الصَّحَابَةِ، ((مَنْ يَأْخُذُ عَنْ مَنْ أَيُّهَا الحَمْقَى!؟)) وكان حَسَنُ الإِسْلامِ، مَتِيْنُ الدِّيَانَةِ، مِنْ نُبَلاءِ العُلَمَاءِ". إِنْتَهَى مِنْ "سِيَرِ أَعْلَامِ النُّبَلَاءِ."

وَقَالَ بنُ كَثِيرٍ رَحِمَهُ اللهُ:"... فَإِنَّ كَعْبَ الأَحْبَارِ لَمَّا أَسْلَمَ فِي زَمَنِ عُمَرَ كَانَ يَتَحَدَّثُ بَيْنَ يَدَيْ عُمَرَ بنِ الْخَطَّابِ رَضِيَ اللهُ عَنْهُ بِأَشْيَاءَ مِنْ عُلُومِ أَهْلِ الْكِتَابِ، فَيَسْتَمِعُ لَهُ عُمَرُ تَأْلِيفًا لَهُ وَتَعَجُّبًا مِمَّا عِنْدَهُ مِمَّا يُوَافِقُ كَثِيرٌ مِنْهُ الْحَقَّ الَّذِي وَرَدَ بِهِ الشَّرْعُ الْمُطَهَّرُ، فَاسْتَجَازَ كَثِيرٌ مِنَ النَّاسِ نَقْلَ مَا يُورِدُهُ كَعْبُ الأَحْبَارِ لِهَذَا الْمَعْنَى، وَلَمَّا جَاءَ مِنَ الإِذْنِ فِي التَّحْدِيثِ عَنْ بَنِي إِسْرَائِيلَ، (هَلْ يَقْرَأُ الأَعْرَابُ؟ مَنْ أَعْطَى إِذْنَ التَّحْدِيثِ؟!) كَانَ كَعْبٌ أَوَّلَ مَنْ قَصَّ القَصَصَ فِي الإِسْلامِ، وَقَدْ أَذِنَ لَهُ مُعَاوِيَةُ أَنْ يَقُصَّ القَصَصَ فِي جَامِعِ حِمْصَ، وَهِي

عَادَاتِ الْيَهُودِ، حَيْثُ كَانَ الْأَحْبَارُ يَقُصُّونَ عَلَى الْمُجْتَمِعِيْنَ لِلتَّعَبُّدِ وَالصَّلَاةِ قَصَصَ أَنْبِيَاءِ بَنِيْ إِسْرَائِيْلَ، لِلْعِظَةِ وَالْاِعْتِبَارِ! كَمَا كَانَ يُفَسِّرُ الْقُرْآنَ عَلَى طَرِيْقَةِ تَأْوِيْلِ أَحْبَارِ الْيَهُوْدِ لِلتَّوْرَاةِ. وَقَدْ كَانَ كَعْبٌ يُدَرِّسُ الْقُرْآنَ، وَيُقَابِلُ مَا وَرَدَ فِيْهِ بِآيَاتِ التَّوْرَاةِ، حَيْثُ يَقُوْلُ: فَاتِحَةُ التَّوْرَاةِ فَاتِحَةُ الْأَنْعَامِ، وَخَاتِمَةُ التَّوْرَاةِ خَاتِمَةُ سُوْرَةِ هُوْدَ (حِلْيَةُ الْأَوْلِيَاءِ ج 5 ص 378). هَكَذَا بُنِيَتِ الْمَذَاهِبُ الْعُمَرِيَّةُ! عَرَفْتُمُ الْآنَ كَيْفَ جُمِعَتْ سُنَّةُ السَّقِيْفَةِ! يَا أَتْبَاعَ مَذَاهِبِ السَّقِيْفَةِ، لَقَدْ تَهَوَّكْتُمْ، تَهَوَّدْتُمْ، وَتَهَوَّكْتُمْ!

فِيْ كِتَابِ الْإِعْتِصَامِ بِالْكِتَابِ وَالسُّنَّةِ، فِيْ حَدِيْثٍ رَقُم 7361، بَابُ قَوْلِ النَّبِيِّ صَلَّى اللهُ عَلَيْهِ وَسَلَّمَ " لَا تَسْأَلُوا أَهْلَ الْكِتَابِ عَنْ شَيْءٍ "! قَالَ أَبُو الْيَمَانِ أَخْبَرَنَا شُعَيْبٌ، عَنِ الزُّهْرِيِّ، أَخْبَرَنِي حُمَيْدُ بْنُ عَبْدِ الرَّحْمَنِ، سَمِعَ مُعَاوِيَةَ، يُحَدِّثُ رَهْطًا مِنْ قُرَيْشٍ بِالْمَدِيْنَةِ، وَذَكَرَ كَعْبَ الْأَحْبَارِ فَقَالَ إِنْ كَانَ مِنْ أَصْدَقِ هَؤُلَاءِ الْمُحَدِّثِيْنَ الَّذِيْنَ يُحَدِّثُوْنَ عَنْ أَهْلِ الْكِتَابِ، وَإِنْ كُنَّا مَعَ ذَلِكَ لَنَبْلُو عَلَيْهِ الْكَذِبَ... يَبْلُو عَلَيْهِ الْكَذِبَ وَيُسَلِّمُهُ الدَّعْوَةَ؟! وَقَدْ رَوَى الْبُخَارِيُّ فِي صَحِيحِهِ عَنْ مُعَاوِيَةَ بْنِ أَبِي سُفْيَانَ، أَنَّهُ كَانَ يَقُوْلُ فِي كَعْبِ الْأَحْبَارِ: وَإِنْ كُنَّا مَعَ ذَلِكَ لَنَبْلُو عَلَيْهِ الْكَذِبَ" "انتهى مِنَ "الْبِدَايَةِ وَالنِّهَايَةِ". وَقَالَ رَحِمَهُ اللهُ أَيْضًا: أَسْلَمَ فِي زَمَنِ عُمَرَ وَكَانَ يَنْقُلُ شَيْئًا عَنْ كُتُبِ أَهْلِ الْكِتَابِ، فَكَانَ عُمَرُ رَضِيَ

اللَّهُ عَنْهُ يَسْتَحْسِنُ بَعْضَ مَا يَنْقُلُهُ، لِمَا يُصَدِّقُهُ مِنَ الْحَقِّ، وَتَأْلِيفًا لِقَلْبِهِ فَتَوَسَّعَ كَثِيرٌ مِنَ النَّاسِ فِي أَخْذِ مَا عِنْدَهُ، وَبَالَغَ أَيْضًا هُوَ فِي نَقْلِ تِلْكَ الْأَشْيَاءِ الَّتِي مِنْهَا كَثِيرٌ مَا يُسَاوِي مِدَادَهُ، وَمِنْهَا مَا هُوَ بَاطِلٌ لَا مَحَالَةَ، وَمِنْهَا مَا هُوَ صَحِيحٌ لِمَا يَشْهَدُ لَهُ الْحَقُّ الَّذِي بِأَيْدِينَا " انتهى من " البداية والنهاية" (36/3). وَأَنَا أَشْهَدُ: أَنَّ سُنَّتَكُم، بَالَغَ فِيهَا أَيْضًا فِي نَقْلِ الْأَشْيَاءِ الَّتِي كَثِيرٌ مِنْهَا مَا يُسَاوِي مِدَادَهُ، وَالْبَاقِي مَا هُوَ بَاطِلٌ لَا مَحَالَةَ!

هَنِيئًا لِمَن جَعَلَ عُمَرَ وَمُعَاوِيَةَ وَكَعْبَ الْأَحْبَارِ إِمَامَهُ... وَقَالَ شَيْخُ إِسْلَامِهِم بْنُ تَيْمِيَّةَ: لَمَّا دَخَلَ عُمَرُ بْنُ الْخَطَّابِ الْبَيْتَ الْمُقَدَّسَ وَأَرَادَ أَنْ يَبْنِيَ مُصَلًّى لِلْمُسْلِمَيْنَ: قَالَ لِكَعْبٍ: أَيْنَ أَبْنِيهِ؟ قَالَ ابْنِهِ خَلْفَ الصَّخْرَةِ. قَالَ: خَالَطَتْكَ يَهُودِيَّةٌ يَا بْنَ الْيَهُودِيَّةِ؛ بَلْ أَبْنِيهِ أَمَامَهَا وَذَلِكَ لِأَنَّ الْيَهُودَ تُعَظِّمُ تِلْكَ الصَّخْرَةَ، وَلَمْ يَأْتِ دِينُنَا بِأَيِّ فَضِيلَةٍ لَهَا، هَذَا مَا فَضَّلَهُ شَيْخُ إِسْلَامِهِم...

وَقَالَ الْحَافِظُ فِي "التَّقْرِيبِ" (ص/461): "ثِقَةٌ". فَكَعْبُ الْأَحْبَارِ تَابِعِيٌّ ثِقَةٌ، وَكَانَ مِنْ عُلَمَاءِ الْيَهُودِ، عِنْدَهُ عِلْمٌ غَزِيرٌ، وَلَهُ اطِّلَاعٌ تَامٌّ عَلَى كُتُبِ بَنِي إِسْرَائِيلَ، وَكَانَ يُحَدِّثُ بِأَشْيَاءَ كَثِيرَةٍ مِنْهَا...

أَتَمَنَّى أَنْ تَكُونَ أَيُّهَا الْقَارِئُ الْكَرِيمُ قَدْ لَاحَظْتَ أَنَّهُ دَائِمًا اسْمُ عُمَرَ مُلَاصِقٌ لِمَن تَآمَرَ عَلَى الرَّسُولِ الْأَعْظَمِ، وَمُلَاصِقٌ أَيْضًا لِمَن نَهَى

الرَّسولُ عَنِ الأَخْذِ عَنْهُمْ: وَالَّذِي نَفْسِي بِيَدِهِ لَقَدْ جِئْتُكُمْ بِهَا نَقِيَّةً، لَا تَسْأَلُوهُمْ عَنْ شيْءٍ فَيُخْبِرُوكُمْ بِحَقٍّ فَتُكَذِّبُوا بِهِ أَوْ بِبَاطِلٍ فَتُصَدِّقُوا بِهِ؟! هَذَا عُمَرُ فِي السِّيَرةِ النَّبَوِيَّةِ. إِنْتَظِروا سِيرَتَهُ فِي سُورَةِ الْحُجُرَاتِ فِي الْقُرآنِ الكَرِيمِ. إِنْ شَاءَ اللهُ قَرِيبًا! أَمَّا أَلَّذِي سُمِّيَ بِالصِّدِّيقِ؛ فَسُنَّةُ مَذَاهِبِ السَّقِيفَةِ أَظْهَرَتْ حَقِيقَتَهُ! وَإِلَى الَّذِينَ بَقِيَ فِي قُلُوبِهِم ذَرَّةَ حُبٍّ وَاحِدَةٍ لِأَبِي بَكْرٍ أَسْأَلُهُم بِحُرْمَةِ آيَةِ الصُّحْبَةِ، أَنْ يُرَافِقُونِي فِي الغَوصِ فِي بِحَارِ بَعْضِ آيَاتِ السُّورَةِ الَّتِي أِسْمُهَا سُورَةُ التَّوبَةِ. بَرَاءَةٌ مِنَ اللهِ وَرَسُولِهِ إِلَى الَّذِينَ عَاهَدتُم من الْمُشْرِكِينَ. أَلسُّورَةُ أِسْمُهَا التَّوبَة وَأَوَّلُ كَلِمَةٍ فِيْهَا بَرَاءَةٌ. بَرَاءَةٌ مِمَّن؟ الَّذِينَ عَاهَدتُّم مِّنَ الْمُشْرِكِينَ... الْمُشْرِكُونَ مَعْرُوفُونَ بِعَلَاقَاتِهِمْ وَمُعَامَلَاتِهِمْ! لَكِنْ كَيْفَ يُعْرَفُ الْمُنَافِقُونَ؟

أَلنّفَاقُ وَالمُنَافِقُ وَالمُنَافِقُون!

هَلِ المُنَافِقُ يَعْرِفُ نَفْسَهُ مُنَافِقًا؟ لِلإِجَابَةِ عَلَى هَذَا السُّؤَالِ، بَحَثْتُ فِي بَعْضِ كُتُبِ مَذَاهِبِ السَّقِيفَةِ. إِلَيْكُم مَاذَا وَجَدْتُ:

رَوَى البُخَارِيُّ عَنِ بْنِ أَبِي مَلِيكَةَ أَنَّهُ قَالَ: أَدْرَكْتُ ثَلاثِيْنَ مِنْ أَصْحَابِ النَّبِيِّ صَلَّى اللهُ عَلَيْهِ وَسَلَّمَ كُلُّهُمْ يَخَافُ النِّفَاقَ عَلَىْ نَفْسِهِ! وَقَدْ كَانَ عُمَرُ يَسْأَلُ حُذَيْفَةَ بِنَ اليَمَانِ فَيَقُوْلُ: **هَلْ عَدَّنِي لَكَ رَسُوْلُ اللهِ مِنَ المُنَافِقِيْنَ؟** فَيَقُوْلُ لَا.

أَيُّهَا القَارِىءُ الكَرِيْمُ، الشَّفَافِيَّةُ أَمْرٌ حَاسِمٌ عِنْدَمَا يَتَعَلَّقُ الأَمْرُ بِالصِّدْقِ عَامَّةً، وَفِي اتِّخَاذِ القَرَارَاتِ الحَرِجَةِ الَّتِي تُؤَثِّرُ عَلَى النَّاسِ بِشَكْلٍ عَامٍّ خَاصَّةً، وَلَا سِيَّمَا عِنْدَمَا يَتَعَلَّقُ الأَمْرُ بِالعَقَائِدِ وَالعِبَادَاتِ، وَحَتَّى فِي السِّيَاسَاتِ المَزْعُوْمَةِ الَّتِي تَسْتَنِدُ إِلَى دَلِيْلٍ عِلْمِيٍّ. وَيُرَكِّزُ المُجْتَمَعُ العِلْمِيُّ بِشَكْلٍ مُتَزَايِدٍ عَلَى تَحْسِيْنِ شَفَافِيَّةِ البَحْثِ مِنْ خِلَالِ مُبَادَرَاتٍ تُمَثِّلُ جُهُوْدًا حَسَنَةَ النِّيَّةِ لِتَعْزِيْزِ صَلَابَةِ النَّتَائِجِ العِلْمِيَّةِ، وَلِزِيَادَةِ القُدْرَةِ عَلَى الوُصُوْلِ إِلَى البَيَانَاتِ وَفَائِدَتِهَا الَّتِي تَكْمُنُ خَلْفَ البَحْثِ. وَمَعَ ذَلِكَ، تَظَلُّ المَخَاوِفُ بِشَأْنِ الشَّفَافِيَّةِ المُرْتَبِطَةِ بِنَتَائِجِ البُحُوثِ، تَظْهَرُ بِشَكْلٍ مُسْتَمِرٍّ فِي مُنَاقَشَاتٍ عَقَائِدِيَّةٍ أَوْ سِيَاسِيَّةٍ...

لَقَدْ حَذَّرَ اللهُ وَرَسُولُهُ مِنْ آفَةِ النَّفَاقِ، وَقَدْ أَنْزَلَ اللهُ سُوْرَةً كَامِلَةً فِي المُنَافِقِينَ: (أَلمُنَافِقُونَ) أَوَّلُ آيَاتِهَا:

إِذَا جَاءَكَ الْمُنَافِقُونَ قَالُوا نَشْهَدُ إِنَّكَ لَرَسُولُ اللهِ وَاللَّهُ يَعْلَمُ إِنَّكَ لَرَسُولُهُ وَاللَّهُ يَشْهَدُ إِنَّ الْمُنَافِقِينَ لَكَاذِبُونَ!

جُمْلَةُ إِذَا جَاءَكَ الْمُنَافِقُونَ (جَمْعًا)، مَاذَا يَعْنِي لَكَ أَيُّهَا الْقَارِئُ الْكَرِيمُ؟ أَلَّذِينَ جَاؤوك (جَمْعًا) كَانُوا صَحَابَةً وَقَدْ أَسْلَمُوا بِنُطْقِهِمُ الشَّهَادَةَ (إِنَّكَ لَرَسُولُ اللهِ). إِذًا، كَانَ فِي الصَّحَابَةِ مُنَافِقُونَ! مِنْ كِتَابِ الْمُعْجَمِ الْمُفَهْرَسِ لِأَلْفَاظِ الْقُرْآنِ الْكَرِيمِ، لِمُحَمَّدٍ فُؤَادْ عَبْدِ الْبَاقِي وَبِحَسَبِ وُرُودِ كَلِمَةِ الْمُنَافِقِينَ وَمُشْتَقَّاتِهَا فِي الْقُرْآنِ:

كَلِمَةُ "الْمُنَافِقُونَ" وَرَدَتْ 8 مَرَّات.

كَلِمَةُ "الْمُنَافِقِينْ" وَرَدَتْ 19 مَرَّة.

كَلِمَةُ "الْمُنَافِقَاتِ" وَرَدَتْ 5 مَرَّات.

كَلِمَةُ "نَافَقُوا" وَرَدَتْ مَرَّتَيْن.

كَلِمَةُ "النِّفَاقُ" مَرَّةً وَاحِدَةً.

كَلِمَةُ "نِفَاقاً" وَرَدَتْ مَرَّتَيْن.

هَلْ نَطَقَ أَبُو بَكْرٍ بِالشَّهَادَتَيْنِ؟
هَلْ حَرَّقَ عُمَرُ بَيْتَ الزَّهْرَاءِ؟

يَا عُلَمَاءَ مَذَاهِبِ السَّقِيفَةِ. هَذَا سَيِّدُكُم أَبُو بَكْرٍ الَّذِي قَلَّدْتُمُوهُ مَنْصِبَ أَشْرَفِ خَلْقِ اللهِ بَعْدَ رَسُولِ اللهِ! "أُرِيدُ أَنْ أَعْلَمَ أَيُّ إِلَهٍ وَأَيُّ رَسُولِ الله". أَتَشْهَدُونَ إِنَّ إِمَامَكُم نَطَقَ، وَآمَنَ بِالشَّهَادَتَيْنِ؟!

أَيُّ إِلَهٍ عَبَدَ أَبُو بَكْرِكُمْ؟! وَقَدْ شَكَّكَ فِي أَمَانَةِ وَصِدْقِ رَسُولِهِ!

أَلْإِيْمَانُ يَقِيْنٌ وَالشَّكُّ كُفْرٌ!؟

يَا عُلَمَاءَ مَذَاهِبِ السَّقِيفَةِ. هَلْ حَرَّقَ عُمَرُ بَيْتَ الزَّهْرَاءِ؟

مَن قَالَ مِنْكُم لَا، كُتُبُكُم وَتَارِيخُكُم شَاهِدٌ عَلَى نِفَاقِكُم وَأَنْتُم أَيْضًا شُهَدَاءُ! طَبْعًا اللهُ يَعْلَمُ وَالمُؤْمِنُونَ السَّابِقُونَ وَالحَاضِرُونَ يَعْلَمُونَ وَيَشْهَدُونَ: ﴿إِنَّ الْمُنَافِقِينَ يُخَادِعُونَ اللَّهَ وَهُوَ خَادِعُهُمْ وَإِذَا قَامُوا إِلَى الصَّلَاةِ قَامُوا كُسَالَى يُرَاؤُونَ النَّاسَ وَلَا يَذْكُرُونَ اللَّهَ إِلَّا قَلِيلًا﴾. 142 ﴿مُذَبْذَبِينَ بَيْنَ ذَلِكَ لَا إِلَى هَؤُلَاءِ وَلَا إِلَى هَؤُلَاءِ وَمَن يُضْلِلِ اللَّهُ فَلَن تَجِدَ لَهُ سَبِيلًا﴾. 143 ﴿يَا أَيُّهَا الَّذِينَ آمَنُوا لَا تَتَّخِذُوا الْكَافِرِينَ أَوْلِيَاءَ مِن دُونِ الْمُؤْمِنِينَ أَتُرِيدُونَ أَن تَجْعَلُوا لِلَّهِ عَلَيْكُمْ سُلْطَانًا مُّبِينًا﴾. 144 ﴿إِنَّ الْمُنَافِقِينَ فِي الدَّرْكِ الْأَسْفَلِ مِنَ النَّارِ وَلَن تَجِدَ لَهُمْ نَصِيرًا﴾. 145

أَبُو بَكْرٍ ارتَدَّ عَنْ إِسْلَامِهِ عِنْدَمَا نَقَضَ شَهَادَتَهُ وَأَحْرَقَ سُنَّةَ الرَّسُولِ، وَنَعَتَهُ بِأَنَّهُ لَا يُؤْتَمَن! وَبَدَأَ أَبُو بَكْرٍ الْحَرْبَ عَلَى الْمُؤْمِنِينَ الَّذِينَ رَفَضُوا بَيْعَتَهُ، وَعُمَرُ سَارَ عَلَى الطَّرِيقِ نَفْسِهِ وَمِن بَعْدِهِمَا طَبَّقَ عُثْمَانُ سُنَّةَ الشَّيْخَيْنِ – كَمَا سَمَّاهُمَا – عَلَى أَكْمَلِ وَجْهٍ.

لِمَنْ لَا يَعْلَم. حُذَيْفَةُ صَاحِبُ سِرِّ رَسُولِ الله. وَأَيُّ سِرٍّ أَعْظَمُ مِنْ أَسْمَاءِ الْمُنَافِقِينَ الَّذِينَ تَآمَرُوا عَلَى قَتْلِ الرَّسُول؟ لِمَاذَا حُذَيْفَة، وَلَيْسَ أَبُو بَكْرٍ أَوْ عُمَر؟ شَهِدَ الثَّلَاثَةُ الْوَاقِعَة!؟ لِأَنَّ حُذَيْفَةَ شَهِدَ الْوَاقِعَةَ وَلَمْ يَكُنْ مَعَ الْمُنَافِقِينَ، وَلِأَنَّهُ يُؤْتَمَن! فَأَخْبَرَهُ رَسُولُ اللهِ بِأَسْمَائِهِم! وَقَدْ أَنْزَلَ اللهُ فِيْهِم فِي سُورَةِ التَّوْبَةِ: يَحْلِفُونَ بِاللهِ مَا قَالُواْ وَلَقَدْ قَالُواْ كَلِمَةَ الْكُفْرِ وَكَفَرُواْ بَعْدَ إِسْلَمِهِمْ وَهَمُّوا بِمَا لَمْ يَنَالُوا وَمَا نَقَمُوا إِلَّا أَنْ أَغْنَاهُمُ اللهُ وَرَسُولُهُ مِن فَضْلِهِ فَإِن يَتُوبُواْ يَكُ خَيْرًا لَّهُمْ وَإِن يَتَوَلَّوْاْ يُعَذِّبْهُمُ اللهُ عَذَابًا أَلِيمًا فِى الدُّنْيَا وَالْأَخِرَةِ وَمَا لَهُمْ فِى الْأَرْضِ مِن وَلِيٍّ وَلَا نَصِيرٍ... وَقَدْ نَزَلَتْ هَذِهِ الْآيَةُ فِي هَذِهِ الْحَادِثَةِ! وَقَدْ ذَكَرَ الْهَيْثَمِي فِي مَجْمَعِ الزَّوَائِدِ الجزءِ الأوَّلِ صَفْحَةِ 110: "خرج رَسُولُ اللهِ صَلَّى الله عَلَيْهِ وَسَلَّمْ إِلَى غَزْوَةِ تَبُوكَ، فَانْتَهَى إِلَى عَقَبَةٍ، فَأَمَرَ مُنَادِيهِ فَنَادَى، لَا يَأْخُذَنَّ الْعَقَبَةَ أَحَدٌ، فَإِنَّ رَسُولَ الله يَسِيرُ يَأْخُذُهَا، وَكَانَ رَسُولُ الله يَسِيرُ وَحُذَيْفَةُ يَقُودُهُ وَعَمَّارُ بْنُ يَاسِرٍ يَسُوقُهُ، فَأَقْبَلَ رَهْطٌ مُتَلَثِّمِينَ عَلَى الرَّوَاحِلِ حَتَّى غَشُوا النَّبِيَّ، فَرَجَعَ عَمَّارُ فَضَرَبَ وُجُوهَ الرَّوَاحِلِ، فَقَالَ النَّبِيُّ لِحُذَيْفَةَ: قُدْ، قُدْ فَلَحِقَهُ عَمَّارُ، فَقَالَ: سُقْ، سُقْ حَتَّى أَنَاخَ،

فَقَالَ: لَا كَانُوا مُتَلَثِّمِينَ وَقَدْ عَرَفْتُ وَقَالَ لِعَمَّارٍ: هَلْ تَعْرِفُ الْقَوْمَ؟ عَامَّةَ الرَّوَاحِلِ، قَالَ أَتَدْرِي مَا أَرَادُوا بِرَسُولِ الله قُلْتُ اللهُ وَرَسُولُهُ أَعْلَمُ، قَالَ: أَرَادُوا أَنْ يَنْفُرُوا بِرَسُولِ الله فَيَطْرَحُوهُ مِنَ الْعَقَبَةِ.

وَالْوَلِيدُ بْنُ جَمِيعٍ، قَالَ بْنُ حَزْمٍ۝: ” رَوَى أَخْبَارًا فِيهَا أَنَّ أَبَا بَكْرٍ وَعُمَرَ وَعُثْمَانَ وَطَلْحَةَ وَسَعْدَ بْنَ أَبِي وَقَّاصٍ، أَرَادُوا قَتْلَ النَّبِيِّ وَإِلْقَاءَهُ مِنَ الْعَقَبَةِ فِي تَبُوكَ“! (الْمَحَلَّى لِإِبْنِ حَزْمٍ جُزْء 11 صفحَة 224) ...

وَهَذِهِ الْأَخْبَارُ وَالْأَحَادِيثُ مَفْقُودَةٌ الْآنَ أَوْ مُحَرَّفَةٌ مَعَ الْأَسَفِ، فَقَدْ حَرَّفَهَا وَأَخْفَى الْمخَالِفُونَ الْكَثِيرَ مِنْهَا خَوْفًا مِنِ افْتِضَاحِ أَئِمَّتِهِمْ! وَلَكِنَّ هَذَا لَنْ يُغَيِّرَ شَيْئًا مِنَ الْحَقَائِقِ الثَّابِتَةِ بِالْحُجَّةِ وَالْبُرْهَانِ فِي عَقْلِ الْبَاحِثِ لَا فِي قَلْبِهِ أَوْ فِي عَقِيدَتِهِ أَوْ فِي رَغَبَاتِهِ.

فَالْبَاحِثُ عَنِ الرَّجُلِ "الرَّجُلِ"؛ عَلَيْهِ أَنْ يَعْرِفَ الْحَقَّ، وَإِلَّا يَكُونُ مَلْبُوسًا عَلَيْه! الْحَقُّ لَا يُعْرَفُ بِالرِّجَالِ.. وَإِنَّمَا يُعْرَفُ الرِّجَالُ بِالْحَقِّ!

عَلَى سَبِيلِ الْمِثَالِ: "أَلْكِتَابُ الْمَكْنُونُ" أَلَّذِي لَا يَمَسُّهُ إِلَّا الْمُطَهَّرُونَ! "حَقٌّ" وَكُلُّ مُطَهَّرٍ "حَقٌّ" وَأَلَّذِي عِنْدَهُ عِلْمُ الْكِتَابِ ـ أَلْقُرْآنُ النَّاطِقُ ـ هُوَ "الْحَقُّ"! هَلْ أَصْبَحَتِ الصُّورَةُ أَوْضَح. أَيُّهَا الْقَارِئُ الْكَرِيمُ هَلْ

مَا زِلْتَ تَتَعَرَّفُ عَلَى الْحَقِّ بِالرِّجَالِ كَمَا عَرَفَهُ مُؤَسِّسُو هَذَا الدِّيْنِ الْمُزَوَّرِ، وَتِلْكَ السُّنَّةُ الْمُحَوَّرَةِ! أَمِ الآنَ عَرَفْتَ الرِّجَالَ بِالْحَقِّ؟

الْحَقِيْقَةُ الْمُطْلَقَةُ هِيَ فِي شَهَادَةِ اللهِ وَشَهَادَةِ رَسُولِهِ - الشّهَادَتَانِ اللَّتَانِ فِيهِمَا الْحَقُّ الْمُطْلَقُ - أَنَّ مَنْ عِنْدَهُ عِلْمُ الْكِتَابِ هُوَ الْقُرآنُ النَّاطِقُ!؟

رُبَّ مَنْ يَسْأَلْ، أَيْنَ حَقِيقَةُ مَا تَقَدَّم؟!

أَيُّهَا الْقَارِئُ الْكَرِيمُ، إِنَّ مَا تَقَدَّمَ حَتَّى الْأَنْ يَرْمِي نُزَلَاءَ السَّقِيفَةِ دَاخِلَ الثُّقْبِ الْأَسْوَدِ! وَلَكِنْ حِفَاظًا وَتَأْكِيداً عَلَى الشَّفَافِيَّةِ لَنْ أَتْرُكَ لِهؤُلَاءِ فُرْصَةً لِلْهَرَبِ مِنْ لَظَاهَا – إِلَّا إِذَا أَرَادَ الله غَيْرَ ذَلِكَ! وَلَكِنْ قَبْلَ أَنْ أُوَتِيَكُمْ بِالْحَقِيقَةِ الْمُطْلَقَةِ، أَرِيدُ أَنْ أُجِيبَ عَلَى سُؤَالٍ بِنِ الْخَطَّابِ إِلَى حُذَيْفَةَ حَامِلِ سِرِّ رَسُولِ الله!

السُّؤَالُ: عُمَرُ يَسْأَلُ حُذَيْفَةَ بِنَ الْيَمَانِ فَيَقُولُ: هَلْ عَدَّنِي لَكَ رَسُولُ الله مِنَ الْمُنَافِقِينَ؟ فَيَقُولُ حَذِيْفَةُ لَا!! إِنَّ كُلَّ شَيْءٍ فِيمَا يُسَمُّونَهُ سُنَّةً وَتَارِيْخٌ إِسْلَامِيٌّ مُخْتَلَفٌ عَلَيْهِ، وَلَكِنِّي سَأَعْتَمِدُ هَذَا السُّؤَالَ عَلَى أَنَّهُ حَصَلَ وَهَذَا حَقِيْقَةٌ! سَاعِدْنِي أَيُّهَا الْقَارِئُ الْكَرِيْمُ أَنْ أَكْتَشِفَ حَقِيْقَةَ مَا وَرَاءَ هَذَا السُّؤَالِ!

1. لِمَاذَا أَرَادَ عُمَرُ أَنْ يَعْرِفَ إِذَا كَانَ رَسُولُ الله قَدْ عَدَّهُ مَعَ الْمُنَافِقِينَ؟ هُنَاكَ ثَلاثُ إِحْتِمَالَاتٍ لِسُؤَالِ عُمَرَ -رَبِيْبِ كَعْبِ الْأَحْبَارِ-، لِأَنَّهُ لَا يُمْكِنُ أَنْ يَكُونَ عُمَرُ مَعَ الْمُنَافِقِينَ مِنْ دُونِ عِلْمِهِ شَخْصِيًّا!؟ الْإِحْتِمَالُ الْأَوَّلُ: شَكُّ عُمَرَ فِي نُبُوَّةِ رَسُولِ الله، لِأَنَّ أَيَّ رَسُولٍ لِله سَيُخْبِرَهُ الله وَسَيَكُونُ لِله عِلْمًا مُسْبَقًا بِالَّذِي سَوف يَحْدُثُ! وَالْإِحْتِمَالُ الثَّانِي عِلْمُ عُمَرَ بِأَنَّ حُذَيْفَةَ لَا يُمْكِنُ أَنْ يَفْشِيَ سِرَّ رَسُولِ الله، وَأَيْضًا لَنْ يَتَجَرَّأَ أَنْ يَقُولَ نَعَمْ خَوفًا مِنْ رَدَّةِ فِعْلِ الْحَاكِمِ عُمَرَ. عِنْدَهَا سَيَكُونُ جَوَاب

حُذَيْفَةَ بِلَا! وَالإحْتِمَالُ الثَّالِثُ أَنْ يَكُونَ هَذَا الْحَدِيثَ تَرْكِيبَةً مِنَ الْمُعَنْعَنِينَ لِدَفْعِ التُّهْمَةِ عَنْ عُمَرَ، فَأَثْبَتُوهَا! وَيَمْكُرُونَ وَيَمْكُرُ اللهُ وَاللهُ خَيْرُ الْمَاكِرِين! كَانَ فِي جَيْشِ رَسُولِ اللهِ فَوقَ الثَّلَاثِينَ أَلْفًا، فِي هَذِهِ الْحَالِ الْجَمِيعُ مُتَّهَمُونَ! لِمَاذَا عُمَرُ وَهُوَ مَنْ يُسَمُّونَهُ أَمِيرَ الْمُؤْمِنِينَ، وَخَلِيفَةُ رَسُولِ اللهِ ـ إِنْ لَمْ يَكُنْ وَاحِدًا مِنْهُم ـ سُئِل إِذَا كَانَ هُوَ مِنَ الْمُنَافِقِينَ؟ أَلَا يَجِبُ لِأَمِيرِ الْمُؤْمِنِينَ وَخَلِيفَةِ رَسُولِ اللهِ أَنْ يَسْأَلَ؛ مَنْ هُمُ الْمُنَافِقُونَ، بَدَلَ هَلْ هُوَ مِنَ الْمُنَافِقِينَ؟

2. مَنْ هُمُ الْمُنَافِقُونَ الَّذِينَ سَمَّاهُمْ رَسُولُ اللهِ وَمَتَى؟! إِلَى الَّذِينَ لَا يَعْلَمُونَ! لَقَدْ أَسَرَّ رَسُولُ اللهِ إِلَى حُذَيْفَةَ ـ مِنْ بَيْنِ جَمِيعِ الصَّحَابَةِ، وبَيْنَهُم العَشَرَةُ الْمُبَشَّرُونَ بِالجَنَّةِ ـ أَسْمَاءَ الْمُنَافِقِينَ الَّذِينَ تَآمَرُوا عَلَى اغْتِيَالِ رَسُولِ اللهِ!؟ صَحِبَ رَسُولُ اللهِ جَمِيعَ الرِّجَالِ الْقَادِرِينَ عَلَى الْقِتَالِ فِي رِحْلَةِ الْعَقَبَةِ، مَا عَدَا الْمُنَافِقِينَ الْمَعْرُوفِينَ. وَقَدْ قَالَ أَبُو دَاوُدَ الطَّيَالِسِي فِي "مُسْنَدِهِ": حَدَّثَنَا شُعْبَةُ عَنِ الْحَكَمِ عَنْ مُصْعَبِ بِنِ سَعْدٍ عَنْ أَبِيهِ قَالَ: خَلَّفَ رَسُولُ اللهِ عَلِيَّ بْنِ أَبِي طَالِبٍ فِي غَزْوَةِ تَبُوكَ فَقَالَ عَلِيٌّ: يَا رَسُولَ اللهِ، أَتُخْلِفُنِي فِي النِّسَاءِ وَالصِّبْيَانِ؟

فَقَالَ رَسُولُ اللهِ: " أَمَا تَرْضَى أَنْ تَكُونَ مِنِّي بِمَنْزِلَةِ هَارُونَ مِنْ مُوسَى غَيْرَ أَنَّهُ لَا نَبِيَّ بَعْدِي؟ وَأَخْرَجَاهُ مِنْ طُرُقٍ، عَنْ شُعْبَةَ نَحْوَهُ. وَعَلَّقَهُ الْبُخَارِيُّ أَيْضًا مِنْ طَرِيقِ أَبِي دَاوُدَ عَنْ شُعْبَةَ. هَلْ جَاءَ هَذَا

صُدْفَةً؟ إِنْ قُلْتُمْ صُدْفَةً. أَقُولُ لَمْ تَعْرِفُوا اللهَ وَلَا رَسُولَهُ! لِهَذَا أَرَادَ اللهُ أَنْ لَا يَتْرُكَ لِجَمِيعِ الصَّحَابَةِ حُجَّةً أَوْ فَضْلًا أَوْ رِفْعَةً أَوْ حَصَانَةً أَوْ مُفَاضَلَةً أَوْ تَشْرِيفًا أَوِ اسْتِفْضَالًا أَوْ تَفَضُّلًا أَوْ حَتَّى مُسَاوَاةً فِي الفَضْلِ أَوِ المَنْزِلَةِ أَوِ القَدْرِ مَعَ أَمِيرِ المُؤْمِنِينَ، الَّذِي رَفَعَهُ اللهُ إِلَى رِتْبَةٍ وَمَنْزِلَةٍ وَمَقَامٍ أَعْلَى مِنْ جَمِيعِ الأَنْبِيَاءِ وَرُسُلِ مَا قَبْلَ الرِّسَالَةِ المُحَمَّدِيَّةِ. مُحَمَّدٌ سَيِّدُ الخَلْقِ بِأَمْرٍ مِنَ اللهِ:

أ) وَاكْتُبْ لَنَا فِي هَذِهِ الدُّنْيَا حَسَنَةً وَفِي الأَخِرَةِ إِنَّا هُدْنَا إِلَيْكَ قَالَ: عَذَابِي أُصِيبُ بِهِ مَنْ أَشَاءُ وَرَحْمَتِي وَسِعَتْ كُلَّ شَيْءٍ فَسَأَكْتُبُهَا لِلَّذِينَ يَتَّقُونَ وَيُؤْتُونَ الزَّكَوةَ وَالَّذِينَ هُمْ بِآيَتِنَا يُؤْمِنُونَ (156) الَّذِينَ يَتَّبِعُونَ الرَّسُولَ النَّبِيَّ الأُمِّيَّ الَّذِي يَجِدُونَهُ مَكْتُوبًا عِندَهُمْ فِي التَّوْرَاةِ وَالإِنجِيلِ يَأْمُرُهُم بِالْمَعْرُوفِ وَيَنْهَاهُمْ عَنِ المُنكَرِ وَيُحِلُّ لَهُمُ الطَّيِّبَاتِ وَيُحَرِّمُ عَلَيْهِمُ الْخَبَائِثَ وَيَضَعُ عَنْهُمْ إِصْرَهُمْ وَالأَغْلَالَ الَّتِي كَانَتْ عَلَيْهِمْ فَالَّذِينَ آمَنُوا بِهِ وَعَزَّرُوهُ وَنَصَرُوهُ وَاتَّبَعُوا النُّورَ الَّذِي أُنزِلَ مَعَهُ أُولَئِكَ هُمُ المُفْلِحُونَ (157)...

قُل يَأَيُّهَا النَّاسُ إِنِّي رَسُولُ اللهِ إِلَيْكُم جَمِيعًا الَّذِي لَهُ مُلكُ السَّمَوَتِ وَالأَرضِ لَا إِلَهَ إِلَّا هُوَ يُحي وَيُمِيتُ فَآمِنُواْ بِاللهِ وَرَسُولِهِ النَّبِيِّ الأُمِّيِّ الَّذِي يُؤْمِنُ بِاللهِ وَكَلِمَتِهِ وَاتَّبِعُوهُ لَعَلَّكُم تَهْتَدُونَ. (158) ...

بَ) وَإِذْ قَالَ عِيسَى بْنُ مَرْيَمَ يَا بَنِي إِسْرَائِيلَ إِنِّي رَسُولُ اللَّهِ إِلَيْكُم -
مُصَدِّقًا لِّمَا بَيْنَ يَدَيَّ مِنَ التَّوْرَاةِ وَمُبَشِّرًا بِرَسُولٍ يَأْتِي مِن بَعْدِي
اسْمُهُ أَحْمَدُ فَلَمَّا جَاءَهُم بِالْبَيِّنَاتِ قَالُوا هَذَا سِحْرٌ مُبِينٌ.

ج) وَإِذْ أَخَذَ اللَّهُ مِيثَاقَ النَّبِيِّينَ لَمَا ءَاتَيْتُكُم مِّن كِتَابٍ وَحِكْمَةٍ ثُمَّ جَاءَكُم - .
رَسُولٌ مُصَدِّقٌ لِّمَا مَعَكُمْ لَتُؤْمِنُنَّ بِهِ وَلَتَنصُرُنَّهُ قَالَ ءَأَقْرَرْتُمْ وَأَخَذْتُمْ
عَلَى ذَلِكُمْ إِصْرِي قَالُوا أَقْرَرْنَا قَالَ فَاشْهَدُوا وَأَنَا مَعَكُم مِّنَ الشَّهِدِينَ.

د) وَكَذَلِكَ جَعَلْنَاكُمْ أُمَّةً وَسَطًا لِّتَكُونُوا شُهَدَاء عَلَى النَّاسِ - .
وَيَكُونَ الرَّسُولُ عَلَيْكُمْ شَهِيدًا...

ه) إِنَّ اللَّهَ وَمَلَائِكَتَهُ يُصَلُّونَ عَلَى النَّبِيِّ يَا أَيُّهَا الَّذِينَ آمَنُوا صَلُّوا -
عَلَيْهِ وَسَلِّمُوا تَسْلِيمًا. إِلَى كَثِيرٍ مِنَ الآيَاتِ فِي الْقُرْآنِ الْكَرِيمِ الَّتِي
صَوَّرَتْ وَأَعْطَتْ سَيِّدَ الْخَلْقِ حَقَّهُ! مُوتُوا بِحِقْدِكُمْ وَافْرَحُوا بِغَيِّكُمْ
وَخُذُوا مَوْقِعَكُمْ مِنَ النَّارِ، وَاخْسَؤُوا. مُحَمَّدٌ سَيِّدُ الْكَوْنَيْنِ وَسَيِّدُ الْخَلْقِ
وَأَخُوهُ وَشَرِيكُهُ وَحَبِيبُهُ وَوَصِيُّهُ الَّذِي اسْتَوْدَعَهُ النِّسَاءَ وَالأَطْفَالَ
بِأَمْرٍ مِنَ اللَّهِ، فِي جَنَّاتِ الْخُلُودِ.

هَلْ تَسَاءَلَ أَحَدٌ مِنْ عُلَمَاءِ الْعُمَرِيَّةِ لِمَاذَا!؟ لِمَاذَا!؟ لَا تَسْأَلِ الْعَبِيدَ! لَمْ
تَخْلُ سَاحَاتُ جَمِيعِ مَعَارِكِ وَغَزَوَاتِ رَسُولِ اللَّهِ مِنْ أَنْفَاسِ الإِمَامِ!
لِمَاذَا فِي رِحْلَةِ الْعَقَبَةِ طُلِبَ مِنْهُ التَّخَلُّفُ؟ هَلْ سَأَلَ أَحَدٌ مِنْ عُلَمَاءِ

العُمَرِيَّةِ، مَاذَا كَانَ الهَدَفُ وَرَاءَ هَذِهِ الرّحْلَةِ؟ لَمْ يَكُنْ عَدُوًّا يُرْتَجَى قِتَالَهُ! لَوْ كَانَ هُنَاكَ فُرصَةٌ أَوِ احْتِمَالُ قِتَالٍ، لَكَانَ مِنَ المُسْتَحِيْلِ غِيَابُ أَمِيْرِ المُؤمِنِيْنَ عَنْ نُصْرَةِ رَسُوْلِ اللهِ! وَلَكِنْ ذَهَبَ الجَيْشُ ثُمَّ عَادَ! ظَهَرَتْ مُعْجِزَاتٌ كَثِيْرَةٌ، مُعْظَمُهَا إِنْ لَمْ يَكُنْ جَمِيْعُهَا، مُعْجِزَاتٌ عَرَضِيَّةٌ فِي مَكَانِهَا وَزَمَانِهَا دُوْنَ مَوعِدٍ أَوْ تَصْمِيْمٍ: ظَهَرَ سَحَابَةُ مَاءٍ، خَبَرُ إِكْتِشَافِ نَاقَةِ رَسُوْلِ اللهِ الَّتِي ضَلَّتْ، الإِخْبَارُ بِهُبُوبِ رِيحٍ شَدِيْدَةٍ وَالتَّحْذِيْرُ مِنْهَا، تَكْثِيْرُ مَاءِ عَيْنِ تَبُوكَ، وَتَكْثِيْرُ الطَّعَامِ!... أَلِمِثْلِ هَذَا؛ أَفْرَغَ رَسُوْلُ اللهِ المَدِيْنَةَ مِنَ الرّجَالِ، وَسَارَ بِهِمْ فِي مُنَاوَرَةٍ عَبَثِيَّةٍ، لَا فَائِدَةَ فِيهَا سِوَى تَأْكِيْدٍ لِنُبُوَّتِهِ!؟ أَيُّهَا النَّاسُ، مَتَى تَوَقَّفَ التَّشْكِيْكُ فِي نُبُوَّةِ رَسُوْلِ اللهِ؟ عِنْدَمَا شَكَّكَ المُشَكِّكُونَ، وَكَذَّبَ المُكَذِّبُونَ، وَطَعَنَ الطَّاعِنُونَ بِصِدقِ الرّسَالَةِ، هَلْ جَاءَهُم المُصطَفَى بِمُعْجِزَاتٍ عَرَضِيَّةٍ!؟ هَلْ الَّذِي تَسَيَّدَ بِعِلْمِ القُرآنِ، مُعْجِزَةِ المُعْجِزَاتِ يَحْتَاجُ مُعْجِزَةً عَرَضِيَّةً لِكَي يُثْبِتَ نُبُوَّتَهُ لِأعرَابِيٍّ بَدَوِيٍّ جَاهِلٍ! مَا بَالُكُم كَيْفَ تَحكُمُونَ!؟ أَلجَهْلُ عَمىً! وَيَقُوْلُ الَّذِينَ كَفَرُوا لَسْتَ مُرْسَلًا قُلْ كَفَى بِاللهِ شَهِيدًا بَيْنِي وَبَيْنَكُمْ وَمَنْ عِندَهُ عِلْمُ الْكِتَابِ (43).

مَهْمَا حَاوَلَ المُنَافِقُونَ المُغْرِضُونَ إِبْعَادَ النَّاسِ عَنِ الهَدَفِ الأَسَاسِيّ مِنْ مُنَاوَرَةِ تَبُوكَ، سَيَكْتَشِفُهَا المُؤمِنُونَ وَسَيَسْتَضِيْئُوا بِنُوْرِ هَدْيِهَا وَسَيَكْتَشِفُونَ أَسْمَاءَ المُنَافِقِينَ! إِنَّ التَّسَلْسُلَ فِي أَحْدَاثِهَا وَالصُّوَرَ الَّتِي رَسَمَتْهَا وَالحَقَائِقَ الَّتِي أَظْهَرَتْهَا تَجْعَلُ مِنَ المُعْجِزَاتِ الَّتِي حَصَلَتْ،

أَحْدَاثًا طَارِئَةً مِنْ حَيْثُ وَقْعُهَا وَأَثَرُهَا وَقِيمَتُهَا وَخَاصِّيَتِهَا وَفِي
اسْتِمْرَارِيَّةِ تَأْثِيرِهَا! بَيْنَمَا الهَدَفُ الأَسَاسِيُّ وَرَاءَ تَبُوكَ، وَالتَّحْضِيْرُ
لَهَا وَالتَّوْقِيْتُ واخْتِيَارُ المُشَارِكِيْنَ وَأَدْوَارَهُم، وَتَهِيئَةُ المَسْرَحِ الَّذِي
أَظْهَرَ بِجَلَاءٍ وَوضُوحٍ أَئِمَّةَ الكُفْرِ وَالنِّفَاقِ!

أَضْوَاءٌ عَلَى مُنَاوَرَةِ تَبُوكَ!

1.) غَزْوَةُ مُؤْتَةَ أَوْ سَرِيَّةٌ مُؤْتَةَ، جَرَتْ فِي جَمَادَى الأَوَّلِ مِنَ العَامِ الثَّامِنِ لِلْهِجرةِ (أغسطس 629 م)، وَكَانَتْ آخِرَ غَزْوَةٍ فِي حَيَاةِ رَسُولِ اللهِ.

2.) تَبُوكُ كَانَتْ فِي رَجَبْ مِنْ عَامٍ 9 هـ. وَمُنَاوَرَةُ تَبُوكَ آخِرُ مُنَاوَرَةٍ قَامَ بِهَا رَسُولُ اللهِ! بَعْضُ المؤرِّخِينَ يُسَمُّونَهَا غَزْوَةً!؟ غَزْوَةُ مَنْ! لَمْ يُقَاتِل جَيْشُ المُسْلِمِينَ أَحَدًا!؟ أَشُمُّ رَائِحَةَ عَفَنٍ؟

3.) مُنَاوَرَةٌ أَوْ كَمَا يُسَمُّونَهَا غَزْوَةَ تَبُوكَ أَوْ غَزْوَةَ العُسْرَةَ، الَّتِي خَرَجَ رَسُولُ اللهِ لَهَا فِي رَجَبْ مِنْ عَامٍ 9 هـ بَعْدَ العَوْدَةِ مِنْ حِصَارِ الطَّائِفِ بِنَحْوِ سِتَّةِ أَشْهُرٍ. وَتُعَدُّ غَزْوَةُ تَبُوكَ آخِرَ الغَزَوَاتِ (المُنَاوَرَاتِ) الَّتِي قَامَ بِهَا الرَّسُولُ الأَعْظَمُ. حَيْثُ خَرَجَتْ جُيُوشُ الرُّومِ بِقُوىً رُومَانِيَّةٍ وَعَرَبِيَّةٍ تُقَدَّرُ بِأَرْبَعِينَ أَلْفًا. وَثَلَاثُونَ أَلْفًا مِنَ الجَيْشِ الإِسْلَامِيِّ. انْتَهَتِ المَعْرَكَةُ بِلَا صِدَامٍ أَوْ قِتَالٍ، لِأَنَّ الجَيْشَ الرُّومَانِيَّ تَشَتَّتَ وَتَبَدَّدَ فِي البِلَادِ خَوْفًا مِنَ المُوَاجَهَةِ! هَذَا مُلَخَّصُ حَقِيقَةِ مَا وَقَعَ؟

أ) هَلْ كَانَ اللهُ يَعْلَمُ بِما سَيَقَعُ؟

إِنَّ اللهَ لَا يَخْفَى عَلَيْهِ شَيْءٌ فِي الأَرْضِ وَلَا فِي السَّمَاءِ. (5)

ب) وَهَلْ أَخْبَرَ اللهُ رَسُولَهُ؟

إِنْ كَانَ الرَّسُولُ لاَ يَعْلَمُ، لِمَاذَا طَلَبَ رَسُولُ اللهِ مِنَ الإِمَامِ عَلِيٍّ، الْبَقَاءَ فِي الْمَدِينَةِ؟ أَوْ أَنَّ مَا قَامَ بِهِ الرَّسُولُ كَانَ إِعْتِبَاطِيًّا أَوْ صُدْفَةً؟ وَإِذَا لَمْ يَكُنْ ارْتِجَالِيًّا أَوْ صُدْفَةً، كَيْفَ يُفَسَّرُ قَرَارُ قَائِدٍ حَكِيمٍ إِعْفَاءَ أَفْضَلِ مُقَاتِلِيهِ مِنَ الْمُشَارَكَةِ فِي هُجُومٍ مُتَوَقَّعٍ عَلَى أَعْتَى إِمْبْرَاطُورِيَّةٍ فِي ذَلِكَ الْوَقْتِ؟

ج) لِمَاذَا إِذًا خَلَّفَ رَسُولُ اللهِ عَلِيًّا عَلَى الْمَدِينَةِ، وَمَا الْحِكْمَةُ فِي ذَلِكَ؟ إِنَّ لِغَزْوَةِ تَبُوكَ إِسْمًا ثَالِثًا أَيْضًا هُوَ "الْفَاضِحَةُ" ذَكَرَهُ الزَّرْقَانِيُّ فِي كِتَابِهِ «شَرْحُ الْمَوَاهِبِ اللَّدِنِيَّةِ»، وَسُمِّيَتْ بِهَذَا الإِسْمِ لِأَنَّ هَذِهِ الْغَزْوَةَ كَشَفَتْ عَنْ حَقِيقَةِ الْمُنَافِقِينَ، وَهَتَكَتْ أَسْتَارَهُمْ، وَفَضَحَتْ بَعْضًا مِنْ أَسَالِيبِهِمِ الْعِدَائِيَّةِ الْخَسِيسَةِ الْجَبَانَةِ الْمَاكِرَةِ، وَأَحْقَادِهِمِ الدَّفِينَةِ الْبَشِعَةِ، بِحَقِّ رَسُولِ اللهِ مُحَمَّدٍ، وَصَبَغَتْ جَيْشَ الْمُسْلِمِينَ عَامَّةً بِتُهْمَةِ النِّفَاقِ وَالْخِيَانَةِ.

وَلَمْ يُرِدْ رَسُولُ اللهِ أَنْ يُعَرِّضَ الإِمَامَ لِهَذِهِ الصِّبْغَةِ، فَوَقَاهُ مِنْهَا وَأَخْلَفَهُ عَلَى الْمَدِينَةِ، وَإِنْ كَانَ أَخْلَفَ غَيْرَهُ فِي غَزَوَاتٍ سَابِقَةٍ، هَذَا لِأَنَّ الإِمَامَ صَاحَبَ رَسُولِ اللهِ فِي جَمِيعِ غَزَوَاتِهِ. وَفِي الْحَمْلَةِ الَّتِي حَضَّرَهَا لِلتَّوَجُّهِ إِلَى مُؤْتَةَ أَمَّرَ الرَّسُولُ أُسَامَةَ بْنَ زَيْدٍ، وَكَانَ عُمْرُهُ سَبْعَةَ عَشَرَ عَامًا، أَمَّرَهُ عَلَى جَمِيعِ شُيُوخِ قُرَيْشٍ ۞ الَّذِينَ لَمْ يُطِيعُوا

أَمْرَ الرَّسُولِ الأعْظَمِ، ثَمَّ لَعَنَ رَسُولُ اللهِ كُلَّ مَنْ تَخَلَّفَ عَنْ جَيْشِ أُسَامَةَ! أَمَّا مَوْلَانَا الإمَامُ بَقِيَ بِجَانِبِ أَخِيهِ رَسُولِ اللهِ بِأَمْرٍ مِنْهِ!؟

هَذَا عَدَا عَنْ أَنَّ الرَّسُولَ قَدْ أَعْلَنَ الوِلَايَةَ والخِلَافَةَ أَمَامَ سُكَّانِ المَدِينَةِ المُنَوَّرَةِ، مَدِينَةِ رَسُولِ اللهِ. أَيُّهَا النَّاسُ إسْمَعُوا وَعُوا! قَالَ رَسُولُ رَبِّ العَالَمِين أَلَّذِي بُعِثَ رَحْمَةً للعَالَمِينَ، لِأَبِي الحَسَنِينِ أَمِيرِ المُؤْمِنِينَ: "أَنْتَ مِنِّي بِمَنْزِلَةِ هَارُونَ مِنْ مُوسَى إلَّا أَنَّهُ لَا نَبِيَّ بَعْدِي!" هَذَا يُؤَكِّدُ مَنْزِلَةَ الإمَامِ مِنْ سَيِّدِ الأنَامِ كَمَنْزِلَةِ هَارُونَ مِنْ مُوسَى فِي جَمِيعِ أَحْوَالِهِ إلَّا مَا خَصَّهُ الإسْتِثْنَاءُ! وَكَانَ قَدْ أَكَّدَ القُرْآنُ هَذِهِ الحَقِيقَةَ فِي آيَةِ المُبَاهَلَةِ: {فَقُلْ تَعَالَوْا نَدْعُ أَبْنَاءَنَا وَأَبْنَاءَكُمْ وَنِسَاءَنَا وَنِسَاءَكُمْ وَأَنفُسَنَا وَأَنفُسَكُمْ (آل عمران: 61)}.

فَهَلْ يُعْقَلُ أَنْ يَدْعُو صَاحِبُ الدَّعْوَةِ نَفْسَه؟! فَكَانَ المَدْعُوُّ نَفْسَ رَسُولِ اللهِ! كَيْفَ يَكُونُ هَذَا، يَسْأَلُ سَائِلٌ؟ إذَا إسْتَطَاعَ البَشَرُ إسْتِنْسَاخَ البَشَرِ والحَيَوانَاتْ۞، فَهَلْ هَذَا صَعْبٌ عَلَى اللهِ؟ لِهَذَا أَوَّكِّدُ مَقُولَةَ الإمَامِ البَاقِرِ: "وَكُلُّنَا مُحَمَّدٌ"! إذَا عَلِيٌّ هُوَ مُحَمَّدٌ مُكَرَّرٌ، وَكَذَلِكَ الحَسَنُ، ثُمَّ الحُسَيْنُ، إلَى أَنْ يَصِلَ العَدَدُ إلَى مَوْلَانَا صَاحِبِ العَصْرِ والزَّمَانِ! وَإلَّا انْقَطَعَتْ رَحْمَةُ رَبِّ العَالَمِينَ، الَّذِي أَرْسَلَ رَسُولَهُ الأمِينَ، وَجَعَلَهُ رَحْمَةً للعَالَمِينْ! فَكَانَ مُحَمَّدٌ رَحْمَةً حَتَّى لِهؤُلَاءِ المُنَافِقِينَ، إلَّا إذَا أَخْرَجَهُمْ اللهُ مِنْ سُلَالَةِ العَالَمِينَ! وَمَا أَرْسَلْنَاكَ إلَّا رَحْمَةً للْعَالَمِينَ...

فَهَارُوْنَ مِنْ مُوسَى كَانَ أَخَ وِلَادَةٍ، أَمَّا عَلِيٌّ فَكَانَ نَفْسَ مُحَمَّدٍ! مَنْ أَقْرَبُ لِلمَرْءِ، أَخُوهُ أَمْ نَفْسُهُ؟!

تَصْنِيفُ الصَّحَابَةِ عِنْدَ مَذَاهِبِ السَّقِيفَةِ!

إنَّ مِنْ حَقِّ صَحَابَةِ نَبِيِّنَا مُحَمَّدٍ ـ كَمَا يُقَرِّرُهُ أَهْلُ السُّنَّةِ وَالجَمَاعَةِ ـ أَعْظَمَ الفَضَائِلِ خَاصَّةً، العَشَرَةَ المُبَشَّرِينَ بِالجَنَّةِ؛ تَخْصِيصُ النَّبِيِّ بِالشَّهَادَةِ لَهُمْ بِالجَنَّةِ وَهُمْ: أَبُو بَكْرٍ، وَعُمَرُ، وَعُثْمَانُ، وَعَلِيٌّ، وَطَلْحَةُ بْنُ عُبَيْدِ اللهِ، وَالزُّبَيْرُ ۞ بْنُ العَوَّامِ، وَسَعْدُ بْنُ أَبِي وَقَّاصٍ، وَسَعِيْدُ بْنُ زَيْدٍ، وَعَبْدُ الرَّحْمَنِ بْنُ عَوْفٍ، وَأَبُو عُبَيْدَةَ عَامِرُ بْنُ الجَرَّاحِ. التِّسْعَةُ مِن العَشَرَةِ، وَبَاقِي الجَيْشْ مُتَّهَمُون بِمُؤَامَرَةِ إغْتِيَالِ رَسُوْلِ اللهِ! طَبْعًا عَلِيٌّ كَانَ فِي المَدِيْنَةِ!؟ كَيْفَ يَخْرُجُ أَرْبَعَةَ عَشَرَ رَجُلًا مِنَ الجَيْشِ ثُمَّ يَعُودُونَ مِن دُونِ أَنْ يَكْتَشِفَهُمْ أَحَدٌ؟! الإجَابَةُ المَنْطِقِيَّةُ، لِكَيْ تَتِمَّ المُؤَامَرَةُ، لَا بُدَّ أَنْ يَكُونَ المُتَآمِرُونَ أَصْحَابَ سُلْطَةٍ وَنُفُوذٍ؟

أَيُّهَا القَارِئُ الكَرِيْمُ هُنَاكَ مَثَلٌ إنجِلِيْزِيٌّ يَقُولُ: "إذَا كَانَتْ تَمْشِيْ مِثْلَ البَطَّةِ، وَتُبَطْبِطُ مِثْلَ البَطَّةِ، فَمِنِ المُحْتَمَلِ أَنْ تَكُوْنَ بَطَّةً!" وَلَقَدْ قَدَّمْتُ لَكَ كُلَّ شَيْءٍ يُثْبِتُ بُطْلَانَ عَقَائِدِ مَذَاهِبِ أَتْبَاعِ السَّقِيفَةِ، خُصُوصًا فِي تَقْدِيسِ الصَّحَابَةِ!

وَلَكِنْ، فَكَمَا قُلْتُ لَكَ أَعْلَاهُ إنَّ مَنْ لَا يُرِيدُ أَنْ يَعْلَمَ مَا هِيَ الحَقِيْقَةَ، لَا فَائِدَةَ فِيهِ. لَأَنَّ مُدْمِنِئِ الْعَقَائِدِ لَيْسَ لَهُمْ قُدْرَةٌ عَلَى الفَصْلِ بَيْنَ الصَّحِيحِ وَالسَّقِيمِ؟! وَلِهَذَا أُرِيدُ أَنْ أُقَدِّمَ لِلعَالَمِ حَقِيْقَةً قُرْآنِيَّةً مُطْلَقَةً، إنْ أَنْكَرَهَا أَيُّ مُسْلِمٍ كَفَرَ.

حَقِيقَةُ الصُّحْبَةِ فِي القُرآنِ!

أَيُّهَا القَارِئُ الكَرِيمُ. زَعَمَ وَقَرَّرَ أَهْلُ السُّنَّةِ وَالجَمَاعَةِ أَعْظَمَ الفَضَائِلِ "خَاصَّةً"، لِلْعَشَرَةِ المُبَشَّرِينَ بِالجَنَّةِ؛ أَنَّ هَذَا كَانَ تَخْصِيصاً مِنَ النَّبِيِّ وَشَهَادَةً لَهُمْ بِالجَنَّةِ (كَمَا يَدَّعِي عُلَمَاءُ مَذَاهِبِ السَّقِيفَةِ)! هَلْ وَجَدْتُمْ إِسْمَ حُذَيْفَةَ فِي هَذِهِ اللائِحَةِ؟! حُذَيْفَةُ حَامِلُ سِرِّ رَسُولِ اللهِ! لِمَنْ يُعطِي الإِنْسَانُ سِرَّهُ؟ فِي هَذِهِ الحَالَةِ مَنْ أَقْرَبُ لِرَسُولِ اللهِ؛ التِّسْعَةُ أَمْ حُذَيْفَةُ؟ عَلِيٌّ لَا يُقَاسُ بِهِ أَحَدٌ!؟ إِنْ لَم تَكُنْ مُفَاضَلَةٌ لِمَاذَا إِخْتَارَ رَسُولُ اللهِ حُذَيْفَةَ، وَلَم يَخْتَرْ عَمَّارًا الَّذِي كَانَ حَاضِرًا، وَعَمَّارٌ الَّذِي أَخْبَرَ الرَّسُولَ بِأَنَّهُ تَعَرَّفَ عَلَى الإِبِلِ! التِّسْعَةُ الَّذِينَ أَعْطَاهُم العُمَرِيَّةُ جَوازًا إِلَى الجَنَّةِ، مُتَّهَمُونَ حَتَّى يُثْبِتُونَ بَرَاءَتَهُمْ!؟ سُنَّةُ نُزَلَاءِ السَّقِيفَةِ لَم تَتَحَدَّثْ أَنَّ وَاحِدًا حَاوَلَ التَّعَرُّفَ عَلَى المُتَآمِرِينَ، إِلَّا عُمَرَا!؟ أَبُو بَكْرٍ مَثَلًا الخَلِيفَةُ المَزْعُومُ لِرَسُولِ اللهِ؟ هُنَاكَ أَرْبَعَةَ عَشَرَ إِرهَابِيًّا فِي جَيْشِ المُسْلِمِينَ!؟ لِمَاذَا لَم يُحَرِّكْ أَبُو بَكْرٍ سَاكِنًا؟ مَا مَصلَحَةُ أَبُو بَكْرٍ فِي عَدَمِ فَضْحِ هَؤُلَاءِ الإِرهَابِيِّينَ؟ أَتْرُكُ لَكَ أَيُّهَا القَارِئُ الكَرِيمُ، الإِجَابَةَ عَلَى هَذَا السُّؤَالِ وَعَلَى مَا تَسْتَطِيعُ الإِجَابَةَ عَلَيْهِ مِن أَسْئِلَتِي! بَعدَ أَن وَفَّقَنِيَ اللهُ، إِلَى نَشْرِ الكِتَابِ الأَوَّلِ: (النَّقْلُ مَفْسَدَةٌ لِلْعَقْلِ) أَتَمَنَّى عَلى القُرَّاءِ الأَكَارِمِ الإِجَابَةَ عَلَى هَذَا السُّؤَالِ الصُّحْبَةَ فِي الإِسْلَامِ – صُحْبَةُ مَنْ؟

أَبُو بَكْرٍ فِي القُرآنِ؟!

وَلَكِنْ، إِسْمَحْ لِي أَيُّهَا القَارِئُ الكَرِيْمُ، قَبْلَ أَنْ نُعَرِّي المَدْعُوَ أَبَا بَكْرٍ، أَنْ أُقَدِّمَ لَكَ لَمْحَةً قَصِيرَةً عَنْ إِلَهِ السُّنَّةِ! يَقُولُ عُلَمَاءُ السُّنَّةِ، يَنْزِلُ رَبُّنَا تَبَارَكَ وتَعَالَى كُلَّ لَيْلَةٍ، إِلى السَّماءِ الدُّنْيا، حِينَ يَبْقَى ثُلُثُ اللَّيْلِ الآخِرُ، يَقُولُ رَبُّنَا: مَن يَدْعُونِي، فَأَسْتَجِيبُ لَه؟ مَن يَسْأَلُنِي، فَأُعْطِيَهُ؟ مَن يَسْتَغْفِرُنِي، فَأَغْفِرَ لَهُ؟ الرَّاوِي: أَبُو هُرَيْرَةَ. المُحَدِّثُ: البُخَارِيُّ. المَصْدَرُ وَالتَّخْرِيْجُ: صَحِيْحُ البُخَارِيِّ. الصَّفْحَةُ أَوْ الرَّقْمُ: 1145. وَمُسْلِمْ (758). خُلَاصَةُ حُكْمِ المُحَدِّثِ: [صَحِيْحٌ]. هَذَا حَدِيْثٌ صَحِيحٌ، رَوَاهُ أَبُو هُرَيْرَةَ سَيِّدُ الرُّوَاةِ، عَنْ نَبِيٍّ هَذِهِ السُّنَّةِ. وَأَخْرَجَهُ أَصَحُّ الكُتُبِ: صَحِيْحُ البُخَارِيِّ، الَّذِي يُوَازِي القُرآنَ، صِحَّةً وصِدْقًا كَمَا يَزْعَمُونَ!؟ وَأَخْرَجَهُ أَيْضًا مُسْلِمٌ، ثَانِي أَصَحِّ الرُّوَاةِ وَأَصْدَقِهم بَعْدَ البُخَارِيُّ. يَعْنِي، هَذَا الحَدِيْثُ بِالنِسْبَةِ لِأَهْلِ السُّنَّةِ، مَعْصُومٌ مِنَ الرَّيْبِ، أَوِ الشَّكِّ، أَوِ الإِلْتِبَاسِ. عُلَمَاءُ السُّنَّةِ يُؤَكِّدُونَ هَذَا، وَيُؤْمِنُونَ؛ أَنَّ إِلَهَهُم يَتَنَزَّلُ، بِطَرِيْقَةٍ تَلِيْقُ بِجَلَالِهِ، وبِدُوْنِ أَنْ يَتْرُكَ عَرشَهْ. كَيْفَ هَذَا إِن سَأَلْتَ؟ يُجِيْبُونَ بِحِدَّةٍ: هُوَ هَكَذَا، إِنَّ اللَّهَ فَعَّالٌ لِمَا يُرِيدُ. هَذِه نَبْذَةٌ صَغِيْرَةٌ، عَن حَالِ إِلَهِ، أَهْلِ السُّنَّةِ. أُبَارِكُ لِأَهْلِ السُّنَّةِ، وَإِلَى عُلَمَائِهِم، بِهَذَا الإِلَهِ، وَأَشُدُّ عَلى أَيْدِيهِم... سَأُحَاوِلُ مِن هُنَا، أَنْ أُبَسِّطَ مَا جَاءَ بِهِ هَذَا الحَدِيْثُ، لِكَيْ أَفْهَمَ وَأَسْتَوعِبَ الرِّسَالَةَ وَالعِبْرَةَ وَالمَوعِظَةَ، الَّتِي يَرتَجِيهَا، إِلَهُ وَنَبِيُّ هَذِهِ السُّنَّةِ؛ مِنْ أَتْبَاعِه!

قَدْ أَفْهَمُ، تَبْرِيرَ عُلَمَاءِ أَهْلِ السُّنَّةِ، فِي نُزُولَ إِلَهِهِم مِنْ دُونِ أَنْ يَتْرُكَ عَرْشَهُ! وَلَكِنَّ نُزُولَهُ إِلَى السَّمَاءِ الدُّنْيَا، لِكَيْ يَسْمَعَ الدُّعَاءَ! يَسْتَدْعِي، وَيَتَطَلَّبُ، وَيَفْرُضُ عِدَّةَ أَسْئِلَةٍ! أَوَّلُهَا: هَلْ سَمْعُ هَذَا الإِلَهِ خَفِيفٌ؟ مِمَّا يَفْرُضُ عَلَيْهِ النُّزُولَ، لِيَسْمَعَ الدُّعَاءَ؟ أَعْتَقِدُ أَنَّ هَذَا سَبَبًا وَجِيهًا! إِلَهٌ، يُرِيدُ أَنْ يَرْحَمَ، وَيَعْفُو عَنْ عِبَادِهِ! مَرْكَزُ عَرْشِهِ بَعِيدٌ، وَيُرِيدُ هَذَا الإِلَهُ، التَّعَرُّفَ على عِبَادِهِ، فَيَتَقَرَّبُ إِلَيْهِمْ، وَيَسْمَعُ لَهُم عَنْ قُرْبٍ! أَنَا أَقُولُ: لَا مُشْكِلَةَ فِي نُزُولِهِ، كُلَّ لَيْلَةٍ، إِلَى السَّمَاءِ الدُّنْيَا، حِينَ يَبْقَى ثُلُثُ اللَّيْلِ الآخِرِ؟ هَكَذَا يَفْعَلُ الآلِهَةُ المُجْتَهِدُونَ! أَنَا مُتَأَكِّدٌ، أَنَّ مُعْظَمَ عُلَمَاءِ السُّنَّةِ، يُوَافِقُونِي الرَّأْي!!!! السُّؤَالُ الثَّانِي: الحَدِيثُ يَقُولُ: إِنَّ هَذَا الإِلَهَ، يَنْزِلُ مِن مَكَانٍ، دُونَ أَنْ يَخْلُوَ هَذَا المَكَانُ مِنْهُ، إِلَى مَكَانٍ أَخَرَ خَالٍ مِنْهُ! وَهَلْ يَخْلُو، مَكَانٌ فِي الوُجُودِ، مِنَ اللَّهِ؟ طَبْعًا! إِلَهُ السُّنَّةِ يَفْعَلُهَا، بِطَرِيقَةٍ تَلِيقُ بِجَلَالِهِ! وَأَنَا شَخْصِيًّا أَتَفَهَّمُ هَذَا! السُّؤَالُ الثَّالِثُ: أَلَيْسَ فِي نُزُولِ هَذَا الإِلَهِ، إِلَى السَّمَاءِ الدُّنْيَا، وَبَقَائِهِ على العَرْشِ، في نَفْسِ الوَقْتِ، تَجْزِئَةٌ لَهُ؟ سُؤَالٌ رَابِعٌ: قَدْ يَكُونُ، سَمْعُ إِلَهِ السُّنَّةِ ضَعِيفًا! وَلَكِن، هَلْ هَذَا الإِلَهُ جَاهِلٌ أَيْضًا؟ إِنَّ ثُلُثَ اللَّيْلِ الآخِرَ، سَرْمَدِيٌّ. فِي كُلِّ جُزْءٍ مِنَ الثَّانِيَةِ مِن هَذَا الكَوْنِ، يَدْخُلُ ثُلُثٌ، وَيَخْرُجُ آخَرُ! السُّؤَالُ الخَامِسُ: كَيْفَ يَنْزِلُ، هَذَا الإِلَهُ، أَسْأَلُ؟ يَقُولُ شَيْخُ إِسْلَامِ هَذِهِ السُّنَّةِ، بْنُ تَيْمِيَّةَ المُجَسِّمِ: إِنَّ اللَّهَ يَنْزِلُ، نُزُولًا حَقِيقِيًّا، كَنُزُولِي عَنْ مِنْبَرِي هَذَا: دَرَجَةً، دَرَجَةً. (مِنْ كِتَابِ، رِحْلَةِ بْنِ بَطُّوطَةَ) ...

155

الأسْئِلَةُ فِيْ ضَلَالٍ، وَكُفْرٍ، هَذِهِ السُّنَّةِ كَثِيْرَةٌ، وَأَنَّ عَلَيْكُمْ أَيُّها القُرَّاءُ، البَحْثَ عَنْ أَجْوِبَةٍ لَهَا! إِسْأَلُوا البُخَارِيَّ! سَوْفَ تَتَعَرَّفُونَ، عَلَى حَقِيْقَةِ الإِلَهِ الَّذِيْ يَعْبُدُونَ! وَبِمَاذَا أَهْلُ السُّنَّةِ يُؤْمِنُونَ! وَمَاذَا عَلَيْكُمْ، مِنْ عَقَائِدَ يَفْرُضُونَ. يَقُوْلُ عُلَمَاءُ أَهْلِ السُّنَّةِ: قَوْلُنَا الَّذِي نَقُوْلُ بِهِ، وَدِيَانَتُنَا الَّتِي نَدِيْنُ بِهَا، التَّمَسُّكُ بِكِتَابِ اللَّهِ رَبِّنَا عَزَّ وَجَلَّ، وَبِسُنَّةِ نَبِيِّنَا مُحَمَّدٍ صَلَّى اللَّهُ عَلَيْهِ وَسَلَّمَ، وَمَا رُوِيَ عَنِ السَّادَةِ الصَّحَابَةِ، وَالتَّابِعِيْنَ، وَأَئِمَّةِ وَنَحْنُ بِذَلِكَ مُعْتَصِمُوْنْ. وَبِمَا كَانَ يَقُوْلُ بِهِ أَبُو عَبْدِ اللَّهِ أَحْمَدُ ِ الحَدِيْثِ بِنْ مُحَمَّدِ بِنْ حَنْبَلْ. نَضَّرَ اللَّهُ وَجْهَهُ، وَرَفَعَ دَرَجَتَهُ، وَأَجْزَلَ مَثُوْبَتَهُ ـ نَحْنُ قَائِلُوْنْ، وَلِمَا خَالَفَ قَوْلَهُ مُخَالِفُوْنَ، إِلَى أَنْ قَالَ، عَلَيْهِ الرَّحْمَةُ: وَأَنَّ لِلَّهِ سُبْحَانَهُ، وَجْهًا بِلا كَيْفٍ. كَمَا قَالَ اللَّهُ: وَيِبْقَى وَجْهُ رَبِّكَ، ذُو الجَلَالِ وَالإِكْرَامِ. وَأَنَّ لَهُ سُبْحَانَهُ، يَدَيْنِ بِلا كَيْفْ. كَمَا قَالَ سُبْحَانَهُ أَيْضًا: خَلَقْتُ بِيَدَيَّ ـ وَكَمَا أَيْضًا قَالَ: بَلْ يَدَاهُ مَبْسُوْطَتَانِ. وَأَنَّ لَهُ سُبْحَانَهُ عَيْنَانِ بِلا كَيْفْ، كَمَا قَالَ سُبْحَانَهُ: تَجْرِيْ بِأَعْيُنِنَا. انتهى ...

مَنْ كَانَ عِنْدَهُ أَبُو عَبْدِ اللهِ أَحْمَدُ بْنُ مُحَمَّدٍ بْنِ حَنْبَلٍ. لَا حَاجَةَ لَهُ لِمُحَمَّدٍ!

هَذَا أَحَدُ آلِهَةِ هَذِهِ السُّنَّةِ، طَالَعْتُهُ لَكُمْ مِنْ أَصَحِّ كُتُبِ السُّنَّةِ، وَمِنْ أَصْدَقِ مُحَدِّثِيْ أَهْلِ السُّنَّةِ، سَيِّدِهِم أَبُو هُرَيْرَةَ. إِنَّ إِلَهَ هَذِهِ السُّنَّةِ، لَهُ جِسْمٌ وَشَكْلٌ، وَهُوَ مُحْتَاجٌ لِأَعْضَاءَ وَحَوَاسٍ، وَفِي الآخِرَةِ كُلُّهُ فَانٍ، مَا عَدَا وَجْهُهُ! لِأَنَّ القُرْآنَ يَقُولُ: كُلُّ مَنْ عَلَيْهَا فَانٍ، وَيَبْقَى وَجْهُ رَبِّكَ، ذُو الْجَلَالِ وَالإِكْرَامِ. عَيْنَا إِلَهِ السُّنَّةِ، وَيَدَاهُ، وَسَمْعُهُ، وَرِجْلَاهُ، سَتَفْنَى جَمِيْعُها، وَيبقَى وَجْهُهُ. لِمَاذَا أَخْفَى عُلَمَاءُ السُّنَّةِ، قَوْلَهُ تَعَالَى {قَالَ لَا تَخَافَا إِنَّنِيْ مَعَكُمَا أَسْمَعُ وَأَرَى}؟ وَلِمَاذَا أَخْفَى أَئِمَّةُ أَهْلِ السُّنَّةَ الشَّطْرَ الأَوَّلَ مِن الآيَةِ: كُلُّ مَنْ عَلَيْهَا فَانٍ وَيِبْقَى وَجْهُ رَبِّكَ، ذُو الجَلَالِ وَالْإِكْرَامِ؟ هَذَا القَلِيلُ مِمَّا تُوَفِّكُهُ هَذِهِ السُّنَّةُ، يَكْفِي لِتَجْرِيْمِ عُلَمَاءِ السُّنَّةِ، إِمَّا بِالجَهْلِ، أَوْ بِالْنِفَاقِ والتَّآمُرِ، وإِمَّا بِالكُلِّ. لَو اسْتَنْطَقْنَا القُرْآنَ! لَانْتَفَضَ غَاضِبًا: وَإِذَا سَأَلَكَ عِبَادِي عَنِّي، فَإِنِّي قَرِيبٌ، أُجِيبُ دَعْوَةَ الدَّاعِ إِذَا دَعَانِ، فَلْيَسْتَجِيبُواْ، لِي، وَلْيُؤْمِنُواْ بِي، لَعَلَّهُمْ يَرْشُدُونَ! ثَمَّ أَرَادَ: وَلَقَدْ خَلَقْنَا الإِنسَنَ، وَنَعْلَمُ مَا تُوَسْوِسُ بِهِ نفسُهُ، وَنَحْنُ أَقْرَبُ إِلَيْهِ، مِنْ حَبْلِ الْوَرِيدِ! ثُمَّ أَرْدَفَ: وَإِلَى ثَمُودَ أَخَاهُمْ صَالِحًا، قَالَ يَا قَوْمِ اعْبُدُوا اللَّهَ، مَا لَكُم مِّنْ إِلَهٍ غَيْرُهُ، هُوَ أَنشَأَكُم مِّنَ الْأَرْضِ،

وَاسْتَعْمَرَكُمْ فِيهَا، فَاسْتَغْفِرُوهُ، ثُمَّ تُوبُوا إِلَيْهِ، إِنَّ رَبِّي قَرِيبٌ مُجِيبٌ!

وَثُمَّ أَزَادَ: قُلْ إِن ضَلَلْتُ، فَإِنَّمَا أَضِلُّ عَلَى نَفْسِي، وَإِنِ اهْتَدَيْتُ، فَبِمَا يُوحِي إِلَيَّ رَبِّي؛ إِنَّهُ سَمِيعٌ قَرِيبٌ! هَذَا هُوَ اللهُ، رَبِّ وَرَبُّ الْعَرْشِ الْعَظِيمِ. يَا عُلَمَاءَ السُّنَّةِ، لَا شَأْنَ لَنَا، بِإِلَهِكُم الأَطْرَشِ، الْجَاهِلِ، الْمُتَجَزِّئِ، وَالْمُحْتَاجِ ... وَيُخْبِرُنَا الْقُرْآنُ الْعَظِيمُ عَنْ أَنَّ اللَّهَ: اللهُ نُورُ السَّمَاوَاتِ وَالْأَرْضِ، مَثَلُ نُورِهِ، كَمِشْكَاةٍ فِيهَا مِصْبَاحٌ، الْمِصْبَاحُ فِي زُجَاجَةٍ، الزُّجَاجَةُ كَأَنَّهَا كَوْكَبٌ دُرِّيٌّ، يُوقَدُ مِن شَجَرَةٍ مُبَارَكَةٍ، زَيْتُونَةٍ، لَّا شَرْقِيَّةٍ وَلَا غَرْبِيَّةٍ، يَكَادُ زَيْتُهَا، يُضِيءُ، وَلَوْ لَمْ تَمْسَسْهُ نَارٌ، نُّورٌ عَلَى نُورٍ، يَهْدِي اللهُ لِنُورِهِ، مَن يَشَاءُ، وَيَضْرِبُ اللهُ الْأَمْثَالَ لِلنَّاسِ، وَاللهُ بِكُلِّ شَيْءٍ عَلِيمٌ... يَا بْنَ تَيْمِيَّةَ، هَلْ لِلنُّورِ أَرْجُلٌ؟ وَهَلْ يَحْتَاجُ النُّورُ أَرْجُلاً؟ يَقُولُ أَمِيرُ الْمُؤْمِنِينَ، وَإِمَامُ الْمُتَّقِينَ، وَبَابُ مَدِينَةِ عِلْمِ رَسُولِ رَبِّ الْعَالَمِينَ، أَلَّذِي عِنْدَهُ عِلْمُ الْكِتَابِ: الْحَمْدُ للهِ، الَّذِي لاَ يَبْلُغُ، مِدْحَتَهُ الْقَائِلُونَ، وَلَا يُحْصِي نَعْمَاءَهُ، الْعَادُّونَ، ولاَ يُؤَدِّي حَقَّهُ، الْمُجْتَهِدُونَ، الَّذِي لاَ يُدْرِكُهُ بُعْدُ الْهِمَمِ، وَلاَ يَنَالُهُ غَوْصُ الفِطَنِ، الَّذِي لَيْسَ لِصِفَتِهِ، حَدٌّ مَحْدُودٌ، وَلاَ نَعْتٌ مَوْجُودٌ، وَلا وَقْتٌ مَعْدُودٌ، وَلا أَجَلٌ مَمْدُودٌ. فَطَرَ الْخَلَائِقَ بِقُدْرَتِهِ، وَنَشَرَ الرِّيَاحَ بِرَحْمَتِهِ، وَوَتَّدَ بِالصُّخُورِ مَيَدَانَ أَرْضِهِ.

أَوَّلُ الدِّينِ، مَعْرِفَتُهُ، وَكَمَالُ مَعْرِفَتِهِ، التَّصْدِيقُ بِهِ، وَكَمَالُ التَّصْدِيقِ بِهِ، تَوْحِيدُهُ، وَكَمَالُ تَوْحِيدِهِ، الإِخْلَاصُ لَهُ، وَكَمَالُ الإِخْلَاصِ لَهُ، نَفْيُ الصِّفَاتِ عَنْهُ، لِشَهَادَةِ، كُلِّ صِفَةٍ، أَنَّهَا غَيْرُ الْمَوْصُوفِ، وَشَهَادَةُ كُلِّ مَوْصُوفٍ، أَنَّهُ غَيْرُ الصِّفَةِ، فَمَنْ وَصَفَ اللهَ، سُبْحَانَهُ فَقَدْ قَرَنَهُ، وَمَنْ قَرَنَهُ، فَقَدْ ثَنَّاهُ، وَمَنْ ثَنَّاهُ، فَقد جَزَّأَهُ، وَمَنْ جَزَّأَهُ فَقَدْ جَهِلَهُ، [وَمَنْ جَهِلَهُ فَقَدْ، أَشَارَ إِلَيْهِ،] وَمَنْ أَشَارَ إِلَيْهِ، فَقَدْ حَدَّهُ، وَمَنْ حَدَّهُ، فَقَدْ عَدَّهُ، وَمَنْ قَالَ: «فِيمَ» فَقَدْ ضَمَّنَهُ، وَمَنْ قَالَ: «عَلَامَ؟» فَقَدْ أَخْلَى مِنْهُ. كَائِنٌ، لَا عَنْ حَدَثٍ، مَوْجُودٌ، لَا عَنْ عَدَمٍ، مَعَ كُلِّ شَيْءٍ، لَا بِمُقَارَنَةٍ، وَغَيْرُ كُلِّ شَيْءٍ، لَا بِمُزَايَلَةٍ، فَاعِلٌ، لَا بِمَعْنَى الْحَرَكَاتِ، وَالآلَةِ. بَصِيرٌ، لَا مَنْظُورَ إِلَيْهِ مِنْ خَلْقِهِ، مُتَوَحِّدٌ، إِذْ لَا سَكَنَ، يَسْتَأْنِسُ بِهِ، وَلَا يَسْتَوْحِشُ لِفَقْدِهِ... هَذَا هُوَ رَبِّ...

وَإِلَى الَّذِينَ، يُصِرُّونَ عَلَى التَّعَبُّدِ، بِهَذِهِ السُّنَّةِ، وَيَتَقَرَّبُونَ بِهَا لِهَذَا الإِلَهِ الْجَاهِلِ، وَالرَّسُولِ الأَحْمَقِ، الَّذِي صَحَّحَهُ فِي الْعَلَنِ، عَمِيرْ، سَايِسُ الحمير؛ أَقُولُ مَا أَمَرَنِي رَبِّ: قُلْ، يَا أَيُّهَا الْكَافِرُونَ. لَا أَعْبُدُ، مَا تَعْبُدُونَ. وَلَا أَنْتُمْ، عَابِدُونَ مَا أَعْبُدُ. وَلَا أَنَا، عَابِدٌ مَا عَبَدْتُمْ. وَلَا أَنْتُمْ، عَابِدُونَ مَا أَعْبُدُ. لَكُمْ دِينُكُمْ، وَلِيَ دِين. وَلِكَيْ أُقِيمَ الْحُجَّةَ الدَّامِغَةَ عَلَّهَا تَخْرِقُ خَرِيطَةَ أَدْمِغَتِهِم وَتَصِلُ إِلَى أَمْخَاخِهِم! أَقُولُ: أَيُّهَا الْعُقَلَاءُ، إِقْرَأُوا وَاسْمَعُوا وَعُوا: حَدَّثَنَا حَرْمَلَةُ بْنُ يَحْيَى الْمِصْرِيُّ، قَالَ: حَدَّثَنَا عبداللهِ بْنُ وَهْبٍ، قَالَ: أَخْبَرَنِي يُونُسُ بْنُ يَزِيدَ، عَنِ ابْنِ شِهَابٍ، عَنْ

أَنَسِ بْنِ مَالِكٍ، قَالَ: قَالَ رَسُولُ اللهِ: فَرَضَ اللهُ، عَلَى أُمَّتِي خَمْسِينَ صَلَاةً، فَرَجَعْتُ بِذَلِكَ، حَتَّى آتِيَ عَلَى مُوسَى، فَقَالَ مُوسَى: مَاذَا افْتَرَضَ رَبُّكَ، عَلَى أُمَّتِكَ؟ قُلْتُ: فَرَضَ عَلَيَّ خَمْسِينَ صَلَاةً، قَالَ: فَارْجِعْ إِلَى رَبِّكَ، فَإِنَّ أُمَّتَكَ، لَا تُطِيقُ ذَلِكَ، فَرَاجَعْتُ رَبِّي، فَوَضَعَ عَنِّي شَطْرَهَا، فَرَجَعْتُ إِلَى مُوسَى، فَأَخْبَرْتُهُ، فَقَالَ: ارْجِعْ إِلَى رَبِّكَ، فَإِنَّ أُمَّتَكَ لَا تُطِيقُ ذَلِكَ، فَرَاجَعْتُ رَبِّي، فَقَالَ: هِيَ خَمْسٌ وَهِيَ خَمْسُونَ، لَا يُبَدَّلُ الْقَوْلُ لَدَيَّ، فَرَجَعْتُ إِلَى مُوسَى، فَقَالَ ارْجِعْ إِلَى رَبِّكَ، فَقُلْتُ: قَدِ اسْتَحْيَيْتُ مِنْ رَبِّي...

أَيُّهَا الْعُقَلَاء! كَيْفَ يَقْبَلُ عَقْلُكُم، أَنْ يَكُونَ مُوسَى أَعْلَمَ مِن إِلَهِكُم بِمَا يُطِيقُهُ خَلْقُهُ؟ أَلاَ تَخْجَلُونَ، أَلاَ تَسْتَحُونَ؟ كَيْفَ قَبِلَ عَقْلُكُم أَنْ يَكُونَ خَيْرُ خَلْقِ اللهِ، وَسَيِّدُ الْأَنْبِيَاء وَالْمُرْسَلِينَ، أَقَلُّ دِرَايَةً وَعِلْمًا مِن مُوسَى؟ شَرَابُ الْمَجَارِي، وَعَبَقُ مَا إِجْتَرَّهُ وَأَخْرَجَهُ الْبُخَارِي، وَأَمْثَالُهُ مِنَ الْمُسْتَعْرِبِينَ، أَخْمَدَ شُعْلَةَ الْحَمِيَّةَ ۞ فِي عُقُولِكُم، وَأَوْقَدَ فِي قُلُوبِكُم حَمِيَّةَ الْجَاهِلِيَّةِ. تَثُورُونَ، وَتَسْتَمِيتُونَ لِما هُوَ أَدْنَى وَأَحْقَرَ. وَتَقْبَلُونَ الدَّنِيئَةَ، وَالْوَضِيعَةَ، فِي مَن خَلَقَ اللهُ هَذَا الْكَوْنَ مِنْ أَجْلِه! تَبًّا لَكُمْ. حَرِّقُوا هَذِهِ السُّنَّةَ الْمُزَوَّرَةَ، الْمُفَبْرَكَةَ، الْمُضَلِّلَةَ. حَرَّقَ صَنَمَاكُم، أَبُو بَكْرٍ وَعُمَرُ سُنَّةَ رَسُولِ اللهِ، وَأَسَّسُوا لَكُمْ مَخَازِيَ هَذِهِ السُّنَّةِ الْبَاطِلَةَ... إِن لَمْ تَسْتَيْقِظُوا بَعْدُ! أُربُطُوا الْأَحْزِمَةَ، سَوفَ أَحْمِلُكُم عَلَى أَجْنِحَةِ سُورَةِ التَّوْبَةِ، نَسْتَكْشِفُ آفَاقَ أَيَةِ الصُّحْبَةِ الْمَيْمُونَةِ، وَمَعَالِمَهَا الْجَلِيَّةَ

الوَاضِحةَ، بَعِيْدًا، عَمَّا حَوَّرَ، وَزَوَّرَ، وَوَارَى العُلَمَاءُ المَأْجُورُونَ. وَسَوفَ نَكْشِفُ مَطَبَّاتِهِمْ، وَمَا أَخْفى، وَمَا أَسَرَّ وَغَطَّى المُعَنْعِنونَ، مِن مَخَازِي الصَنَمِ الأَكْبَرِ، أَبِي بَكْرٍ مِنْ دَوَاهِيَ دَهْوَاءَ. عَلَّكُم تَسْتَفِيقُونَ مِنْ سَكْرَتِكُمْ وَسُبَاتِكُمْ. أَيةُ الصُّحْبَةِ مِنْ سُورَةِ التَّوْبَةِ بِإِذنِ اللهِ، سَتُثْبِتُ لَكُم أَنَّ أَبَا بَكْرٍ أَلَدُّ أَعْدَاءِ رَسولِ اللَّهِ، وَأَنَّ هَذِهِ الصُّحْبَةَ مَلْعُونَةٌ عِنْدَ اللَّهِ. لَا تَستَعْجِلُوا، وَلَا تَسْتَعْجِلونِي.

أَنا مَسؤولٌ أَمَامَ اللَّهِ، وَأَمَامَ نَفْسِي، وَأَمَامَ النَّاسِ، عَنْ كُلِّ كَلِمَةٍ أَكْتُبُها، أَوْ أَتَلَفَّظُ بِهَا. وَهَذا عَهْدٌ أَمَامَ اللَّه. هَذِهِ أَيَةُ الصُّحْبَةِ أَمَامَكُم، سَتَقْرَؤونَهَا، كَأَنَّكُم قَرَأْتُمُوْهَا أَوَّلَ مِرَّةٍ. وَلَكِنْ قَبْلَ أَنْ تَدُورَ مُحَرِّكَاتُ الإِقْلَاعِ، أُرِيُد أَنْ أُذَكِّرَ القُرَّاءَ، بِمُسْتَلْزَمَاتِ رِحْلَةِ سُورَةِ التَّوْبَةِ ...يَحْضُرُنِي عَشَرَاتُ الأَسْئِلَةِ، لَنْ أَسْأَلَهَا، لِأَنَّهَا لَنْ تَفِيْدَكُم إِلَّا إِذَا أَتَتْ مِنْ دَاخِلِكُمْ! لَكِنِّي أُرِيُد أَنْ أَسْأَلَ، مَا فَائِدَةُ هَذَا الرَّسُولِ؟ يُعْصَى، وَيُمْنَعُ مِنْ كِتَابَةِ الكِتَابِ الَّذِي يَعْصِمُ الأُمَّةَ مِنَ الضَلَالِ، وَلَمْ يَجْرُؤ أَحَدٌ عَلَى الإِعْتِرَاضِ، حَتَّى هَذِهِ السَّاعَةِ، تَبًا لَكُم! تُحْرَقُ سُنَّتُهُ وتُمْنَعُ مِنَ التَّدَاوُلِ، وبِكُلِّ وَقَاحَةٍ تُسَمُّونَ أنفُسَكُمْ (أهلَ السنَّةِ)! سنَّةُ مَنْ؟ يَا أَيُّها النَّبِيُّ، حَسْبُكَ اللهُ، وَمَنِ اتَّبَعَكَ مِنَ الْمُؤْمِنِينَ. ﴿64. الأنفال﴾ لَقَدْ تَابَ اللهُ عَلَى النَّبِيِّ، وَالْمُهَاجِرِينَ، وَالْأَنْصَارِ، الَّذِينَ اتَّبَعُوهُ. ﴿117. التوبة﴾ وَمَا جَعَلْنَا الْقِبْلَةَ، الَّتِي كُنْتَ عَلَيْهَا، إِلَّا لِنَعْلَمَ مَنْ، يَتَّبِعُ الرَّسُولَ. ﴿١٤٣. البقرة﴾ فَإِنْ حَاجُّوكَ فَقُلْ،

أَسْلَمْتُ وَجْهِيَ لِلَّهِ، وَمَنِ اتَّبَعَنِ. ﴿٢٠. آل عمران﴾ قُلْ، إِنْ كُنْتُمْ تُحِبُّونَ اللَّهَ، **فَاتَّبِعُونِي يُحْبِبْكُمُ اللَّهُ.** ﴿٣١. آل عمران﴾ رَبَّنَا آمَنَّا بِمَا أَنْزَلْتَ، **وَاتَّبَعْنَا الرَّسُولَ فَاكْتُبْنَا مَعَ الشَّاهِدِينَ.** ﴿53. آل عمران﴾ ...

وَكَذَلِكَ جَعَلْنَاكُمْ أُمَّةً وَسَطًا، لِتَكُونُوا شُهَدَاءَ عَلَى النَّاسِ، وَيَكُونَ الرَّسُولُ عَلَيْكُمْ شَهِيدًا، وَمَا جَعَلْنَا الْقِبْلَةَ الَّتِي كُنْتَ عَلَيْهَا، إِلَّا لِنَعْلَمَ مَنْ يَتَّبِعِ الرَّسُولَ، مِمَّنْ يَنْقَلِبُ عَلَى عَقِبَيْهِ، وَإِنْ كَانَتْ لَكَبِيرَةً، إِلَّا عَلَى الَّذِينَ هَدَى اللَّهُ، وَمَا كَانَ اللَّهُ لِيُضِيعَ إِيمَانَكُمْ، إِنَّ اللَّهَ بِالنَّاسِ لَرَؤُوفٌ رَحِيمٌ. ﴿١٤٣﴾. الْبَقَرَة... لَو اسْتَفْتَيْتُمُ الْقُرْآنَ فِيمَا يُلْزِمُ اللَّهُ الْمُؤْمِنِينَ، لَوَجَدْتُمْ عَشَرَاتِ الْآيَاتِ تَتَحَدَّثُ عَنِ إِتِّبَاعِ الرَّسُولِ. إِنَّ الْإِسْلَامَ دِيْنُ إِتِّبَاعٍ لِلرَّسُولِ. مُحَمَّدٌ بُعِثَ لِمَنْ يَتَّبِعُهُ. مُحَمَّدٌ سَيِّدُ الْخَلْقِ فَهُوَ لَيْسَ بِحَاجَةٍ إِلَى أصْحَابٍ أَوْ حَتَّى خُلَفَاءَ. فَكَيْفَ تَكُونُ التَّبَعِيَّةُ يَا عُلَمَاءَ الْمُسْلِمِينَ؟ هَلْ بِمَسْحٍ وَتَحْرِيقِ الأَثَرِ؟ أَمْ بِقَتْلِ الأَهْلِ وَتَشْرِيدِهِمْ؟ أَنْتُمْ أَيُّهَا أَلْإِنْقِلَابِيُّونَ، إِبْتَدَعْتُمْ صُحْبَةً مَزْعُومَةً مَا أَنْزَلَ اللهُ بِهَا مِنْ سُلْطَانٍ! نَسَجْتُمْ حَوْلَهَا هَالَةً مِنَ الْقَدَاسَةِ تَفُوقُ قَدَاسَةَ النُّبُوَّةِ۞. أصْحَابِي كَالنُّجُومِ، بِمَنْ إِقْتَدَيْتُمُ اهْتَدَيْتُمْ! أَيُّ عَهْرٍ هَذَا؟ أَمْ هُوَ اسْتِخْفَافٌ بِعُقُولِ النَّاسِ؟ أصْحَابُ مَنْ؟ وَمَنُ الْقَائِلُ؟ إِنْ قُلْتُمُ الرَّسُولَ، لَقَدْ كَذَبْتُمْ. أَيْنَ مَقُولَةُ: حَسْبُنَا كِتَابُ اللَّهِ؟

ألصُحْبةُ فِي القُرآن!

إِذْ يَقُولُ لِصَاحِبِهِ لَا تَحْزَنْ إِنَّ اللَّهَ مَعَنَا. ﴿٤٠ التوبة﴾.

يَا صَاحِبَيِ السِّجْنِ أَأَرْبَابٌ مُتَفَرِّقُونَ خَيْرٌ أَمِ اللَّهُ الْوَاحِدُ الْقَهَّارُ. ﴿٣٩ يوسف﴾. صَاحِبا سَيِّدُنَا يُوسُفَ لَهُم أَرْبَابٌ مُتَفَرِّقَةٌ!

يَا صَاحِبَيِ السِّجْنِ أَمَّا أَحَدُكُمَا فَيَسْقِي رَبَّهُ خَمْرًا. ﴿٤١. يوسف﴾. أَحَدُ صَاحِبا سَيِّدُنَا يُوسُفَ، يَسْقِي خَمْرًا: سَاقِي عِنْدَ سَيِّدِه!

فَقَالَ لِصَاحِبِهِ وَهُوَ يُحَاوِرُهُ أَنَا أَكْثَرُ مِنْكَ مَالًا. ﴿٣٤. الكهف﴾ الصَّاحِبُ الغَنِيُّ يُفَاضِلُ نَفْسَهُ عَلَى صَاحِبِهِ الأَقَلُّ مَالًا!

قَالَ لَهُ صَاحِبُهُ وَهُوَ يُحَاوِرُهُ أَكَفَرْتَ بِالَّذِي خَلَقَكَ مِنْ تُرَابٍ. ﴿٣٧. الكهف﴾ صَاحِبٌ يَشُكُّ بِإيْمَانِ صَاحِبِهِ!

فَاصْبِرْ لِحُكْمِ رَبِّكَ وَلَا تَكُنْ كَصَاحِبِ الْحُوتِ. ﴿٤٨. القلم﴾ لَا تَتَعَجَّلَ النَّتَائِجَ وَأصْبُرْ وَإلاَّ سَيُصْحِبُكَ اللهُ حُوتًا!

صَاحِبٌ، ذُكِرتْ فِي القُرآن 13 مَرَّة.

ذَكَرتُ لَكُمْ مِنْهَا سِتَّةً! يُصَاحِبُ المَرْءُ التَّقِيَّ وَألشَّقِيَّ، المُؤمِن! وَالجَاحِدَ. يُصَاحِبُ حِمَارًا، كَلْبًا، أَوْ حِصَانًا. يُصَاحِبُ ذَكَرًا، أَوْ أُنْثَى. يُصَاحِبُ عَنْ سَابِقِ تَصْمِيمٍ أَوْ بِالصُّدْفَةِ! صَنَعْتُمْ دِينًا كَامِلاً حَوْلَ قُدْسِيَّةِ الصُّحْبَةِ وَالصَّحَابَةِ. تَتَرَضُّوْنَ عَلَى مَنِ استَصْحَبْتُمُوهُمْ رَسُولَ اللَّهِ، تَتَبَرَّكُونَ بَهِم وتَتَقَرَّبُونَ إِلَى إِلَهِكُمُ الأَطْرَشِ بِحُبِّهِمْ، كَالأَصْنَامِ! تَفْرُضُونَهُمْ عَلَى النَّاسِ! تَقْتُلُونَ، وَتُكَفِّرُونَ مَنْ يَتَعَرَّضُ لَهُم بِسُوْءٍ،

وَلَكِنْ لَيْسَ لِكُلِّ الصَّحَابَةِ، بَلْ لِلْأَصْنَامِ مِمَّنْ تَسْتَصْحِبُونَ! تَشُنُّونَ الْحُرُوبَ فِي حُبِّ تِلْكَ الْأَصْنَامِ. كَافِرٌ، مَهْدُورُ الدَّمِ مَنْ يُشَكِّكُ فِي أَحَقِّيَّةِ الصَّحَابَةِ فِي الْحُكْمِ، يُذْبَحُ عَلَى النُّصُبِ، كُلُّ مَنْ يُكَفِّرُ أَوْ يَلْعَنَ أَصْنَامَكُمْ ـ خَاصَّةً؛ أَبَا بَكْرٍ، وَعُمَرَ، وَعَائِشَةَ! اَلرَّسُولُ يُخْطِئُ وَيُصِيبُ، أَمَّا أَصْنَامُكُمْ، فَمَعْصُومَةٌ! كَانَ عُمَرُ يُصَحِّحُ أَخْطَاءَ رَسُولِ اللهِ! أَسْـأَلُكُمْ بِاللهِ أَيُّهَا الْقُرَّاءُ الْكِرَامُ، مِنْ أَيْنَ جَاءَ هَؤُلَاءِ بِهَذِهِ الْعَظَمَةِ لِلصَّحَابَةِ؟ لَمْ أَجِدْ أَصْلًا لَهَا أَوْ ذِكْرًا فِي الْقُرْآنِ.

بَلْ وَجَدْتُ الْعَكْسَ. وَمِنْ أَهْلِ الْمَدِينَةِ مَرَدُوا عَلَى النِّفَاقِ لَا تَعْلَمُهُمْ نَحْنُ نَعْلَمُهُمْ. ﴿١٠١. التوبة﴾. وَلِيَعْلَمَ الَّذِينَ نَافَقُوا وَقِيلَ لَهُمْ تَعَالَوْا قَاتِلُوا فِي سَبِيلِ اللهِ أَوِ ادْفَعُوا. ﴿167. آل عمران﴾. إِنَّ الْمُنَافِقِينَ يُخَادِعُونَ اللهَ وَهُوَ خَادِعُهُمْ. ﴿142. النساء﴾. هَؤُلَاءِ كَانُوا فِي عَصْرِ الرَّسُولِ، يَعْنِي صَحَابَةً! كَمْ قَتَلَ الصَّحَابَةُ بَعْضَهُم بَعْضًا؟ حُرُوبُ مَا يُسَمُّونَ رِدَّةً، كَانَتْ مَعَ مَنْ؟ طَبْعًا جَمِيْعُهَا بَيْنَ الصَّحَابَةِ!

لَوْ سُئِلَ الرَّسُولُ مَنْ أَحَبُّ إِلَيْكَ، إِخْوَانُكَ أَمْ أَصْحَابُكَ، بِمَاذَا كَانَ أَجَابَ؟

بَكَى رَسُولُ اللهِ يَوْمًا، فَقَالُوا: مَا يُبْكِيْكَ يَا رَسُولَ اللهِ؟ قَالَ: اشْتَقْتُ لِأَحْبَابِي، قَالُوا: أَوَلَسْنَا أَحْبَابُكَ يَا رَسُولَ اللهِ؟ قَالَ: لَا أَنْتُمْ أَصْحَابِي، أَمَّا أَحْبَابِي، فَقَوْمٌ يَأْتُونَ مِنْ بَعْدِي، يُؤْمِنُونَ بِي وَلَمْ يَرَوْنِي! فَهَلِ اشْتَقْتُمْ لِلْحَبِيبِ، كَمَا اشْتَاقَ لَكُمْ، الَّذِي أَحَبَّكُمْ وَلَمْ يَرَكُمْ؟ أَيُّهَا النَّاسُ، أَيُّهَا الْمُؤْمِنُونَ، هَلْ تُحْسِنُونَ الْقِرَاءَةَ؟ كُلُّ مَنْ آمَنَ ولَمْ يَكُنْ صَحَابِيًّا، ۝، لِأَنَّ الصَّحَابَةَ، ((لَيُذَادَنَّ عَنْ حَوْضِي كَمَا يُذَادُ الْبَعِيْرُ الضَّالُّ، أُنَادِيْهُمْ: أَلَا هَلِمَّ، أَلَا هَلِمَّ، أَلَا هَلِمَّ. فَيُقَالُ: إِنَّهُمْ قَدْ بَدَّلُوا بَعْدَكَ، فَأَقُوْلُ: سِحْقًا سِحْقًا.)) هَذَا مَا أَخْبَرَ بِهِ نَجْمُ السُّنَّةِ الْأَكْبَرُ أَبُو هُرَيْرَةَ، وَغَيْرُهُ مِنَ النُّجُومِ: جَاءَ فِي صَحِيحِ مُسْلِمٍ عَنْ أَبِي هُرَيْرَةَ: أَنَّ رَسُوْلَ اللهِ، صَلَّى اللهُ عَلَيْهِ وَسَلَّمَ، خَرَجَ إِلَى الْمَقْبَرَةِ، فَقَالَ: السَّلَامُ عَلَيْكُمْ دَارَ قَوْمٍ مُؤْمِنِيْنَ، وَإِنَّا إِنْ شَاءَ اللهُ بِكُمْ لَاحِقُوْنَ، وَدَدَتُ أَنِّي قَدْ رَأَيْتُ إِخْوَانَنَا، فَقَالُوا: يَا رَسُوْلَ اللهِ، أَلَسْنَا بِإِخْوَانِكَ؟ قَالَ بَلْ أَنْتُمْ أَصْحَابِي، وَإِخْوَانَنَا الَّذِيْنَ لَمْ يَأْتُوا بَعْدُ، وَأَنَا فَرْطُهُمْ عَلَى الْحَوْضِ، فَقَالُوا: يَا رَسُوْلَ اللهِ، كَيْفَ تَعْرِفُ مَنْ يَأْتِي، بَعْدَكَ مِنْ أُمَّتِكَ؟

قَالَ: أَرَأَيْتُ لَوْ كَانَ لِرَجُلٍ خَيْلٌ غُرٌّ مُحَجَّلَةٌ، فِي خَيْلٍ دُهْمٍ بُهْمٍ، أَلَا يَعْرِفُ خَيْلَهُ؟ قَالُوا: بَلَى يَا رَسُوْلَ اللهِ، قَالَ: فَإِنَّهُمْ يَأْتُوْنَ يَوْمَ الْقِيَامَةِ

غُرًّا مُحَجَّلِيْنَ مِنَ الوُضُوءِ، وَأَنَا فَرَطُهُمْ عَلَى الحَوْضِ، أَلَا لَيُذَادُنَّ رِجَالٌ عَنْ حَوْضِي كَمَا يُذَادُ البَعِيْرُ الضَّالُ، أُنَادِيْهُمْ: أَلَا هَلُمَّ، أَلَا هَلُمَّ، أَلَا هَلُمَّ. فَيُقَالُ: إِنَّهُمْ قَدْ بَدَّلُوا بَعْدَكَ، فَأَقُولُ: سِحْقًا، سِحْقًا... وَرَوَى الإِمَامُ أَحْمَدُ، مِنْ حَدِيْثِ أَبِي جُمْعَةَ - رَضِيَ اللَّهُ عَنْهُ - قَالَ: تَغَدَّيْنَا مَعَ رَسُولِ اللَّهِ، صَلَّى اللَّهُ عَلَيْهِ وَسَلَّمَ، وَمَعَنَا أَبُو عُبَيْدَةَ بِنِ الجَرَّاحِ، فَقَالَ: يَا رَسُوْلَ اللَّهِ، أَحَدٌ مِنَّا خَيْرٌ مِنَّا؟ أَسْلَمْنَا وَجَاهَدْنَا مَعَكَ، قَالَ: نَعَمْ، قَوْمٌ يَكُوْنُونَ مِنْ بَعْدِكُمْ، يُؤْمِنُوْنَ بِي وَلَمْ يَرَوْنِي. قَالَ الشَّيْخُ الأَلْبَانِيُّ: رَوَاهُ الدَّارِمِيُّ، وَأَحْمَدُ، وَالحَاكِمُ، وَصَحَّحَهُ، وَوَافَقَهُ الذَّهَبِيِّ، وَإِسْنَادُ الدَّارِمِيِّ، وَأَحَدُ إِسْنَادَي أَحْمَدَ: صَحِيْحٌ.

دَرَجَاتُ الصَّدَاقَةُ / الصُّحْبَةُ فِي اللُّغَةِ العَرَبِيَّةُ!

ألتِّرْبْ: مَثِيْلُكَ فِي السِّنِّ.

ألزَّمِيْلْ: رَفِيْقُ العَمَلِ.

ألجَلِيْسْ: مَنْ يَصْحَبُكَ فِي مَجْلِسِكَ.

ألسمِيرْ: مَنْ يُحَدِّثُكَ لَيْلاً.

ألنَّدِيْمْ: مَنْ يُصَاحِبُكَ فِي شُرْبِكَ.

ألصَّاحِبْ: مَنْ يُلَازِمُكَ، أَوْ يَصْحَبُكَ لَيْسَ إِخْتِيَارًا، وَقَدْ تَكُوْنُ صُدْفَةً، وَلِفَتْرَةٍ قَصِيرَةٍ.

الرَّفِيْقْ: مَنْ يُصَاحِبُكَ فِي سَفَرِكَ.

ألصَّدِيْقْ: مَنْ صَدَقَكَ، وَصَاحَبَكَ بِوِدٍّ.

الخِلّْ: مَنْ اسْكَنَكَ قَلْبَهُ بِصِدْقٍ.

ألأَنِيْسْ: مَنْ أَنِسَ حُضُوْرُهُ، وَأَرَاحَ بَالَكَ.

ألنَّجِيُّ: مَنْ أَسَرَّ، فِي الحَدِيْثِ، لَكَ أِسْرَارَا.

ألصَّفِيُّ: صَدِيْقُكَ المُخْلِصُ.

القَرِيْنُ: مَنْ كَانَ وَصْلُكَ بِهِ رُوْحِيًا قَوِيًا.

وَمَن كَانَ أَقْرب رُوحِيًّا بالرَّسُولِ الأَعْظَمِ مِنَ الإِمَامِ عَلِيٍّ؟ ألإمَامُ نَفسُ رَسُولِ الله كَمَا أَخْبَرَ القُرآن! إنَّهُ أَقْرب حَتَّى مِنَ القَرِيْنِ الَّذِيْ

هُوَ أَقْرَبُ إِلَى المَرْءِ مِنْ كُلِّ أَصْحَابِهِ: وَكَذَلِكَ الأَقْرَبُونَ أَوْلَى بِالمَعْرُوفِ. فَقَوْلُهُ تَعَالَى: ﴿قُلْ مَا أَنْفَقْتُمْ مِنْ خَيْرٍ فَلِلْوَالِدَيْنِ وَالأَقْرَبِينَ﴾ [البقرة: 215]، وَقَوْلُهُ تَعَالَى: ﴿كُتِبَ عَلَيْكُمْ إِذَا حَضَرَ أَحَدَكُمُ المَوْتُ إِنْ تَرَكَ خَيْرًا الْوَصِيَّةُ لِلْوَالِدَيْنِ وَالأَقْرَبِينَ بِالمَعْرُوفِ﴾ [البقرة: 180] ... (قَالَ الإِمَامُ الأَلْبَانِيُّ: " 4932 – هَذَا أَخِي وَوَصِيِّي وَخَلِيفَتِي فِيكُمْ، فَاسْمَعُوا لَهُ وَأَطِيعُوا. يَعْنِي: عَلِيًّا رَضِيَ اللَّهُ عَنْهُ).. أَنْتَ مِنِّي بِمَنْزِلَةِ هَارُونَ مِنْ مُوسَى، إِلَّا أَنَّهُ لَا نَبِيَّ بَعْدِي!

مَا هِيَ مَنْزِلَةُ هَارُونَ مِنْ مُوسَى؟ أَخُوهُ، وَصِيُّهُ، وَخَلِيفَتُهُ مِنْ بَعْدِهِ!!! صِفَاتُ مَنْ؟ الَّذِينَ اغْتَالُوا الرَّسُولَ، وَاغْتَصَبُوا الخِلَافَةَ، وَحَرَّقُوا الوَصِيَّةَ؟! إِلَى مَتَى سَتَبْقَى هَذِهِ الأُمَّةُ مُخَدَّرَةً فِي سَكْرَتِهَا، مَرْكُوبَةً فِي مَسِيرَتِهَا، مُسَيَّرَةً فِي مَصِيرِهَا، وَمَرْهُونَةً لِفِكْرٍ جَاهِلِيٍّ عَفِنٍ، أَكَلَ الدَّهْرُ عَلَيْهِ وَاجْتَرَّتْهُ هَذِهِ السُّنَّةُ دُهُورًا. جَعَلَ اللَّهُ الأُخُوَّةَ فِي المُؤْمِنِينَ حَيْثُ قَالَ: " إِنَّمَا الْمُؤْمِنُونَ إِخْوَةٌ "، أَيْ أَنَّ الأُخُوَّةَ وَالحُرْمَةَ فِي الدِّينِ، لَا فِي النَّسَبِ! وَلِهَذَا قِيلَ: أُخُوَّةُ الدِّينِ أَثْبَتُ مِنْ أُخُوَّةِ النَّسَبِ، وَلَكِنَّ أُخُوَّةَ النَّسَبِ تَنْقَطِعُ بِمُخَالَفَةِ الدِّينِ، وَأُخُوَّةُ الدِّينِ لَا تَنْقَطِعُ بِمُخَالَفَةِ النَّسَبِ.

وَمَنْ أَقْرَبُ لِلْمَرْءِ مِنْ نَفْسِهِ، ثُمَّ مِنْ أَخِيهِ المُؤْمِنِ؟ أَصْحَابُهُ المُنَافِقُونَ؟ مَاذَا قَالَ الرَّسُولُ الخَاتَمُ الأَعْظَمُ فِي عَلِيٍّ أَمِيرِ المُؤْمِنِينَ؟ قَالَهَا لِلدُّنْيَا وَلِلآخِرَةِ: هَذَا أَخِي (1) وَوَصِيِّي (2) وَخَلِيفَتِي فِيكُمْ (3)، فَاسْمَعُوا لَهُ وَأَطِيعُوا (4). كَانَ الإِمَامُ عَلِيٌّ نَفْسَ رَسُولِ الله، وَأَخَ رَسُولِ اللَّهِ فِي الإِيمَانِ، وَلَيْسَ فِي النَّسَبِ فَقَطْ. وَوَصِيَّهُ. وَخَلِيفَتَهُ... يَجِبُ عَلَى خَلِيفَةِ رَسُولِ الله أَوَّلاً، أَنْ يَكُونَ مُؤْمِناً. ثَانِياً الخِلَافَةُ جَعْلٌ مِنَ اللَّهِ أَوْ مِنْ رَسُولِهِ، الَّذِي لَا يَنْطُقُ عَنِ الهَوَى!!! مَنْ، مِنْ هَؤُلَاءِ الانْقِلَابِيُّونَ يَمْتَلِكُ خَاصَّةً وَاحِدَةً مِنْ هَذِهِ الخَصَائِصِ؟

إِلَيْكَ أَيُّهَا القَارِئُ نَفْحَةً مِنْ نَهْجِ البَلَاغَةِ: أَتَدْرُونَ مَا أَمْرُ هَذَا اللِّوَاءِ! إِنَّ عَدُوَّ اللَّهِ عَمْرًا، أَخْرَجَ لَهُ رَسُولُ اللَّهِ، صَلَّى اللَّهُ عَلَيْهِ وَآلِهِ هَذِهِ الثِّقَّةَ، فَقَالَ: مَنْ يَأْخُذُهَا بِمَا فِيهَا؟ فَقَالَ عَمْرُو: وَمَا فِيهَا يَا رَسُولَ اللَّهِ؟ قَالَ: فِيهَا أَلَّا تُقَاتِلَ بِهَا مُسْلِمًا، وَلَا تُقَرِّبَهَا مِنْ كَافِرٍ، فَأَخَذَهَا، فَقَدْ وَاللَّهِ قَرَّبَهَا مِنَ المُشْرِكِينَ، وَقَاتَلَ بِهَا اليَوْمَ المُسْلِمِينَ، وَالَّذِي فَلَقَ الحَبَّةَ، وَبَرَأَ النَّسْمَةَ، مَا أَسْلَمُوا وَلَكِنَّهُمْ اسْتَسْلَمُوا، وَأَسَرُّوا الكُفْرَ، فَلَمَّا وَجَدُوا عَلَيْهِ أَعْوَانًا أَظْهَرُوهُ.

وَرَوَى نَصْرُ، عَنْ أَبِي عَبْدِ الرَّحْمَنِ المَسْعُودِيِّ، عَنْ يُونِسَ بِنِ الأَرْقَمِ، عَنْ عَوْفٍ ابْنُ عَبْدِ اللَّهِ، عَنْ عَمْرِو بِنِ هِنْدٍ البَجَلِيِّ، عَنْ

أَبِيهِ، قَالَ (1): لَمَّا نَظَرَ عَلِيٌّ عَلَيْهِ السَّلَامُ إِلَى رَايَاتِ مُعَاوِيَةَ وَأَهْلِ الشَّامِ، قَالَ: وَالَّذِي فَلَقَ الْحَبَّةَ، وَبَرَأَ النَّسَمَةَ، مَا أَسْلَمُوا، وَلَكِنِ اسْتَسْلَمُوا، وَأَسَرُّوا الْكُفْرَ، فَلَمَّا وَجَدُوا عَلَيْهِ أَعْوَانًا، رَجَعُوا إِلَى عَدَاوَتِهِمْ لَنَا، إِلَّا أَنَّهُمْ لَمْ يَتْرُكُوا الصَّلَاةَ.

وَرَوَى نَصْرٌ، عَنْ عَبْدِ الْعَزِيزِ بِنِ سِيَاهْ، عَنْ حَبِيبِ بِنِ أَبِي ثَابِتٍ، قَالَ: لَمَّا كَانَ قِتَالُ صِفِّينَ، قَالَ رَجُلٌ لِعَمَّارٍ: يَا أَبَا الْيَقْظَانِ، أَلَمْ يَقُلْ رَسُولُ اللَّهِ، صَلَّى اللَّهُ عَلَيْهِ وَسَلَّمْ: (قَاتِلُوا النَّاسَ حَتَّى يُسْلِمُوا، فَإِذَا أَسْلَمُوا، عَصَمُوا مِنِّي دِمَاءَهُمْ وَأَمْوَالَهُمْ)؟

قَالَ: بَلَى، وَلَكِنْ وَاللَّهِ مَا أَسْلَمُوا، وَلَكِنِ اسْتَسْلَمُوا، وَأَسَرُّوا الْكُفْرَ حَتَّى وَجَدُوا عَلَيْهِ أَعْوَانًا.

وَرَوَى نَصْرٌ، عَنْ عَبْدِ الْعَزِيزِ عَنْ حَبِيبِ بِنِ أَبِي ثَابِتٍ، عَنْ مُنْذِرِ الثَّوْرِيِّ، قَالَ: قَالَ مُحَمَّدُ بْنُ الْحَنَفِيَّةِ: لَمَّا أَتَاهُمْ رَسُولُ اللَّهِ، صَلَّى اللَّهُ عَلَيْهِ وَآلِهِ، مِنْ أَعْلَى الْوَادِي وَمِنْ أَسْفَلِهِ، وَمَلَأَ الْأَوْدِيَةَ كَتَائِبَ - يَعْنِي يَوْمَ فَتْحِ مَكَّةَ - اسْتَسْلَمُوا حَتَّى وَجَدُوا أَعْوَانًا. وَرَوَى نَصْرٌ، عَنِ الْحَكَمِ بِنِ ظُهَيْرٍ عَنْ إِسْمَاعِيْلَ، عَنِ الْحَسَنِ، قَالَ: وَحَدَّثَنَا الْحَكَمُ أَيْضًا عَنْ عَاصِمِ بِنِ أَبِي النَّجُودِ، عَنْ زِرِّ بِنِ حُبَيْشٍ عَنْ عَبْدِ اللَّهِ بِنِ مَسْعُودٍ، قَالَ: قَالَ رَسُولُ اللَّهِ، صَلَّى اللَّهُ عَلَيْهِ وَآلِهِ: (إِذَا رَأَيْتُمْ مُعَاوِيَةَ بِنَ أَبِي سُفْيَانَ يَخْطُبُ عَلَى مِنْبَرِي فَاضْرُبُوا

عُنُقَهُ)، فَقَالَ الحَسَنُ: فَوَاللَّهِ مَا فَعَلُوا وَلَا أَفْلَحُوا... وَأَنَا هُنَا، أُقْسِمُ بِاللَّهِ أَنَّ جَمِيعَ نُزَلَاءِ السَّقِيفَةِ – زَرِيبَةِ بَنِي سَاعِدَهْ، لَمْ يُسْلِمُوا، وَلَمْ يُؤْمِنُوا، وَإِنَّمَا أَسْتَسْلَمُوا، حَتَّى وَجَدُوا لَهُمْ، أَعْوَانًا فَأَظْهَرُوا، هَذَا الكُفْرَ وَالفُجُورَ. وَاللَّهِ لَمْ يُسْلِمُوا، حَتَّى بَعْدَ فَتْحِ مَكَّةَ، وَحَتَّى بَعْدَ أَنْ أَخَذَهُمُ اللَّهُ، إِلَى جَهَنَّمَ!! هَذَا الخِطَابُ إِلَى البَشَرِ، إِلَى أُولِي الأَلْبَابِ الَّذِينَ يَقْرَأُونَ، يَبْحَثُونَ، يُفَكِّرُونَ، ويَعْقِلُونَ!

عِنْدَمَا أُقَدِّمُ دَلِيلاً عَلَى شَيءٍ أَكْتُبُهُ، أَحْتَرِمُ قُدُرَاتِ النَّاسِ، عَلَى البَحْثِ، وَالإِسْتِنْبَاطِ إِذَا مَا أَرَادُوا. فَلِذَا أَدْعُو الجَمِيعَ أَنْ يَخْرُجُوا مِنْ حَظِيرَةِ المُعَنْعِنِينَ إِلَى حَضْرَةِ المُفَكِّرِينَ. حَرِّرُوا عُقُولَكُمْ وَإِدْرَاكَكُمْ، سَتَجِدُونَ القُرْآنَ كَما وَصَفَتْهُ العِزَّةُ الإِلهِيَّةُ؛ قُرآنًا كَرِيماً. كَيْفَ تَقْبَلُ عُقُولُكُمْ، أَنَّ هَذَا القُرْآنَ لَا يَعْلَمُ تَأْوِيلَهُ إِلَّا اللَّهُ، وَهُمْ يُأَوِّلُونَهُ؟ أَلَمْ أَقُلْ لَكُمْ، أَنَّ هَؤُلَاءِ يَسْتَصْغِرُونَكُمْ، كَيْفَ لَا، وَقَدْ سَوَّلَتْ لَهُمْ أنْفُسُهُمْ، أَنْ يَتَطَاوَلُوا عَلَى خِيرَةِ خَلْقِ اللَّهِ. لَمْ يَسْمَعُوا: فَمَنْ تَبِعَنِي فَإِنَّهُ مِنِّي! وَغَيْرَهَا مِنَ الآيَاتِ الَّتِي تَحُثُّ عَلَى إِتِّبَاعِ الرَّسُولِ! هَؤُلَاءِ المُنَافِقُونَ الفَسَقَةُ، لَمْ يَكُونُوا أَبَدًا مِنْ أَتْبَاعِ رَسُولِ اللَّهِ. تَرَكُوهُ فِي القِتَالِ مَعَ ثُلَّةٍ قَلِيلَةٍ وَهَرَبُوا، لَمْ يُدَافِعُوا عَنْه، وَلَمْ يَتْبَعُوهُ. نَصَّبُوا أَنْفُسَهُم آلِهَةً عَلَيْكُم. إِسْأَلُوا العَمَّ جُوجُل وَابْحَثُوا فِي مَا كَتَبُوا فِي مَا أَطْلَقُوا عَلَيْهَا "سُنَّةً"، سَوفَ تَكْتَشِفُونَ فَظَائِعَ الصَّحَابَةِ. نَسَبُوا لِأَنْفُسِهِمُ الألقَابَ؛ خَلِيفَةُ رَسُولِ اللَّهِ، الصِّدِّيقُ،

الْفَارُوقُ، ذُو النُّورَيْنِ، أَئِمَّةٌ، أُمَرَاءُ مُؤْمِنِينَ إلخ... وَعَزْوُ تَسْمِيَتَهُمْ، زُورًا إِلَى رَسُولِ اللَّهِ. أَتَحَدَّى أَحَداً، يُثْبِتُ أَنَّ رَسُولَ اللَّهِ، نَادَى أَحَدَهُم مَرَّةً وَاحِدَةً بِهَذِهِ الْأَلْقَابِ! يَقُولُ قَائِلٌ هَؤُلَاءِ لَمْ يَكُونُوا سِوَى رِجَالِ سُلْطَةٍ!!! أَيُّ سُلْطَةٍ؟ هَؤُلَاءِ ادُّعُوا، ظُلْمًا وَزُورًا، أَنَّهُمْ خُلَفَاءُ رَسُولِ اللَّهِ! هَؤُلَاءِ مَصْدَرُ الْعِوَجِ فِي هَذَا الدِّينِ.

إِنَّ هَؤُلَاءِ مَنْ تَآمَرَ وَأَسَّسَ أَوَّلَ شَرْخٍ فِي الإِسْلَامِ. وَعَلَى هَذَا الشَّرْخِ الْهَارِ أَسَّسَ أَئِمَّةُ مَذَاهِبِ الضَّلَالِ، مِنْ وُعَّاظِ السَّلَاطِينِ فِكْرَهُمْ وَفَلْسَفَتَهُمْ وَفَتَاوَاهُمْ وَسُنَّتَهُمْ. هَؤُلَاءِ يَحْمِلُونَ إِثْمَ كُلِّ ظُلْمٍ جَرَى وَيَجْرِي عَلَى الْأَرْضِ، مُذْ قُبِضَ الرَّسُولُ، إِلَى يَوْمِ الْقِيَامَةِ. أُشْهِدُ اللَّهَ عَلَى ذَلِكَ وَأُفَوِّضُ أَمْرِي إِلَى اللَّهِ، وَأَشْكُوهُمْ وَمَن ظَاهَرَهُمْ، إِلَى اللَّهِ... مُعْظَمُ نِعَاجِ الْأُمَّةِ يَعْبُدُونَهُم. جَمَعَهُمُ اللَّهُ وَإِيَّاهُمْ يَوْمَ الْقِيَامَةِ. مَبْرُوكٌ عَلَيْهِمْ هَذَا الْحُبُّ وَالتَّبَعِيَّةُ! أَنَا أَكْفُرُ بِهِمْ... لَقَدْ بَنَى أَئِمَّةُ الضَّلَالِ مَجْدَ هَؤُلَاءِ الَّذِينَ يُسَمَّوْنَ صَحَابَةً عَلَى آيَةٍ: إِذْ يَقُولُ لِصَاحِبِهِ لَا تَحْزَنْ!

إذْ يَقُولُ لِصَاحِبِهِ لَا تَحْزَنْ! سَوْفَ يُرِيكُمُ القُرآنُ ضَلالَ سَعْيِهِمْ!

لَا أَكْتُبُ لِكَي تَقْرَأوا مَا أَكْتُبُ فَقَطْ. إِنَّمَا أُرِيدُكُمْ كَيْفَ تَتَلَمَّسُونَ بِإِدْرَاكِكُمْ عُمْقَ وفَهْمَ مَا تَقْرَأون... عَلَى مَدَى أربَعَةَ عَشَرَ قَرْنًا، لَمْ يَتْرُكِ أَلإِنْقِلَابِيُّونَ شَيْئًا مَكْتُوباً فِي هَذَا الدِّينِ – حَتَّى القُرآنِ – إِلَّا وَقَدْ حُوِّرَ وَحُوِّلَ، أَوْ بُتِرَ وَأُوِّلَ. لِهَذَا أَدْعُوكُم أَنْ تُحصِّنُوا عُقُولَكُم، وَقُلُوبَكُمْ، بِمَنَاعَةِ القُرآنِ... لِنُحَاوِلَ مَعًا، أَنْ نَبْقى مَوضُوعِيِّيْنَ، نَزِيهِينَ، وَغَيْرَ مُتَحَيِّزِيْنَ، وَلِنَتَّبِع مَنْهَجِيَّةَ التَعَقُّلِ فِي قِرَاءَةِ آيَةٍ تُعْتَبَرُ أَهَمَّ أَيَةٍ لِتَتْوِيجِ أَبِي بَكْرٍ عَلَى عَرْشِ الأُلوهِيَّةِ! أَرجُوكُم أَنْ تَبْحَثُوا فِي كُتُبِ التَّفْسِيرِ، وَمَا وَرَاءَ التَّفْسِيرِ، وَاستَفْتُوا عُلَمَاءَ المُسْلِمِينَ عَنْ هَذِهِ الآيَةِ. ثُمَّ تَعَالُوا سَوِيًّا نَسْبُرُ أَغْوَارَهَا. أَلآيَةُ هِيَ: إِلَّا تَنْصُرُوهُ فَقَدْ نَصَرَهُ اللهُ إِذْ أَخْرَجَهُ الَّذِينَ كَفَرُوا ثَانِيَ اثْنَيْنِ إِذْ هُمَا فِي الغَارِ إِذْ يَقُولُ لِصَاحِبِهِ لَا تَحْزَنْ إِنَّ اللهَ مَعَنَا فَأَنْزَلَ اللهُ سَكِينَتَهُ عَلَيْهِ وَأَيَّدَهُ بِجُنُودٍ لَمْ تَرَوْهَا وَجَعَلَ كَلِمَةَ الَّذِينَ كَفَرُوا السُّفْلَى وَكَلِمَةُ اللهِ هِيَ العُلْيَا وَاللهُ عَزِيزٌ حَكِيمٌ ﴿٤٠﴾ ...

أَتَمَنَّى أَنْ تَكُونُوا تَمَعَّنْتُمْ بِمَا كَتَبَهُ مُفَسِّرو القُرآنِ مِنْ كُلِّ المَذَاهِب. تَعَالُوا نَفْهَم مَا يَقُولُهُ القُرآنُ. إِلَّا تَنْصُرُوهُ فَقَدْ نَصَرَهُ اللهُ. عَمَّن يَتَحَدَّثُ القُرآنُ؟ مِنْ نَصَرَهُ اللهُ وَكَيْفَ؟ إِذْ أَخْرَجَهُ الَّذِينَ كَفَرُوا. أَخْرَجُوا مَنْ؟ هَلْ أُخْرِجَ لِوَحْدِهِ، أَمْ كَانَ مَعَهُ أَحَدٌ؟ طَبْعاً أُخْرِجَ

173

لِوَحْدِهِ، يَقُولُ الْقُرْآنُ أَخْرَجَهُ. لَوْ صَحِبَ مَعَهُ أَحَدًا لَقَالَ الْقُرْآنُ: أَخْرَجَهُما أَوْ أَخْرَجَهُمْ! سُنَّةُ مَذَاهِبِ السَّقِيفَةِ تُخْبِرُ، أَنَّ أَبَا بَكْرٍ لَحِقَ بِالنَّبِيِّ، بَعَدَ أَنْ أَخْبَرَهُ الإِمَامُ عَلِيٌّ بِوُجْهَتِهِ، فَأَصْبَحَا اثْنَانْ. ثَانِيَ اثْنَيْنِ إِذْ هُمَا فِي الْغَارِ. مَنِ الأَوَّلِ وَمَنِ الثَّانِي؟ لِمَاذَا اخْتَارَ اللَّهُ أَبَا بَكْرٍ أَنْ يَكُونَ الأَوَّلَ؟

مِنْ سِيَاقِ الآيَاتِ يُعْلَمُ أَنَّ أَبَا بَكْرٍ لَحِقَ بِالرَّسُولِ، وَمِنْ دُونِ مُوَافَقَةِ الرَّسُولِ الأَعْظَمِ، لِمَاذَا جَعَلَ اللَّهُ أَبَا بَكْرٍ أَوَّلاً وَكَانَ الرَّسُولُ الثَّانِي فِي العَدَدِ فِيْ الغَارِ؟ وَلِكَيْ يَنْقُلَ اللَّهُ لَنَا الصُّورَةَ وَاضِحَةً، أَدْخَلَ الرَّسُولُ أَبَا بَكْرٍ إِلَى الغَارِ قَبْلَهُ، لِكَيْ يَكُونَ أَبُو بَكْرٍ بَعِيْدًا عَنِ المَدْخَلِ، خَوفاً مِنْ غَدْرِهِ ـ وَهُنَاكَ فِي السُّنَّةِ قَصَصٌ كَثِيرَةٌ، تَحْكِي عَنْ مُحَاوَلَتِهِ، كَشْفَ مَكَانِ الرَّسُولِ ـ وَلَكِنَّ الْقُرْآنَ كَفِيْلٌ بِإظْهَارِ هَذَا الغَدْرِ! إذْ يَقُولُ لِصَاحِبِهِ لَا تَحْزَنْ. مَن يَقُولُ لِمَنْ؟ الْمَصْحُوبُ يَقُولُ لِلصَّاحِبْ. الرَّسُولُ يَقُولُ لِأَبِي بَكْرٍ: لَا تَحْزَنْ. لِمَاذَا قَالَ الرَّسُولُ لِأَبِي بَكْرٍ، لَا تَحْزَنْ وَلَمْ يَقُلْ لَا تَخَفْ؟!

هَل كَانَ الْمَوْقِفُ مَوْقِفَ حُزْنٍ أَمْ خَوْفٍ؟ طَبْعاً خَوفٌ، لِمَاذَا إذَا حَزَنَ أَبُو بَكْرٍ؟؟؟ أُقْسِمُ بِاللَّهِ أَنَّ الدُّنْيَا كُلَّهَا لَنْ تَسْتَطِعْ أَنْ تُغَيِّرَ لَا تَحْزَنْ بِلَا تَخَفْ، وَلَا يَسْتَطِيعُ عَاقِلٌ أَنْ يُفَسِّرَ الحُزْنَ عَلَى أَنَّهُ خَوفٌ. الخَوفُ أَوِ المَخَافَةُ أَوِ الخَشْيَةُ، هُوَ الشُّعُورُ النَّاجِمُ، عَنِ

الخَطَرِ أو التَّهْدِيدِ المُتَصَوَّرِ أو المُتَوَقَّعِ، وَيَحْدُثُ فِي أَنْوَاعٍ مُعَيَّنَةٍ مِنَ الكَائِنَاتِ الحَيَّةِ، وَيَقُومُ بِدَوْرِهِ، بِالتَّسَبُّبِ فِي تَغْيِيرٍ فِي الوَظَائِفِ الأَيْضِيَّةِ وَالعُضْوِيَّةِ، وَيُفْضِي فِي نِهَايَةِ المَطَافِ إِلَى تَغْيِيرٍ فِي السُّلُوكِ؛ مِثْلُ الهُرُوبِ، الإِخْتِبَاءِ، أَوِ التَّجَمُّدِ تِجَاهَ الأَحْدَاثِ المُؤْلِمَةِ الَّتِي يَتَصَوَّرُهَا، أَوْ يَتَوَقَّعُهَا الفَرْدُ.

أَمَّا الحُزْنُ فَهُوَ أَلَمٌ نَفْسِيٌّ، يُوصَفُ بِالشُّعُورِ بِالبُؤْسِ وَالعَجْزِ. وَغَالِبًا يُعَدُّ الحُزْنُ، عَكْسَ الفَرَحِ. أَلحُزْنُ شَبِيهٌ بِالهَمِّ، وَالأَسَى، وَالكَآبَةِ، وَاليَأْسِ. مِنَ المُؤَكَّدِ أَنَّ هَذِهِ المَشَاعِرُ مَشَاعِرُ سَلْبِيَّةٌ. عِنْدَمَا يَشْعُرُ بِهَا الإِنْسَانُ، يُصْبِحُ هَادِئًا، قَلِيلَ النَّشَاطِ، مُنْفَعِلًا عَاطِفِيًّا، وَانْطِوَائِيًّا. البُكَاءُ أحياناً، يُصَاحِبُ الحُزْنَ، لَكِنْ لَيْسَ بِالضَّرُورَةِ... الحُزْنُ لَيْسَ خَوفاً! وَلَا يُمْكِنُ تَبْدِيلُ قَوْلِ اللَّهِ: (مَا يُبَدَّلُ القَوْلُ لَدَيَّ وَمَا أَنَا بِظَلَّامٍ لِّلْعَبِيدِ). ق. (29) إِلَّا إِذَّا ادَّعَيْتُمْ أَنَّ اللَّهَ ‏–‏ وَالعِيَاذُ بِاللَّهِ ‏–‏ أَخْطَأَ!

مَنْ أَقْدَرُ مِنَ اللَّهِ عَلَى تَشْخِيصِ حَالِ أَبِي بَكْرٍ؟ وَلَكِنْ أَوَّلَ مُزَوِّرو السُّنَةِ، كَلِمَةَ الحُزْنِ فِي الغَارِ خَوْفًا! وَالمَسَّ فِي أَيَةِ التَّطْهِيرِ لَمْسًا! وَأَيْضًا المُطَهَّرَ أَصْبَحَ مُتَطَهِّرًا! وَجَعَلُوا كَلِمَةَ اللَّيْلِ فِي الصِّيَامِ، تَعْنِي المَغْرِبَ! إِنَّها تَوْرِيَةٌ، وَإِخْفَاءٌ، وَتَضْلِيلٌ، وَخَلْقٌ لِلْبَدِيلِ، ابْتِغَاءَ لِلْفِتْنَةِ، وَالتَّضْلِيلِ... مَا أَعْظَمَكَ أَيُّهَا القُرْآنُ الحَكِيمُ! سُوَرُكَ

وَاضِحَةٌ، لَا الْتِبَاسَ فِيهَا، مَهْمَا حَاوَلَ المُغْرِضُونَ طَمْسَ الحَقِيقَةِ؛ تَخْرُجُ مَعَاجِزُكَ أَيُّهَا القُرْآنُ الكَرِيمُ، لِتَنْسِفَ إِفْكَهُمْ! وَيُكْمِلُ القُرْآنُ نَبَأَ حُزْنِ أبي بَكْرٍ على لِسَانِ حَبِيبِ اللَّهِ المُصْطَفى، فيزيدُ: إِنَّ اللَّهَ مَعَنَا! اللَّهُ أَكْبَر! إِن اللَّهَ مَعَ مَنْ؟ هَلْ مَعَ أبي بَكْرٍ؟ لَا وَأَلْفُ لَا! أُنْظُرُوا مَاذَا تَقُولُ الآيَاتُ التَّالِيَةُ: فَأَنْزَلَ اللَّهُ سَكِينَتَهُ "عَلَيْهِ" "وَأَيَّدَهُ" بِجُنُودٍ لَمْ تَرَوْهَا. الجُنُودُ كَانُوا مَلَائِكَةً، أَيْ أَنْزَلَ اللَّهُ سَكِينَتَهُ عَلَى رَسُولِهِ فَقَطْ وَأَيَّدَ اللَّهُ رَسُولَهُ (فَقَطْ) بِجُنُودٍ لَا يَرَاهَا الإِنْسَانُ، يَصْرِفُونَ القَوْمَ، بِوُجُوهٍ مُخْتَلِفَةٍ، مِنْ طُرُقِ الصَّرْفِ — وَبِجَمِيعِ العَوَامِلِ الَّتِي عَمِلَتْ فِي انْصِرَافِ القَوْمِ، عَنْ دُخُولِ الغَارِ وَالظَّفَرِ بِرَسُولِ اللَّهِ صَلَّى اللَّهُ عَلَيْهِ وَسَلَّمَ. وَمِنْ هَذِهِ العَوَامِلِ؛ العَنْكَبُوتُ، اليَمَامَةُ وَعُشُّهَا، وَالثُّعْبَانُ الَّذِي لَدَغَ أَبَا بَكْرٍ، "إِبْحَثُوا عَنْ قِصَّةِ الثُّعْبَانِ"!

وَقَبْلَ أَنْ نَنْتَقِلَ إِلَى مُعْجِزَةٍ أُخْرَى، أَسْأَلُكَ أَيُّهَا القَارِئُ أو المُسْتَمِعُ الكَرِيمُ، أَنْ تَسْتَحْضِرَ مَوْقِعَ رَسُولِ اللَّهِ فِي الغَارِ! وَخَطَرُ إِكْتِشَافِهِمَا مَا زَالَ مُحْتَمَلَا؟ هَلْ يُعْقَلُ، وَأَنْتَ مُخْتَبِئٌ، وَعَلَى خُطُوَاتٍ مِنكَ يَكْمُنُ خَطَرُ المَوتِ، هَلْ تُكَلِّمُ صَاحِبَكَ؟ مَتَى تُكَلِّمُهُ إذَنْ؟ طَبْعًا عِنْدَما يَزُولُ الخَطَرُ! وَهَلْ يُعْقَلُ أَنْ تَحْزَنَ عِنْدَما يَزُولُ الخَطَرُ عَنْكَ؟ إِنَّهَا سُنَّةُ مَنْ لَا عَقْلَ لَهُ. ثُمَّ إِنَّ الضَّمِيرَ (ألهَاء) فِي عَلَيْهِ، فِي قَوْلِهِ: (فَأَنْزَلَ اللَّهُ سَكِينَتَهُ عَلَيْهِ)، يَعُوْدُ لِمَنْ؟ إِلَى النَّبِيْ صَلَّى اللَّهُ عَلَيْهِ وَسَلَّمَ فَقَطْ، أَثْبَتَتْ

176

هَذِهِ "الهَاءُ" أَنَّ أَبَا بَكْرٍ، لَيْسَ مِن المُؤْمِنِينَ.

لِأَنَّ رُجُوعَ الضَّمَائِرِ الَّتِي قَبْلُ وَبعْدُ، تَعُودُ جَمِيْعُهَا، إِلَى الرَّسُولِ الأَعْظَمِ صَلَّى اللَّهُ عَلَيْهِ وَآلِهِ وَسلَّمَ، كَقَوْلِهِ: (إِلَّا تَنْصُرُوهُ)، وَ (نَصَرُهُ)، وَ (أَخْرَجَهُ)، وَ (لِصَاحِبِهِ)، وَ (أَيَّدَهُ). فَلَا سَبِيْلَ إِلَى رُجُوعِ ضَمِيرٍ، (الهَاءِ فِي عَلَيْهِ فِي الآيَةِ: فَأَنْزَلَ اللَّهُ سَكِينَتَهُ عَلَيْهِ) وَحْدَهَا، مِنْ بَيْنِهَا جَمِيْعًا إِلَى غَيْرِهِ، مِنْ غَيْرِ قَرِينَةٍ قَاطِعَةٍ! خُصُوصًا، أَنَّ عَمَلِيًّا، السَّكِينَةُ لَمْ تَنْزِلْ عَلَى أَبِي بَكْرٍ، فَلَا الخَوْفُ وَلَا الحُزْنُ مِنْ دَلَالَاتِ السَّكِينَةِ! هَذَا أَوَّلاً!!! ثَانِياً، أَللَّهُ عَزَّ وَعَلاَ، لَا يُمْكِنُ أَنْ يَسْتَثْنِيَ حَبِيْبَهُ المُصْطَفَى - فِي حَضْرَتِهِ وَحُضُورِهِ وَحَيْثُمَا وُجِدَ- مِنْ مَكْرَمَةٍ أَوْ مَرْحَمَةٍ!!! ثَالِثَأً، آيَاتُ السَّكِينَةُ فِي القُرْآنِ جَلِيَّةٌ، وَاضِحَةٌ وَصَادِعَةٌ، لَمْ يَسْتَثْنِ اللَّهُ الرَّسُولَ وَلَا مُؤْمِنًا عِنْدَمَا يُنَزِّلُ سكِينَتَهُ! وَلَكِنَّكَ لَنْ تُسْمِعَ الصُّمَّ الدُّعَاءَ، وَمَا أَنْتَ بِهَادِي العُمْي عَن ضَلَالَتِهِمْ إِن تُسْمِعَ إِلَّا مَن يُؤْمِنُ بِآيَاتِنَا فَهُم مُسْلِمُونَ. أَلكُفْرُ عَمًى وَالفِسْقُ نِفَاقٌ!!! أَلسَّكِينَةُ لَا تَنْزِلُ عَلَى المُنَافِقِينَ، لِهَذَا أَنْزَلَها اللَّهُ عَلَى رَسُولِهِ فَقَطْ، وَأَيَّدَهُ بِجُنُودٍ لَمْ تَرَوهَا. أَخْبَرَ جِبْرِيلُ حَبِيْبَهُ المُصْطَفَى أَنَّ عَلَيًّا قَدْ سَلِمَ مِنَ القَتْلِ، لِأَنَّ الصَّاحِبَ العَظِيمَ، لَا يَنْسَى مَن تَرَكَ وَرَاءَهُ. كَانَ قَلْبُهُ مُعَلَّقًا، بِالَّذِي سَيُكْمِلُ الرِّسَالَةَ وَالمَسِيْرَةَ. وَاللَّهُ يَعْلَمُ حِرْصَ حَبِيْبِهِ عَلَى حَبِيْبِهِ، فَأَخْبَرَهُ وَطَمْأَنَهُ، فَنَزَلَتِ السَّكِينَةُ عَلَى قَلْبِ المُصْطَفَى. عِنْدَهَا أَخْبَرَ حَبِيْبِي المُصْطَفَى صَاحِبَهُ، فَحَزِن لِسَلَامَة عليّ أَيْضاً. لَمْ يَنْجَح مُخَطَّطُ

أَبِي بَكْرٍ، وَلَم تَشْمَلْهُ السَّكِينَةُ، لِذَا لَمْ يَسْتَطِعْ إِخْفَاءَ غَيِّهِ وَحِقْدِهِ، فَأَنْفَجَرَ حُزْنُهُ. سَتَبْقَى كَلِمَةُ لَا تَحْزَنْ عَارًا عَلَى أَبِي بَكْرٍ، كَعَارٍ تَبَّتْ يَدَا أَبِي لَهَبٍ وَتَبَّ، إِلَى يَوْمِ القِيَامَةِ. إِبْلِيسُ وَكُلُّ جُنْدِهِ لَنْ يَمْحُوَ هَذَا العَارَ حَتَّى يَلْقَى اللَّهَ.

آيَاتُ السَّكِينَةِ!

ثُمَّ أَنزَلَ اللهُ سَكِينَتَهُ عَلَى رَسُولِهِ وَعَلَى الْمُؤْمِنِينَ وَأَنْزَلَ جُنُودًا لَمْ تَرَوْهَا وَعَذَّبَ الَّذِينَ كَفَرُوا وَذَلِكَ جَزَاءُ الْكَافِرِينَ. (26)

﴿هُوَ الَّذِي أَنزَلَ السَّكِينَةَ فِي قُلُوبِ الْمُؤْمِنِينَ لِيَزْدَادُوا إِيمَانًا مَّعَ إِيمَانِهِمْ وَلِلَّهِ جُنُودُ السَّمَاوَاتِ وَالْأَرْضِ وَكَانَ اللهُ عَلِيمًا حَكِيمًا﴾ الْفَتْح 4.

﴿لَّقَدْ رَضِيَ اللهُ عَنِ الْمُؤْمِنِينَ إِذْ يُبَايِعُونَكَ تَحْتَ الشَّجَرَةِ فَعَلِمَ مَا فِي قُلُوبِهِمْ فَأَنزَلَ السَّكِينَةَ عَلَيْهِمْ وَأَثَابَهُمْ فَتْحًا قَرِيبًا﴾ الْفَتْح 18.

﴿إِذْ جَعَلَ الَّذِينَ كَفَرُوا فِي قُلُوبِهِمُ الْحَمِيَّةَ حَمِيَّةَ الْجَاهِلِيَّةِ فَأَنزَلَ اللهُ سَكِينَتَهُ عَلَى رَسُولِهِ وَعَلَى الْمُؤْمِنِينَ وَأَلْزَمَهُمْ كَلِمَةَ التَّقْوَى وَكَانُوا أَحَقَّ بِهَا وَأَهْلَهَا وَكَانَ اللهُ بِكُلِّ شَيْءٍ عَلِيمًا﴾ الْفَتْح 26.

﴿إِلَّا تَنصُرُوهُ فَقَدْ نَصَرَهُ اللهُ إِذْ أَخْرَجَهُ الَّذِينَ كَفَرُوا ثَانِيَ اثْنَيْنِ إِذْ هُمَا فِي الْغَارِ إِذْ يَقُولُ لِصَاحِبِهِ لَا تَحْزَنْ إِنَّ اللهَ مَعَنَا فَأَنزَلَ اللهُ سَكِينَتَهُ عَلَيْهِ وَأَيَّدَهُ بِجُنُودٍ لَّمْ تَرَوْهَا وَجَعَلَ كَلِمَةَ الَّذِينَ كَفَرُوا السُّفْلَى وَكَلِمَةُ اللهِ هِيَ الْعُلْيَا وَاللهُ عَزِيزٌ حَكِيمٌ﴾ التَّوْبَة 40.

هَذِهِ آيَاتُ السَّكِينَةِ كُلُّهَا. أَنْزَلَ اللهُ سَكِينَتَهُ؛ عَلَى رَسُولِهِ، وَعَلَى الْمُؤْمِنِيْنْ، وَعَلَى الَّذِينَ عَلِمَ اللهُ مَا فِي قُلُوبِهِمْ مِنْ إِيمَانٍ، وَعَلَى الْمُؤْمِنِينَ فَقَطْ! مِنَ الَّذِينَ بَايَعُوا تَحْتَ الشَّجَرَةِ، لَمْ يُنْزِلْهَا عَلَى جَمِيعِ الَّذِينَ بَايَعُوا! وَإِلَّا كَانَتْ قَالَتِ الآيَةُ: (لَقَدْ رَضِيَ اللهُ عَنِ الَّذِينَ يُبَايِعُونَكَ تَحْتَ الشَّجَرَةِ)، (وَلَكِنَّهَا جَاءَت: لَقَدْ رَضِيَ اللهُ عَنِ الْمُؤْمِنِينَ

إِذْ يُبَايِعُونَكَ تَحْتَ الشَّجَرَةِ)! أَوَّلاً: الرِّضَى فِي الآيَةِ لَمْ يَكُ عَامًّا، لِكُلِّ مَنْ يُسَمُّونَهُمْ صَحَابَة. بَلْ لِمَنْ حَضَرَ وَكَانَ مُؤْمِنًا! يَعْنِي أَنَّ مَا يُرَدِّدُهُ أَئِمَّةُ الجُمُعَةِ، وَالجَمَاعَةِ دَائِمًا، فِي سِيَاقِ تَفْسِيرٍ، أَوْ شَرْحٍ، هَذِهِ الآيَةِ، وَمَدْحِهِمْ لِمَنْ يُسَمُّونَهُمْ صَحَابَةً، كَذِبٌ وَتَدْلِيسٌ. فِي صَحِيحِ مُسْلِمٍ، فِي الجُزْءِ السَّادِسِ، الصَّفْحَةِ خَمْسَةٍ وَعِشْرِينَ، يُرْوَى عَنْ جَابِرِ بِنِ عَبْدِ اللهِ الأَنْصَارِيِّ، حِينَمَا يَتَحَدَّثُ عَنْ بَيْعَةِ الرِّضْوَانِ - بَيْعَةِ الحُدَيْبِيَّةِ - قَالَ كُنَّا يَوْمَ الحُدَيْبِيَّةِ، أَلْفًا وَأَرْبَعِمِئَةٍ! أَصْلًا، كَمْ مِنَ الرِّجَالِ، يَتَّسِعُ تَحْتَ أَكْبَرِ شَجَرَةٍ؟ إِذًا لَا يَجُوزُ أَنْ نَقُولَ، كُلُّ أَصْحَابِ رَسُولِ اللهِ عُدُولٌ!

وَحَتَّى هَؤُلَاءِ الأَلْفُ وَأَرْبَعُمِئَةٍ، عَامَّتُهُمْ نَكَثُوا البَيْعَةَ وَلَمْ يَتَبَقَّ مِنْهُمْ إِلَّا المَعْدُونَ عَلَى الأَصَابِعِ؛ أَرْبَعَةُ أَشْخَاصٍ، خَمْسَةُ أَشْخَاصٍ، سِتَّةُ أَشْخَاصٍ عَلَى الأَكْثَرِ. بْنُ أَبِي شَيْبَةَ يَرْوِي فِي مُصَنَّفِهِ، فِي الجِزْءِ السَّادِسِ، الصَّفْحَةَ أَرْبَعُمِئَةٍ وَسَبْعَةَ عَشَرَ، عَنِ الحَكَمِ بِنِ عُتَيْبَة قَالَ: (لَمَّا فَرَّ النَّاسُ عَنِ النَّبِيِّ صَلَّى اللهُ عَلَيْهِ وَسَلَّمَ، يَوْمَ حُنَيْنٍ، جَعَلَ النَّبِيُّ يَقُولُ: أَنَا النَّبِيُّ لَا كَذِبْ، أَنَا ابْنُ عَبْدِ المُطَّلِبْ، فَلَمْ يَبْقَ مَعَهُ إِلَّا (أَرْبَعَةٌ) فَقَطْ. أَرْبَعَةٌ وَفُوا بِبَيْعَتِهِمْ، الَّتِي كَانَتْ عَلَى القِتَالِ، وَعَدَمِ الفَرَارِ، فِي يَوْمِ الحُدَيْبِيَّةِ، تَحْتَ الشَّجَرَةِ!

أَيْنَ ذَهَبَ بَاقِي الَّذِينَ بَايَعُوا؟ وَمَشْهُورٌ، أَنَّهُ فِي مَعْرَكَةِ حُنَيْنَ، - وَمَعْرَكَةُ حُنَيْنَ، وَقَعَتْ بَعْدَ صُلْحِ الْحُدَيْبِيَّةِ- أَصْحَابُ رَسُولِ اللهِ؛ هَؤُلَاءِ الْمُقَدَّسُونَ، هَؤُلَاءِ الْعُظَمَاءُ، وَهَؤُلَاءِ الْعُدُولُ، أَسْلَمُوا رَسُولَ اللهِ لِلْمُشْرِكِينَ، وَهَرَبُوا، كَهُرُوبِ الْفِئْرَانِ وَالْجِرْذَانِ، وَتَرَكُوا رَسُولَ اللهِ مُحَاطًا بِالْكُفَّارِ. إِسْأَلُوا بْنَ الْخَطَّابِ نَبِيَّ هَذِهِ السُّنَّةِ، مَتَى وَلِمَاذَا قَالَ عُمَرُ: " فَلَقَدْ رَأَيْتُنِي أَنْزُو كَأَنَّنِي أَرْوَى"... ثَانِياً: الرِّضَى، لَمْ يَكُ عَامَّاً زَمَنِيَّاً، لِوُجُودِ (إِذْ) ظَرْفِ زَمَان تَدُلُّ عَلَى ظَرْفٍ زَمَنِيٍّ. هَذَا يَعْنِي أَنَّ الرِّضَى مُرْتَبِطٌ بِالْإِيمَانِ، وَبِالزَّمَانِ، وَحَتَّى بِالْمَكَانِ: (تَحْتَ الشَّجَرَةِ). وَلَا ضَمَانَ حَتَّى لِلْمُؤْمِنِينَ الَّذِينَ بَايَعُوا!

فِي الْحُدَيْبِيَّةِ، نَفْسُ بَيْعَةِ الرِّضْوَانِ، مَاذَا يَقُولُ اللهُ تَعَالَى؟ {إِنَّ الَّذِينَ يُبَايِعُونَكَ إِنَّمَا يُبَايِعُونَ اللهَ يَدُ اللهِ فَوْقَ أَيْدِيهِمْ فَمَنْ نَكَثَ فَإِنَّمَا يَنْكُثُ عَلَى نَفْسِهِ وَمَنْ أَوْفَى بِمَا عَاهَدَ عَلَيْهِ اللهَ فَسَيُؤْتِيهِ أَجْرًا عَظِيمًا}. أَنَّ اللهَ تَبَارَكَ وَتَعَالَى يُؤَكِّدُ احْتِمَالَ نَكْثِ الْبَيْعَةِ فِي الَّذِينَ بَايَعُوا! عَلَامَ بَايَعَ الْمُبَايِعُونَ الرَّسُولَ!؟ عَلَى أَنْ يُقَاتِلُوا؟ عَلَى أَنْ يَمُوتُوا فِي سَبِيلِ اللهِ؟ وَعَلَى أَنْ يَبْذُلُوا أَمْوَالَهُمْ فِي سَبِيلِ اللهِ؟ إِنَّ حُرُوبَ الشَّيْخَيْنِ عَلَى الْمُؤْمِنِينَ، الَّتِي سَمُّوهَا زُورًا - حُرُوبَ رِدَّةٍ، - كَانَتْ ضِدَّ مَنْ كَانَ مِنْهُمْ حُضُورٌ فِي الْبَيْعَةِ، ثُمَّ ارْتَدُّوا، كَمَا ادَّعَى الشَّيْخَانِ (أَبُو بَكْرٍ وُعُمَرُ). عَبْدُ الرَّحْمَنِ بْنِ عَدِيسٍ الْبَلَوِيُّ - أَحَدُ أَصْحَابِ رَسُولِ اللهِ، بَايَعَ تَحْتَ الشَّجَرَةِ - نَصَّ عَلَى ذَلِكَ ابْنُ عَبْدِ الْبَرِّ، فِي الْإِسْتِيعَابِ، فِي الْجُزْءِ الثَّانِي، الصَّفْحَةِ ثَمَانِي مِئَةٍ وَأَرْبَعِينَ، وَأَنَّ عَبْدَ الرَّحْمَنِ بْنَ عَدِيسٍ الْبَلَوِيِّ، كَانَ مِنْ جُمْلَةِ الْأَلْفِ وَأَرْبَعِ مِئَةٍ، الَّذِينَ بَايَعُوا رَسُولَ اللهِ تَحْتَ الشَّجَرَةِ. عَبْدُ الرَّحْمَنِ

بِنْ عَدِيْسٍ البَلَوِيُّ هَذَا كَانَ رَئِيسَ الخَيلِ الَّتِي سَارَتْ مِنْ مِصرَ إِلَى عُثمَانَ فِي الفِتنَةِ، كَيْفَ يَرْضَى اللَّهُ عَلَى مَنْ كَانَتْ أَيْدِيهِمْ مُلَطَّخَةً، بِدِمَاءِ مَنْ يُسَمُّونَهُمْ صَحَابَةً؟ إِنَّ مِنَ الَّذِينَ قُتِلُوا فِي حُرُوبِ عَائِشَةَ وَعَلِيَّ، وَمُعَاوِيَةَ وَعَلِيَّ - قُتِلَ فِيهَا عَشَرَاتُ الآلَافِ مِنَ الصَّحَابَةِ - مِنْهُمْ مَنْ بَايَعَ أَلرَسُولَ تَحْتَ الشَّجَرَةِ!

عَمَّارٌ، قَالَ فِيهِ الرَّسُولُ: " وَيْحَ عَمَّارٍ تَقْتُلُهُ الْفِئَةُ الْبَاغِيَةُ، يَدْعُوهُمْ إِلَى الْجَنَّةِ، وَيَدْعُونَهُ إِلَى النَّارِ"!

كُلُّنِي يَقِينٌ، أَنَّ الإِيمَانَ لَمْ يَدْخُلْ قَلْبَ أَبِي بَكرٍ، لِذَا لَمْ تَنْزِلْ عَلَيْهِ السَّكِينَةُ! الْقُرآنُ قَالَهَا مُدَوِّيَةً، وَلَكِنَّ بَعْضَ النَّاسِ لَهُمْ آذَانُ الأَنْعَامِ، لَا يَعْقِلُونَ! (إِلَّا تَنْصُرُوهُ فَقَدْ نَصَرَهُ اللَّهُ إِذْ)، الآيَةُ وَإِنْزَالُ السَّكِينَةِ، وَالتَّقْوِيَةُ بِالجُنُودِ، لَهُ صَلَّى اللَّهُ عَلَيْهِ وَسَلَّمَ خَاصَّةً... (وَجَعَلَ كَلِمَةَ الَّذِينَ كَفَرُوا السُّفْلَى، وَكَلِمَةُ اللَّهِ هِيَ الْعُلْيَا)، لَا رَيْبَ أَنَّهُ بَيَانٌ لِمَا قَبْلَهُ، وَأَنَّ المُرَادَ بِكَلِمَةِ الَّذِينَ كَفَرُوا هِيَ (السُّفْلَى)، تَعْنَي أَنَّ مَا قَضُوا، وَعَزَمُوا عَلَيْهِ، مِنْ قَتْلِهِ صَلَّى اللَّهُ عَلَيْهِ وَآلِهِ، وَسَلَّمَ، وَإِطْفَاءِ نُورِ اللَّهِ. أَمَّا، كَلِمَةُ اللَّهِ هِيَ (العُلْيَا)، فَتَعْنِي، مَا وَعَدَهُ مِنْ نَصرِهِ وَإِتْمَامِ نُورِهِ. فَكَيْفَ يَجُوزُ أَنْ يُفَرَّقَ بَيْنَ البَيَانِ وَالمُبَيَّنِ؛ فِي جَعْلِ البَيَانِ رَاجِعًا إِلَى نَصرِهِ تَعَالَى إِيَّاهُ صَلَّى اللَّهُ عَلَيْهِ وَآلِهِ وَسَلَّمَ، وَالمُبَيَّنِ رَاجِعًا إِلَى نَصرِهِ غَيرَهُ؟!! حَيْثُ أَنْزَلَ اللَّهُ سَكِينَتَهُ عَلَيْهِ، وَأَيَّدَهُ بِجُنُودٍ غَائِبَةٍ عَنْ أَبْصَارِكُمْ، وَجَعَلَ كَلِمَةَ الَّذِينَ كَفَرُوا، - وَهِيَ قَضَاؤُهُمْ بِوُجُوبِ قَتْلِهِ،

وَعَزِيمَتُهُمْ عَلَيْهِ - كَلِمَةً مَغْلُوبَةً، غَيْرَ نَافِذَةٍ، وَلَا مُؤَثِّرَةٍ، - وَكَلِمَةُ اللهِ، - وَهِيَ الوَعْدُ الصَّادِقُ بِالنَّصْرِ، وَإِظْهَارِ الدِّينِ، وَإِتْمَامِ النُّورِ؛ - هِيَ العُلْيَا، العَالِيَةُ، القَاهِرَةُ!

وَاللهُ عَزِيزٌ لَا يُغْلَبُ، حَكِيمٌ لَا يَجْهَلُ، وَلَا يَغْلَطُ، فِي مَا شَاءَ، وَفَعَلَ وَقَدَّرَ...

لَكِنَّ مَنْ أَسَّسَ وَفَرَضَ وَتَرَبَّى عَلَى هَذِهِ السُّنَّةَ، سَيُدَافِعُونَ دِفَاعَ الإِنْتِحَارِيِّينَ – وَقَدْ فَعَلُوا – لِلدِّفَاعِ عَنْ نَبِيِّهِمْ أَبِي بَكْرٍ، هَذَا وَإِنْ أَخْرَجُوا الرَّسُولَ مِنْ طُهْرِ الإِيمَانِ!

هَذَا وَإِنْ خَالَفُوا العَقْلَ والمَنْطِقَ، وَإِنْ كَانَ مَا أَفَّكُوهُ، مُخَالِفاً لِقَوَاعِدِ اللُّغَةِ!!!! أَلسَّكِينَةُ لَا تَنْزِلُ عَلَى الكَافِرِينَ، وَلَا عَلَى المُنَافِقِينَ، وَلَا حَتَّى عَلَى المُسْلِمِينَ: "قَالَتِ الْأَعْرَابُ آمَنَّا قُل لَّمْ تُؤْمِنُوا، وَلَكِن قُولُوا أَسْلَمْنَا، وَلَمَّا يَدْخُلِ الْإِيمَانُ فِي قُلُوبِكُمْ"... تَنْزِلُ ألسَّكِينَةُ فَقَطْ عَلَى المُؤْمِنِينَ.

وَفِي الغَارِ إِثْنَانِ! السَّكِينَةُ نَزَلَتْ عَلَى وَاحِدٍ وَلَم تَنْزِلْ عَلَى الآخَرِ! إِنْ قُلْتُمْ نَزَلَتْ عَلَى أَبِي بَكْرٍ وَلَم تَنْزِلْ عَلَى الرَّسُولِ الأَعْظَمِ، أَخْرَجُوا مِنَ الإِسْلَامِ كَمَا خَرَجْتُمْ مِنَ الإِيمَانِ! وإِنْ قُلْتُمْ نَزَلَتْ عَلَى الرَّسُولِ، فَإِنَّ نَبِيَّكُم أَبَا بَكْرٍ، حَتْماً مُنَافِقٌ! أَلآيَاتُ الَّتِي أَخْبَرَتْ عَمَّا جَرَى فِي الغَارِ، مِنْ دُونِ شَكٍّ واضِحَةٌ جَلِيَّةٌ؛

تُؤَكِّدُ أَنَّ مَنْ صَحِبَ الرَّسُولَ لَمْ يَكُنْ (صِدِّيقًا)، بَلْ كَانَ بَغِيضًا، لِأَنَّهُ حَزِنَ عَلَى سَلَامَةِ النَّبِيِّ وَبْنِ عَمِّهِ، وَلَمْ يَكُ خَائِفًا، بَلْ كَانَ حَزِينًا حِينَ المَوْقِفُ كَانَ مَوْقِفَ فَرَحٍ بِسَلَامَةِ الرَّسُولِ!

لَكِنَّ أَبَا بَكْرٍ كَانَ حَزِينًا، حِينَ كَانَ المَوْقِفُ مَوْقِفَ فَرَحٍ؛ لِقَوْلِهِ تَعَالَى: "إذ يَقُولُ لِصَاحِبِهِ لا تحزنْ". حَزِنَ لِأَنَّهُ لَمْ يَسْتَطِعْ أَنْ يُسْلِمَ الرَّسُولَ لِكُفَّارِ مَكَّةَ، ويَحْصِلَ عَلَى الدِّيَّةِ المَوْعُودَةِ. إِنَّ مَنْ صَاحَبَ رَسُولَ اللهِ فِي الغَارِ، – وَمِنَ القُرْآنِ، – لَمْ يَكُ مُؤْمِنًا، لَمْ تَنْزِلْ عَلَيْهِ السَّكِينَةُ! وَالَّذِينَ يُؤْمِنُونَ أَنَّ السَّكِينَةَ لَمْ تَنْزِلْ عَلَى الرَّسُولِ، ونَزَلَتْ عَلَى صَاحِبِهِ؛ أَقُولُ: اللهُ يَسْتَهْزِئُ بِهِمْ وَيَمُدُّهُمْ فِي طُغْيَانِهِمْ يَعْمَهُونَ.

إِنَّ المُرَوِّجِينَ لِصُحْبَةِ مَيْمُونَةٍ لِأَبِي بَكْرٍ وَضَعُوا أَنْفُسَهُمْ فِي مَوْقِفٍ لَا يُحْمَدُونَ عَلَيْهِ. إِن أَصَرُّوا عَلَى صُحْبَةِ أَبِي بَكْرٍ فِي الغَارِ، أَخْرَجُوهُ مِنَ الدِّينِ، وَإِنْ تَرَاجَعُوا، أَخْرَجُوهُ مِنَ الصُّحْبَةِ؛ فَإِنَّ هَذِهِ الصُّحْبَةَ؛ هِيَ الوَتَدُ الأَسَاسِيُّ الوَحِيدُ، الَّذِي عَلَيْهِ، شَيَّدَ القَوْمُ سُنَّةَ الصُّحْبَةِ وَالصَّحَابَةِ المَنْكُودَةِ، وَالَّتِي بُنِيَ عَلَيْهَا دِينُ إِسْلَامِ السُّنَّةِ، وَاللهُ وَرَسُولُهُ بُرَآءٌ مِنْهَا. فَإِنْ أَسْقَطُوا صُحْبَةَ أَبِي بَكْرٍ لِرَسُولِ اللهِ فِي الغَارِ، تَسْقُطُ سُنَّتُهُمْ! القُرْآنُ، فِي الآيَةِ، 40، مِنْ سُورَةِ التَّوْبَةِ، – إِلَّا تَنْصُرُوهُ فَقَدْ نَصَرَهُ اللهُ... – أَظْهَرَ اللهُ لِلْعَالَمِينَ حَقِيْقَةَ أَبِي بَكْرٍ، صَاحِبِ الرَّسُولِ الأَعْظَمِ فِي الغَارِ!

وَهَذَا نَبِيُّ هَذِهِ السُّنَّةِ المَلْعُونَةِ، المَنْحُوسَةِ، المَنْكُودَةِ، وَالمُنْكَرَةِ وَصَنَمُهَا الأَكْبَرُ، وَإِنْ لَمْ نُحَطِّمِ الأَصْنَامَ، الواحِدَ تِلْوَ الآخَرَ، كَمَا فَعَلَ الرَّسُولُ الأَعْظَمِ بِأَصْنَامِ مَكَّةَ سَتَبْقَى هَذِهِ الأُمَّةُ تَنُوُ عَلَى ضِفَافِ مَجَارِي صَرْفِ البُخَارِي، وَأَقْرانِه. وَسَتَبْقَى الإِنْسَانِيَّةُ عُرْضَةً لِهَذَا التَّلَوُّثِ الفِكْرِيِّ العَادِمِ، وَتَحْصُدُ نَاتِجَ وَنِتَاجَ مَا يَنْمُو عَلَى رَوَافِدِ مَجَارِي البُخَارِيْ وَزُمَلَاءِ البُخَارِيْ مِن ذُلٍّ، وَجَهْلٍ، وَفَقْرٍ!

وَكَمْ كُنْتُ أَتَمَنَّى أَنْ أَتَوَسَّلَ القَيِّمِيْنَ عَلَى هَذِهِ المَذَاهِبِ، أَنْ يَتَّقُوا اللهَ، وَأَنْ يَتْرُكُوا النَّاسَ لِبَارِئِها، وَأَنْ يَدْعُوا كَمَا أَمَرَ اللهُ: ادْعُ إِلَى سَبِيلِ رَبِّكَ بِالْحِكْمَةِ وَالْمَوْعِظَةِ الْحَسَنَةِ وَجَادِلْهُم بِالَّتِي هِيَ أَحْسَنُ إِنَّ رَبَّكَ هُوَ أَعْلَمُ بِمَن ضَلَّ عَن سَبِيلِهِ وَهُوَ أَعْلَمُ بِالْمُهْتَدِينَ (125)... وَمَنْ أَحْسَنُ قَوْلًا مِّمَّن دَعَا إِلَى اللهِ وَعَمِلَ صَالِحًا وَقَالَ إِنَّنِي مِنَ الْمُسْلِمِينَ (33) وَلَا تَسْتَوِي الْحَسَنَةُ وَلَا السَّيِّئَةُ ادْفَعْ بِالَّتِي هِيَ أَحْسَنُ فَإِذَا الَّذِي بَيْنَكَ وَبَيْنَهُ عَدَاوَةٌ كَأَنَّهُ وَلِيٌّ حَمِيمٌ (34). وَلَكِنْ هَؤُلَاءِ النَّاسُ طَمَسَ اللهُ عَلَى قُلُوبِهِمْ، وَأَعْمَى أَبْصَارَهُم، وَسَيْطَرَ النَّقْلُ عَلَى عُقُولِهِمْ، فَانْقَلَبُوا عَلَى أَعْقَابِهِمْ بِغَيِّهِمْ، وَهَذَا مَا وَعَدَهُمُ اللهُ:

وَمَا مُحَمَّدٌ إِلَّا رَسُولٌ قَدْ خَلَتْ مِن قَبْلِهِ الرُّسُلُ أَفَإِن مَّاتَ أَوْ قُتِلَ انقَلَبْتُمْ عَلَى أَعْقَابِكُمْ وَمَن يَنقَلِبْ عَلَى عَقِبَيْهِ فَلَن يَضُرَّ اللَّهَ شَيْئًا وَسَيَجْزِي اللَّهُ الشَّاكِرِينَ...

عَنِ السُّدِّىْ قَالَ: فَشَىَ فِي النَّاسِ يَوْمَ أُحُدْ أَنَّ رَسُولَ اللهِ قَدْ قُتِلَ -
فَقَالَ بَعْضُ أَصْحَابِ الرَّسُولِ - لَيْتَ لَنَا رَسُولًا إِلَى عَبْدِ اللهِ بْنِ أُبَيْ
- فَيَأْخُذُ لَنَا أَمَانًا مِنْ أَبِى سُفْيَانَ - يَا قَوْمُ أَنَّ مُحَمَّدًا قُتِلَ فَارْجِعُوا إِلَى
فَقَاتِلُوا عَلَى مَا قَاتَلَ - مُحَمَّدٌ - قَوْمِكُمْ - قَبْلَ أَنْ يَأْتُوكُمْ فَيَقْتُلُونَكُمْ
عَلَيْهِ مُحَمَّدٌ - اللَّهُمَّ إِنِّي أَعْتَذِرُ إِلَيْكَ مِمَّا يَقُولُ هَؤُلَاءِ - وَأَبْرَءُ
إِلَيْكَ مِمَّا جَاءَ بِهِ هَؤُلَاءِ - فَشَدَّ بِسَيْفِهِ فَقَاتَلَ حَتَّى قُتِلَ - فَأَنْزَلَ اللهُ
الآيَةُ: وَمَا مُحَمَّدٌ إِلَّا رَسُولٌ قَدْ خَلَتْ مِنْ قَبْلِهِ الرُّسُلُ.

مَنْ هُمُ الصَّحَابَةُ الَّذِينَ فَرُّوا مِنْ مَعْرَكَةِ أُحُدْ؟

سَأَتْرُكُ لَكَ أَيُّهَا القَارِئُ الكَرِيْمُ البَحْثَ عَنْ أسمَائِهِم. إنّ فِي البَحْثِ الجَادِّ المُتَوَازِنِ الصَّادِقِ نَشْوَتَانِ: الأولَى استِعْمَالُ العَقْلِ فِي التَّحَقُّقِ مِنْ صِدْقِ المَعْلُومَةِ، وَلَيْسَ إِجْتِرَارَ مَا قَدِ إِجْتَرَّهُ مَوتَى، وَالثَّانِيَةُ الشُّعُورُ بِأَنَّكَ أَيُّهَا البَاحِثُ العَاقِلُ، كَسَرتَ أَبْوَابَ حَظَائِرَ النَّقْلِ وَالجَهْلِ!

إبْدَأ مِنْ هُنَا أَيُّهَا البَاحِثُ العَاقِلُ: يَقُوْلُ الدُّكْتُوْرُ مَارسْدِنْ جُوْنْس فِي مُقَدِّمَةِ تَحْقِيْقِ كِتَابَ المَغَازِي لِلْوَاقِدِيِّ: فِي المَخْطُوطَةِ الَّتِي اتَّخَذْنَاهَا أَصْلًا لِهَذِهِ النَّشْرَةِ، قَائِمَةٌ بِمَنْ فَرَّ عَنِ النَّبِيِّ يَوْمَ أُحُدْ تَبْدَأُ بِهَذِهِ الكَلِمَاتِ: وَكَانَ مِمَّنْ وَلَّى فُلَانٌ، وَالحَارِثُ بْنُ حَاطِبٍ، وَثَعْلَبَةُ بْنُ حَاطِبٍ، وَسَوادُ بْنُ غَزِيَّةَ، وَسَعْدُ بْنُ عُثْمَانَ، وَعُقْبَةُ بْنُ عُثْمَانَ، وَخَارِجَةُ بْنُ عَامِرٍ، بَلَغَ مِلَلَ، وَأَوْسُ بْنُ قَيْظِي فِي نَفَرٍ مِنْ بَنِي حَارِثَةَ... بَيْنَمَا النَّصُّ عِنْدَ بْنِ أَبِي الحَدِيْدِ: عُمَرَ، وَعُثْمَانَ بَدَلًا مِنْ فُلَانٍ وَيَرْوِي البَلَاذُرِي، عَنِ الواقدي عُثْمَانَ، وَلَا يَذْكُرُ عُمَرَ... وَيَظْهَرُ بِوُضُوحٍ، أَنَّ النَّصَّ فِي المَخْطُوطَةِ الأُمِّ: كَانَ يَذْكُرُ عُثْمَانَ وَعُمَرَ، أَوْ عُمَرَ وَحْدَهُ، أَوْ عُثْمَانَ وَحْدَهُ مِمَّنْ وَلُّوا الأَدْبَارَ يَوْمَ أُحُدْ، وَلَكِنَّ النَّاسِخَ لَمْ يَقْبَل هَذَا فِي حَقِّ عُمَرَ، أَوْ عُثْمَانَ فَأَبْدَلَ اسمَيْهِمَا أَوْ إِسْمَ أَحَدِهِمَا بِقَوْلِهِ: فُلَانْ...

قَالَ الآلُوسِي: فَقَدْ ذَكَرَ أَبُو القَاسِمِ البَلْخِي أَنَّهُ لَمْ يَبْقَ مَعَ النَّبِيَّ (ص) يَوْمَ أُحُدٍ إلَّا ثَلَاثَةَ عَشَرَ نَفَرًا، خَمْسَةٌ مِنَ المُهَاجِرِينَ: أَبُو بَكْرٍ، وَعَلِيٌ، وَطَلْحَةُ، وَعَبْدُ الرَّحْمَنِ بْنُ عُوْفٍ، وَسَعْدُ بْنُ أَبِي وَقَّاصٍ، وَالبَاقُونَ مِنَ الأَنْصَارِ .... وَأَمَّا سَائِرُ المُنْهَزِمِيْنَ فَقَدْ اجْتَمَعُوا عَلَى الجَبَلِ، وَعُمَرُ بْنُ الخَطَّابِ كَانَ مِنْ هَذَا الصَّنْفِ كَمَا فِي خَبَرِ بْنِ جَرِيرٍ!

أَتْرُكُ لَكَ أَيُّهَا القَارِئُ الكَرِيْمُ البَحْثَ وَالوُصُولَ إِلَى نِفَاقٍ جَمِيْع مَنْ دَخَلَ زَرِيْبَةَ بَنِي سَاعِدة! كُلُّ مَنْ دَخَلَ الزَّرِيْبَةَ لَعِبَ دَوْرًا تَآمُرِيًا أو مُعَادِيًا أَوْ نَقَضَ بَيْعَةَ الغَدِيرِ! إِذَا كانَ كُلُّ مَا قَدَّمْتُ مِنَ القُرآنِ لَا يَكْفِي، وَكُلُّ مَا فِي الكُتُبِ المُعَنْعَنَةِ، لَنْ تَكْفِي؟ نَرَاكُمْ فِي الحَلَقَةِ الثَّالِثَةِ إِنْ شَاءَ اللهُ، فِي رِحْلَةٍ إِيْمَانِيَّةٍ مَيْمُونَةٍ أُخْرَى، مَصْحُوبِينَ بِبَرَكَاتِ سُورَةِ الحُجُرَاتِ، وَأَعِدُكُم بِأَنَّكُم سَتَقْرَؤُونَهَا كَأَنَّكُم تَقْرَؤُونَهَا لِأَوَّلِ مَرَّةٍ! أللهُ يَرْعَاكُم...

لَمْحَةٌ عَن الباحِث

إِسْمِيْ، إِسْ. نُورْمَانْ جِي، أُسْتَاذٌ وَباحِثٌ وَخَبِيرٌ مُطَّلِعٌ عَلَى أُصُولِ وَعُلُومِ التَّفْكِيرِ الحَرِجِ، وَالنَّقْدِ العِلْمِيِّ البَنَّاءِ. لَدَيَّ إِلْمَامٌ عَمِيقٌ وَدَقِيقٌ، وَمَعْرِفَةٌ وَاسِعَةٌ بِاللُّغَةِ العَرَبِيَّةِ، وَبِمَبَادِئِ الصَّرْفِ وَالنَّحْوِ وَعُلُومِهَا. أَحْمِلُ شَهَادَةً عُلْيَا فِي إِدَارَةِ الأَعْمَالِ، مُتَخَصِّصٌ بِالتَّفْكِيرِ الحَرِجِ، وَالتَّواصُلِ الإِجْتِمَاعِيِّ، وَعِلْمِ الإِجْتِمَاعِ، وَعُلُومِ الحَاسُوبِ.

أُجْرِيْ بِشَكْلٍ مُنْتَظِمٍ وَمُكَثَّفٍ تحقيقاتٍ عِلْمِيَّةً، وَاستِفْسَارَاتٍ مَنْهَجِيَّةً فِي مَواضِيعَ مُحَدَّدَةٍ، بِهَدَفِ تَوْسِيعِ وَتَعْمِيقِ الوَعْيِ الإِنْسَانِيِّ وَخَلْقِ مَوسُوعَةٍ مَعْرِفِيَّةٍ عِلْمِيَّةٍ جَدِيدَةٍ وَمُعَاصِرَةٍ، تَرْتَقِيْ بِالفَهْمِ وَالإِسْتِيْعَابِ وَالإِدْرَاكِ، إِلَى الدَّرَجَةِ الَّتِيْ تُوَاكِبُ العَصْرَ. وَقَدْ يُسَاهِمُ هَذَا فِي فَهْمِ الأُمُورِ وَقَبُولِهَا عَلَى حَقِيقَتِها. فِي عَالَمٍ يَعْتَمِدُ فِي كَثِيرٍ مِنَ الأَحْيَانِ عَلَى التَّكَهُّنَاتِ وَالغَرِيزَةِ، وَيُؤْمِنُ بِالسَّحْرِ وَالشَّعْوَذَةِ، وَيَتَمَسَّكُ بِمَاضٍ مَأْسَاوِيٍّ!

أُؤَكِّدُ عَلَى المَنْهَجِيَّةِ العِلْمِيَّةِ وَالعُقْلَانِيَّةِ فِي استِكْشَافِ الأَفْكَارِ وَالنَّظَرِيَّاتِ وَالمَفَاهِيْمِ، ثُمَّ أَقُومُ بِتَحْلِيْلِهَا وَتَصْنِيْفِها ضِمْنَ نِطَاقِ المَوَاضِيعِ الَّتِي أَتَدَارَسُهَا.

أُشَارِكُ فِي مُنَاقَشَاتٍ وَحِوَارَاتٍ مَعَ أَفْرَادٍ مُتَحَمِّسِين، يَسْعُونَ جَادِّيْنَ لِاكْتِشَافِ مَعْلُومَاتٍ جَدِيدَةٍ، تَتَحَدَّى المَفَاهِيْمَ التَّقْلِيْدِيَّةَ القَائِمَةَ -وَأَحْيَانًا

تَنْقُضُهَا. وَأُسَاهِمُ فِي حِوَارَاتٍ فِكْرِيَّةٍ وَاسِعَةٍ، حَوْلَ المَوَاضِيعِ المُقْتَرَحَةِ. أَقُوْمُ بِأَبْحَاثٍ تَتَعَلَّقُ بِاللاهُوتِ وَالعَقَائِدِ، وَتَحْدِيداً دِرَاسَةِ الإِسْلَام فِي سِيَاقَهِ وَوَضْعِهِ الحَالِي، وَفِي مَوِقْفِهِ مِنْ بَاقِي المُعْتَقَدَاتِ، وَالأَدْيَانِ الأُخْرَى. وَمَوَاقِفِ كُلٍّ مِنْ عُلَمَاءِ المَذَاهِبِ الإِسْلَامِيَّةِ المُتَعَارِضَةِ أُفُقِيًّا وَعَامُودِيًّا!

أُكَرِّسُ دِرَاسَاتِي، لِذَوِيْ التَّفْكِيْرِ النَّاضِج الوَاعِي، وَالمثقَّفِ، وَلِأُوْلَئِكَ الَّذِينَ يَؤْمِنُونَ وَيُمَارِسَونَ حُرِّيَةَ الرأي وَحُرِّيَّةَ المُعْتَقَدِ، الصَّفْحَ وَالتَّسَامُحَ وَقَبُولَ الآخَرِ؛ بِغَضِّ النَّظَرِ عَن اخْتِلَافَاتِهِمْ! فَلَا وَقْتَ عِنْدِي لِحِوَارِ الأَغْبِيَاءِ وَالجُهَلَاءِ!

إِنَّ هَذَا الكِتَابُ حَلَقَةٌ ثَانِيَةٌ مِنْ سِلسِلَةٍ طَوِيْلَةٍ، أَسْعَى إِلى كِتَابَتِهَا وَنَشْرِهَا قَبْلَ أَنْ يَأْخُذَ اللَّهُ وَدِيْعَتَهْ!